HILMAR_SCHMUNDT

HIGHTECHMÄRCHEN

HILMAR_SCHMUNDT

HIGHTECHMÄRCHEN

DIE_SCHÖNSTEN_MYTHEN_AUS_DEM_MORGEN-LAND

ARGON

Graphic-Konzeption und Ikone
© 2002 Jason Danziger,
think/build group, Berlin/New York
Dokumentation Peter Wetter

Satz
LVD GmbH, Berlin in Kollaboration mit
think/build group, Berlin/New York

Druck und Bindung
Clausen & Bosse, Leck

Typographische Notiz
Das Buch ist gesetzt aus der Sabon

Gewidmet Stephan P.,
meinem ersten und besten Leser:
Stay on the scene
Like a text machine!

ISBN 3-87024-557-3

INHALT

00_STIFTUNG MÄRCHENTEST

Einleitung: Die Nuller Jahre und die Wiedergeburt der Großen Erzählungen

Der Tod der politischen Utopien gebiert technische. Hightechmärchen versprechen, dass sich jeder mit Hilfe der richtigen Geräte vom Aschenputtel zum Hans im Glück wandeln kann. Technikmärchen unterhalten die Neugierigen und trösten die Technophoben. Sie heizen den Konsum an, schaffen neue Märkte und verändern so die Welt in ihrem Sinne. Einerseits vertuschen ihre Verheißungen wichtige Probleme. Andererseits regen sie die Fantasie an und eröffnen neue Möglichkeitsräume. Sie lassen sich nicht widerlegen oder ignorieren. Sondern nur bestaunen und genießen. Oder verreißen.

Wonniges Gedränge auf dem Basar der Zukünfte. Die Cebit verwandelt die Messehallen von Hannover alljährlich in eine Mischung aus Casino und Kathedrale. Über achthunderttausend Gläubige, Neugierige und Gierige sind zur größten Computermesse der Welt gepilgert, um sich überwältigen zu lassen von tausendundeinem Wunder der Technik aus dem Morgen-Land. »Tomorrow starts today«, locken Plakate. »Nicht hier. Nicht dort«, drohen die Papiertüten pickliger Kids. Oder locken sie? »Spreng die Grenzen deiner Fantasie«. Sie werben für die Playstation2, eine Spielkonsole, deren Prozessor so leistungsfähig ist, dass man damit Scudraketen steuern könnte, angeblich. »Entdecke einen unerforschten Ort. Willkommen im third place«. Lecker herausgeputzte Hostessen in Fantasieuniformen verteilen Handzettel und ihr Lächeln. Technische Fachkenntnis nicht erforderlich. Willkommen im wunderbaren Morgen-Land der hemmungslos entfesselten technischen Fantasie, die sich regelmäßig Bahn bricht auf Messen wie der Cebit, der Internationalen Funkausstellung in Berlin oder der Comdex in Las Vegas.

Ein fernes Donnern von Filmmusik kündigt den riesigen Pavillon von Sony an, eine Mischung aus Hirtenzelt und Kühlturm. Die beliebteste Jahrmarktsattraktion ist der kleine Aibo – nicht Mensch, nicht Tier, sondern der Plastik gewordene Spieltrieb selbst. Neugierig drängt sich eine Menschentraube um den putzigen Gesellen, einen silbernen Roboterhund aus Hartplastik.

»Say hello, Aibo«, souffliert der Dompteur. Auf tattrigen Sensorpfoten führt das Tier ein Tänzchen auf, schwankend wie im Rinderwahn. Dann wedelt sein Schwanz, an dem eine Diode blinkt. Eine Melodie wie am Daddelautomat erklingt, und Aibo hebt eine Pfote zum Gruß. Applaus. Nach anderthalb Stunden ist der Plastikhund erschöpft und muss zurück an die Ladestation.

Aibo ist sozusagen ein trojanischer Hund. Dieser Computer auf Pfoten erhält seinen Input nicht über eine Tastatur, sondern vor allem über spezielle Streichelsensoren an Rücken, Kinn und Kopf. Als Output generiert er keine Daten, sondern Emotionen, als sei er der beste Freund des Menschen. »Ist der nicht putzig«, schwärmt eine dauergewellte Mutti. »Aibo, fass!«, bellt ein Bengel. Hund und Herrchen, so heißt es, nähern sich im Verlauf des Zusammenlebens immer weiter an – doch wer an wen? »Aibo« bedeutet Partner auf Japanisch. Das neueste Upgrade des Plastikpartners soll das Zusammenwachsen der beiden erleichtern: Die Software »Aibo Life« erlaubt es dem Besitzer, den anfangs ungeprägten Hund durch Streicheln und Strafen zu erziehen. »Aibo ist lebenslustig, wird er gelobt, und Aibo ist ruhig, wird er gescholten«, heißt es im eigenwilligen Sonysprech im Internet unter der Rubrik »Beibringen von Disziplin«. Der Trick: Des Pudels Kern ist eine Speicherkarte, die sich die erteilten Lektionen merkt.

»Komm, spiel mit mir«, lockt auf Aibos Cebit-Stand ein Schild an der Wand, »Bitte nicht berühren«, warnt ein zweites direkt an der Manege. Die beiden Befehle schließen sich nicht unbedingt aus. Denn was hier zählt, ist die Fantasie. Aus plumpen Zählmaschinen sind Erzählmaschinen geworden. Jeder Technikmythos hat seinen Preis, das gilt im Großen wie im Kleinen. An den Börsen, wo Aktien oft zu Fantasiepreisen gehandelt werden, geht es um Milliarden. Aibo ist dagegen nur ein kleiner Fisch und geht für über 1 000 Euro über den Ladentisch. Die Lernsoftware wird übrigens extra berechnet. Dennoch rissen sich die Kunden um das garantiert stubenreine Haustier, als es um den Jahrtausendwechsel auf den Markt kam, in wenigen Monaten hatten über 45 000 Aibos ein neues Zuhause. Und eine Heimstatt in der kollektiven Fantasie derer, die leer ausgingen.

Die neueren Aibo-Versionen können 75 Befehle verstehen, die interagieren mit fünf »Instinkten« wie Schlafen oder Spielen und sechs »Emotionen« wie fröhliches Winken oder schmollendes Wegtrollen. Damit erobert die künstliche Intelligenz die Wohnzimmer: das Prinzip lernfähiger Maschinen. Aibo gehört zu einer neuen Generation von Rechnern, die nicht Zahlen, sondern Gefühle verarbeiten. Bald fanden findige Hacker heraus, wie sich der Pudel umprogrammieren lässt. Auf der Website Aibohack.com tauschten sie Programme aus, die den Hund per ›Hirnchirurgie‹ in eine Katze verwandeln. Sony fürchtete den Kontrollverlust über die kollektive Kreativität und drohte im Herbst 2001 mit rechtlichen Schritten. Gemäß der Anleitung »Aibo ist ruhig, wird er gescholten«, gaben die Fans zunächst nach – an die Leine gelegt wie gut dressierte Herrchen. Die öffentliche Aneignung eines Hightechmärchens schien wieder einmal auf den Hund gekommen. Doch viele enttäuschte Besitzer schrieben Petitionen an den Hightech-Multi und baten um Erlaubnis, an ihren Digitaltieren weiterhin herumprogrammieren zu dürfen. Rechtzeitig zum Weihnachtsgeschäft 2001 ließ sich Sony dann schließlich breitschlagen. Die Website www.aibohack.com ist seitdem wieder online. Bis zum nächsten Konflikt: Verstößt Airohack zu sehr gegen den Konzerngeschmack, kann diese Duldung jederzeit rückgängig gemacht werden.

Eine lächerliche kleine Episode aus den Nuller Jahren des neuen Jahrtausends, eigentlich kaum der Rede wert. Doch Aibo ist mehr als ein Spielzeug. Sein tattriger Pas de deux mit den Emotionen und Träumen des Publikums ist Thema dieses Buches: Die Selbstverzauberung der Informationsgesellschaft auf dem glatten Parkett der Hightech. Den dramatischen Seiltanz der Fantasie zwischen Aufbruch und Absturz, Kreativität und Kontrolle, Spiel und Dressur. Und der Preis, der für Ausrutscher und Fehltritte unweigerlich zu zahlen ist.

»Es wird einmal, in nicht allzu langer Zeit« – so beginnen Hightechmärchen. Es wird einmal die Technik alles umwälzen und unser Leben in ein besseres verwandeln. Tomorrow starts today. Es wird einmal die Technik so zuverlässig, schnell und billig sein, dass sie den Mensch wie im Schlaraffenland umsorgt. Alljährlich, wenn die Cebit im März ihre Tore zur Zeitreise ins wunderbare Morgen-Land technischer Errungenschaften öffnet, reißen sich die Zeitungen und Sender darum, die barocken Fantasien der Hightech-Märchenonkels in epischer Breite auszuwalzen. Unsere Kleidung wird elektronisch vernetzt durch so genannte »Wearables«, unsere Kühlschränke werden mit uns sprechen und die verbrauchten Lebensmittel automatisch per Internet nachbestellen, die Pendlerströme lösen sich auf, weil Telearbeit von daheim die Anfahrt ins Büro erübrigt, die globale Demokratie setzt sich spontan per Internet durch, der Mensch besiedelt den Mars, nimmt die Evolution selbst in die Hand, indem er seinen eigenen Körper mit Hilfe von Gentherapien umbaut, und schafft nebenher noch den Tod ab. Kurz: Das Morgen erscheint als magische Märchenwelt, in der alles anders ist und vieles besser, als wir es heute kennen.

Die Erfahrung widerspricht den Technikträumen – das macht sie ja so faszinierend. Endlich einmal auszublenden, dass Rechner in der banalen Realität dazu neigen, gerade dann abzustürzen, wenn ein wichtiges Dokument fertig ist, dass Kabel nicht passen, wenn die Zeit drängt, und dass Handyakkus dazu tendieren, immer dann leer zu sein, wenn ein wichtiger Anruf ansteht. Doch mit derlei Einwänden wird man einem wunderschön schillernden Genre nicht gerecht. Denn Hightechmärchen sind mehrdeutig. Sie erfüllen vielerlei Bedürfnisse. Sie bieten Unterhaltung für die Erlebnisgesellschaft. Trost für die Technophoben. Verkaufsargumente für die Industrie. Sie vereinfachen das Überangebot und erhöhen gleichzeitig den Wunsch nach mehr, weil sie die Fantasie anregen. Schließlich sind Träume von einem besseren Morgen die Grundlage dafür, dass tatsächlich wunderbare Erfindungen entstehen. Die folgenden Reportagen und Aufsätze sind Expeditionen zu den Großbaustellen dieses geheimnisvollen Morgen-Lands, wo Fantasie und Technik verschmelzen. Besuche bei den Architekten visionärer Wolkenkuckucksheime und plumper Investitionsruinen. Und Spaziergänge durch ein paar wenig betretene Auswege aus dem selbst erschaffenen Labyrinth des Größenwahns.

Das Ende der Utopien findet nicht statt

Eigentlich sollte es ja 1989 schon so weit sein: Die Geschichte ist aus, wir gehn nach Haus zu Familie, Fernseher und Freizeitspaß, so der amerikanische Historiker Francis Fukuyama in seinem Buch »Das Ende der Geschichte«. Mit der Konfrontation von Kapitalismus und Sozialismus endete für ihn die Geschichtsschreibung, wie wir sie kennen. Von nun an war Posthistorie angesagt. Ein nachideologisches Zeitalter, das ohne die Politmärchen vom kapitalistischen Paradies oder vom sozialistischen Neuen Menschen auskommt. Fukuyamas These war ebenso verstiegen wie unoriginell, schließlich konnte schon damals jedes Erstsemester die Analyse vom »Ende der Großen Erzählungen« herunterbeten, die der französische Philosoph Jean-François Lyotard 1979 veröffentlichte. Auch Joachim Fest stimmte Anfang der Neunziger in den Chor ein und diagnostizierte noch einmal, sicher ist sicher, das »Ende der utopischen Systeme«: »Eine kaum übersehbare Hinterlassenschaft an Theorien, Denkräumen und Erwartungen, an Rauschmitteln, Ausflüchten und Tröstungen geht verloren. Niemand vermag zu sagen, wo ein Ausgleich dafür herkommen soll.«

> Niemand kriegt, was er sich wirklich wünscht. Deshalb machen wir ja weiter.
> — Michael Rutschky

Zehn Jahre später ist klar: Große Erzählungen sind so populär wie selten zuvor. Vor allem, wenn sie mit Flachbildschildschirm oder tausendundeinem Klingelton daherkommen und jeder Kunde seine eigene kleine Hauptrolle spielen darf. Die Informationsgesellschaft verzaubert sich selbst, denn reine Information ist ungenießbar ohne eine spannende Story, die alles würzt. Jede kleine Dotcom-Klitsche beherrscht heute den Slang des technisch Erhabenen.

Und Spielkonsolen versprechen den Aufbruch ins Reich der Fantasie selbst: Welcome to the Third Place.

Die Informationsgesellschaft ist vor allem eine Erzählgemeinschaft. Ihre Erzählform ist das Futur. Es wird einmal. Das

große Mañana. Das freie Prophezeien ist zum Volkssport geworden. Nie gab es so viele Zukunftsgeschichten wie nach dem angeblichen Ende der Geschichte. Der Schlaf der politischen Utopien gebiert technische.
Aus dem Traum einer besseren, gerechteren Gesellschaftsordnung, von »Zuckererbsen für jedermann«, wie Heinrich Heine im Wintermärchen schrieb, ist der Glaube an die überlegene Technik geworden, die für den Einzelnen dasselbe leisten kann: die Befriedigung aller körperlichen und seelischen Bedürfnisse durch Teleshopping, Cybersex und das Schwanzwedeln irgendeines besten Freundes aus Plastik, bis dass die Akkuladung euch scheidet. Die Zuckererbsen können entweder am Rechner simuliert oder im Genlabor geklont werden.

> Any sufficiently advanced technology is indistinguishable from magic.
>
> — Arthur C. Clarke

Jede Zeit erzählt sich die Märchen, die sie verdient. Sie sind heute die Sprache, in der die Zukunft verhandelt wird. Verliert ein Hightechmärchen seine Wirkung aufs kollektive Unbewusste, wird es meist umformuliert und taucht als neue Story irgendwie und irgendwo anders wieder auf. Wer die Zukünfte von gestern kennt und weiß, was aus ihnen geworden ist, kann auch mit den Verheißungen für das Morgen besser umgehen. Und sie werden kommen. Mindestens so bizarr und lustig wie die, die wir kennen: Das papierlose Büro. Das intelligente Haus. Die Besiedelung des Mars. Der endlose Boom der Hightechaktien. Ein wunderbarer Mythenkranz, der bislang ungeordnet verstreut liegt zwischen Messegesprächen und Manifesten, Fachartikeln und Science-Fiction-Storys.

Stiftung Märchentest

Der Technikredakteur lebt im Rhythmus der Jahreszeiten, ähnlich wie einst der Ackerbauer. Die gelbe Altpapierkiste in

der Redaktion zeigt mir an, wenn die Cebit naht, das alljährliche Fest der Hightechmärchen. Dann stapeln sich die Pressemitteilungen zu technischen Revolutionen und Durchbrüchen und ganz unglaublichen Zukünften auf dem Schreibtisch. Die Sichtung der Pressemitteilungen und Testgeräte dauert oft eine halbe Stunde pro Tag. Das meiste ist billigster Infoschrott in Wort und Gerät. Anfang 2001 war eine Digitalkamera von Kodak dabei, angeblich speziell für Jugendliche entwickelt, die zwar über einen MP3-Musikplayer verfügt und kleine Filmchen aufnehmen kann, die aber keinen Blitz hat. Wo doch das Beste ist, auf Partys zu fotografieren. Das Ding heißt auch noch mc^3 (Sprich: MC hoch drei), was an Albert Einsteins Relativitätsformel erinnern sollte. Alles ist eben relativ, nur die Blödheit mancher Konstrukteure ist absolut.
Für derartig manifeste Fehlkonstruktionen gibt es zwei Orte: Erst das gnadenlose Testlabor von Computerbild, c't und Stiftung Warentest. Und dann den Sondermüll. Doch wer mistet den verbalen Überbau aus, der jede dieser Technik-Trotteleien begleitet? Ungefiltert läuft das rasende Gefasel der Hightechindustrie von Mund zu Ohr zu Hirn und sedimentiert sich schließlich auf den Schreibtischen der Redaktionen wie klebriger Klärschlamm.

> The universe is made of
> stories, not of atoms.
> — Muriel Rukeyser

Manchmal, wenn ich vor Gram über meinem Stapel Hightech-Trash zusammensinke, erscheint mir wie im Tagtraum eine neue, mindestens tausend Mitarbeiter starke Institution mit Sitz im Gebäude der Vereinten Nationen: die Stiftung Märchentest. Sie sichtet und bewertet alles, was den lieben langen Tag an schwachsinnigen Prognosen abgesondert wird. Nur wirklich begeisternde Meldungen gelangen auf meinen Schreibtisch. Manchmal ein Fax, auf dem nur ein einziges Zitat steht, zum Beispiel von Ray Bradbury: »Die Leute bitten mich, die Zukunft vorherzusagen, während ich versuche, sie zu verhindern.« Um derlei Sätze kann man im Geiste herumschlendern wie um eine Skulptur von Brancusi.

Oder um einen der alten Superrechner aus dem Hause Cray, der wie ein kleiner Kühlturm im Wohnzimmerformat aussah, mit einer rot gepolsterten Sitzbank ringsum, die angenehm vorgewärmt war von der Denkarbeit der Prozessoren in ihrem Inneren. Die Stiftung Warentest kann leider nur testen, was es schon gibt. Wer kümmert sich um all die Hightechmärchen, die davon handeln, was sein könnte oder sollte? Die Erzählungen aus dem Morgen-Land leisten gedankliche Laborarbeit, lenken die Fantasie, vereinfachen die wirre Welt der Forschung und Technik und öffnen gleichzeitig neue Perspektiven. Ohne die Fantastereien von Leuten wie dem exzentrischen Mathematiker Alan Turing, der schon vor fünfzig Jahren einfach aus Spaß riesige Rechenmaschinen mit Liebesgedichten fütterte, gäbe es wahrscheinlich bis heute kein Internet, keine ABS-Bremse, keine Digitalkameras. Hightechmärchen sind eine der wichtigsten Ressourcen der Informationsgesellschaft. Doch eine Qualitätskontrolle gibt es bislang nicht. Dadurch droht die technische Fantasie in Verruf zu geraten.

Der Telefontest

Die Kriterien der Stiftung Märchentest wären simpel. Zuerst wird jedes neue Hightechmärchen dem Telefontest unterzogen. Der Telefontest geht so: Das Hightechmärchen vom Cyberkrieg landet zum Beispiel auf dem Tisch. Seit ein paar Jahren wird fast jeder bewaffnete Konflikt angeblich von einem »Cyberwar« begleitet, und jedes Mal ist wieder das erste Mal. Wenn Palästinenser und Israelis sich erschießen, wenn im Kosovo Bomben fallen, wenn China ein US-Flugzeug auf einer Militärbasis festhält, immer wird die Story vom Krieg ohne Blut und Bomben erzählt. Seit Jahren schon warnen selbst ernannte Experten in glühenden Farben vor dem Cyberkrieg. Doch seltsamerweise wirken die Bedrohungsszenarien umso hysterischer, je älter sie sind. Cyberterroristen würden das Chaos des Jahrtausendfehlers nutzen, um die Infrastruktur der USA lahm zu legen, warnten vor Jahren Politiker und Sicherheitsexperten. Nichts passierte. »Der Cyberkrieg kommt«, verkündeten Mitarbeiter der Rand

Corporation 1993. Die Cyberfront blieb ruhig. Ein »elektronisches Pearl Harbor« stehe direkt bevor, warnte gar der Sicherheitsexperte Winn Schwartau. Das ist zehn Jahre her. Doch nichts geschah. Als Beispiel werden meist ein paar Websites genannt, die von pickligen Schulkindern manipuliert worden sind, was »Web defacement« genannt wird. Also los geht der Telefontest: Jeder Internet-Begriff wird einfach durch das Wort »Telefon« ersetzt. Es ginge in diesem Fall um einen Telefon-Krieg und würde sich etwa so lesen: Chinesische Anrufer haben eine Telefonnummer des CIA stundenlang mit Klingelstreichen geneckt. Das klingt, gelinde gesagt, absurd. So absurd, wie die Legende vom Cyberkrieg häufig ist. Natürlich werden Kriege schon lange mit elektronischen Mitteln geführt, spätestens seit es Telegraphen, Radar und Störsender gibt. Das Herummuckeln an Internetseiten gehört sicher nicht dazu.

> A machine is as distinctively and brilliantly and expressively human as a violin sonata or a theorem in Euclid.
>
> — Gregory Vlastos

Der Telefontest ist nicht nur ein Seziergerät, um Hirngespinste von Visionen zu unterscheiden. Er ist selber eine Vision, ein Vorgeschmack auf die Zeit, wenn Rechner keine Sau mehr interessieren und kein Hahn mehr nach den Vorsilben Hyper und Cyber kräht. Die neuen Medien sind alt geworden, und in ein paar Jahren sind Mikrochips und Datennetze hoffentlich so alltäglich, zuverlässig und unsichtbar, dass fast niemand mehr etwas über sie wissen will. Den Siegeszug des Computers erkennt man daran, dass er unsichtbar wird. Heute diskutiert schließlich auch niemand leidenschaftlich über das Auswechseln von Glühbirnen oder Kloschüsseln.

Euphoriker, Apokalyptiker und Fundamentalisten

Nach dem Telefontest würde die Stiftung Märchentest den Interessen-Check durchführen: Wer erzählt was und warum? Drei große Gruppen von Hightech-Märchenonkels beherrschen derzeit den Meinungsmarkt. Nennen wir sie einfach Euphoriker, Apokalyptiker und Fundamentalisten.

> In einem gewissen Sinne enden alle Kommunikationssysteme in Geräten, aber die gewöhnlichen Kommunikationssysteme der Sprache enden in einer ziemlich speziellen Art von Gerät, dem menschlichen Wesen.
>
> — Norbert Wiener

Das neue Musikformat MP3 bietet sich als Beispiel an. Die Euphoriker von der Internet-Musiktauschbörse Napster oder Morpheus singen natürlich das Hohelied der digitalen Musik. Das Märchen der Euphoriker handelt von der allgegenwärtigen Musik, die nichts kosten darf. Das gefällt auch den Internetnutzern, die von den Euphorikern darauf konditioniert worden sind, für Internetinhalte nichts zu bezahlen.
Doch da haben sie die Rechnung ohne die Apokalyptiker gemacht. Die stimmen ein Klagelied an. »Copy Kills Music« jammern die Fantastischen Vier im Chor mit der Musikindustrie, die allein in Deutschland über Einnahmeverluste von über 1,5 Milliarden Euro klagt – ohne konkrete Belege liefern zu können. Das Brennen von CDs und der Musiktausch im Internet töte die Musik, weil es die Musiker um ihre Einnahmen bringt. Das ist natürlich Quatsch. Schon in den Siebzigern stimmte die Musikindustrie dieses Liedchen an, als Kassettenrekorder das Mitschneiden aus dem Radio ermöglichten. Die aktuelle Absatzkrise begann vor der weiten Verbreitung von CD-Brennern und Internet-Tauschbörsen und ist großenteils hausgemacht. Aber die Jammertirade ist eingängig wie ein Ohrwurm. Und tödlich wie ein Sirenengesang. Denn hier werden die Kunden als Piraten und

das Internet als bedrohlicher Dschungel vorgestellt. Jahrelang verhinderte das Seemannsgarn über die Musikpiraten, dass die Plattenfirmen eigene, gut sortierte, aktuelle Bezahldienste im Internet aufbauen. Stattdessen konzentrierten sich die »Big Five«, die fünf großen Musikkonzerne darauf, mit Prozesslawinen und Kundenbeschimpfung gegen die Musik im Internet vorzugehen.

> Artificial intelligence (AI) is the science of how to get machines to do the things they do in the movies.
>
> — Astro Teller

Widersprüchliche Technikmärchen schaukeln sich oft gegenseitig hoch wie das Gebrüll von Schlachtenbummlern im Fußballstadion. Wenn in der Nordkurve gejohlt wird, muss die Südkurve kontern. »Die Plattenfirmen befinden sich im Todeskampf mit dem Internet«, salbaderte etwa John Perry Barlow, selbst ernannter Netzbürgerrechtler und ehemals Texter für die Band The Grateful Dead. So wie er erzählen sich allerlei radikale Technikfundamentalisten das Hightechmärchen von der technischen Überlegenheit der Hacker und dem Eigensinn des Netzes. Es gebe keinen digitalen Urheberrechtsschutz, der sich nicht knacken lässt, lautet ihr Mantra. »Das ist reine Anarchie«, prahlt Ian Clarke, ein irischer Student, der das Tauschsystem Freenet entwickelt hat, ein dezentrales Netz, das sich tatsächlich nicht ohne weiteres abschalten lässt. Aber dafür ist Freenet unendlich langsam und instabil und so nervig, dass es Musikfreunde in hellen Scharen in die offiziellen Plattenläden treiben dürfte. Die Plattenindustrie sollte eigentlich frohlocken über derartige Musikpiraten, denn Freenet wäre keine Konkurrenz für einen gut gemachten Online-Musikdienst, der pro Song einen Euro verlangt. Hightechmärchen können das Fundament für neue Märkte, Techniken und Visionen sein – und diese auch zum Einsturz bringen. Derzeit drehen sich Euphoriker, Apokalyptiker und Fundis munter in ihrem eigenen Mythenkreis herum, wie ein fehlprogrammierter Aibo-Hund, der seinen eigenen Schwanz jagt, bis er sich heillos in seinen Kabeln und Codezeilen verheddert hat. Wenn sich der Roboterhund aufhängt, hilft nur ein Neustart. Ähnliches gilt auch für das Genre der Hightechmärchen im neuen Jahrtausend.

Bruder Grimm 2000 und der Entrüstungswettlauf

Zum Schluss könnten die Fachleute der Stiftung Märchentest die Maschinenerzählungen als Erzählmaschinen auffassen und in bester Hackertradition auseinander nehmen: Was ist der Input dieser Erzählmaschine, was der Output? Erst so wird ein kreativer Umgang mit (Kultur-)Techniken möglich. Der Plastikpudel Aibo zum Beispiel wird mit Zärtlichkeit und Streicheleinheiten an seinen Schmusesensoren gefüttert. Und mit dem uralten Menschheitstraum, eine perfekte, unsterbliche, bedürfnislose Liebesmaschine zu erschaffen. Aibos Output ist Trost an einsamen Winterabenden, und natürlich das Gefühl, mit dem Erwerb des 1 500 Euro teuren Spielzeugs zu einer beneidenswerten Technik-Avantgarde zu gehören. Wenn erst die Anatomie eines Hightechmärchens erkundet ist, fällt es nicht schwer, eine Alternativerzählung zu entwickeln. Reengineering heißt dieses Prinzip.

Ein derartiges Reengineering von Mythen hat eine lange Tradition. Die deutsche Leitkultur, was immer das sein mag, ist nur eines von vielen Beispielen: Wer hierzulande Märchen sagt, meint meistens die Gebrüder Grimm und den Weltbestseller, die »Kinder- und Hausmärchen«, die ab 1812 erschienen sind, nach langjährigem Sammeln. Die modernen Hightechmärchen haben mit den grimmschen Märchen wenig gemeinsam, und es wäre schwierig, Parallelen zu Froschkönigen, Bremer Stadtmusikanten und Gänsemägden zu ziehen. Nur ihre Funktion ist damals wie heute eine ähnliche: Erwartungen, Rauschmittel, Ausflüchte und Tröstungen zu formulieren. Grimms Märchen erfanden eine gemeinsame Vergangenheit für all die zerstrittenen, von den napoleonischen Kriegen verwüsteten deutschen Kleinstaaten. Die Hausmärchen sollten über die Wirrnisse zu Beginn des 19. Jahrhunderts hinwegtrösten und das Gefühl für eine virtuelle Heimat vermitteln, die es so noch nicht gab. Ihre mythische

Vergangenheitsform war auch als Fundament für ein geeintes Deutschland gedacht, das erst 1848 in der Paulskirche gegründet wurde. Jacob Grimm war damals Abgeordneter. Märchen sind Fantasiegespinst und Handlungsprogramm, Folklore und Vision in einem.

> Artificial stupidity (AS) may be defined as the attempt by computer scientists to create computer programs capable of causing problems of a type normally associated with human thought.
>
> — Wallace Marshal

Heute sind die Märchen vom Gestern ins Futur gerutscht. »Es war einmal« verwandelt sich in »Es wird einmal«. Diese Verpflanzung der Hightechmärchen in ein Morgen-Land bedeutet mehr als nur einen Tempus-Wechsel. Jeder Zuhörer ist als Mitspieler und Hauptperson gefragt, wie in einem Computerspiel. »Du stehst auf einem offenen Feld westlich von einem weißen Haus mit einer zugenagelten Tür«, so begann die erste Szene des Computerspiels »Zork«, ein so genanntes Text-Adventure, durch das sich die Spieler mit kurzen Tastaturbefehlen hindurchmanövrieren mussten. Zork wurde schon 1977 von drei Informatikstudenten am MIT bei Boston entworfen. Die Erzählstrategie des interaktiven Computermärchens wirkt auch in den Hightechmärchen der Nuller Jahre fort. Vier Bausteine treiben als Motor die meisten Hightechmärchen an: ein Wunsch, den es zu erfüllen gilt, Hindernisse wie die vernagelte Tür, die es zu überwinden gilt, eine hilfreiche Zaubertechnik und die Hauptfigur namens »Ich«. Spielte sich in Grimms Märchen die Handlung in einer fernen Vergangenheit ab und im Computermärchen Zork im Rechner, so gilt heute dagegen der gesamte Alltag in der Informationsgesellschaft als zauberhaftes Morgen-Land, durch das jeder Kunde als Hauptfigur irrt auf der Suche nach Erfüllung. »ich habe einen traum«, warb im Herbst 2001 das Internetkaufhaus namens Quam.de für

»24-h-shopping per handy« in doppelseitigen Zeitschriften-Anzeigen. Die Einstiegsszene: »ich liege am strand und sehe eine frau mit hübschen badelatschen« steht in internet-typischer Kleinschreibung als Bildunterschrift zum Foto eines Liegestuhls an einem Strand. »ich bleibe liegen. und kaufe mir die gleichen. Quam. i have a dream.« Das Motto spielt auf die Utopie des schwarzen Bürgerrechtlers Martin Luther King an, der von einer besseren Gesellschaft träumte. Quam greift diese politische Utopie auf und verspricht der Hauptperson »Ich«, die Welt in ein digitales Schlaraffenland zu verwandeln, halb Traum, halb Computerspiel. Dass die Postzustellung der Badelatschen Tage dauern dürfte, wenn sie überhaupt im Angebot sind, spielt keine Rolle in diesem irrealen Rollenspiel. Hier geht es um Fantasy.

Ist das nun gut oder schlecht? Egal, es ist eben so. Die Moralfrage wäre nicht abendfüllend.

Wer sich nun auf den Entrüstungswettlauf gegen derlei Markenmärchen einlässt, hat schon verloren.

Für den, der sie weder bekämpfen, noch ignorieren will, sondern sie ernst nimmt, können Hightechmärchen tatsächlich Wünsche wahr werden lassen. Wer dagegen den Erzählbogen mit wirren Fantastereien überspannt oder – schlimmer noch – sein Publikum langweilt, wird früher oder später geschasst. Nach der Spekulationsblase der späten Neunziger wurde in vielen Branchen die Moral von der Geschicht nachgereicht. Die prominenten Märchenonkels, die 2001 ihren Hut nehmen mussten und in den folgenden Kapiteln noch verschiedentlich auftauchen: Dan Goldin, Ex-Chef der Nasa, Gerald Levin, Ex-Chef von AOL-TimeWarner und Craig Venter, Ex-Chef von Celera Genomics. Hightechmärchen sind zweischneidig, die Fantasie ist keine Einbahnstraße ins Schlaraffenland. Wer den Erzählbogen nicht kriegt, gerät ins Schleudern und fliegt raus. Nach diesem Prinzip schufen auch die Gebrüder Grimm ihr Opus. Sie mäkelten nicht gegen die Besatzungsmacht Frankreich, sondern erzählten ihre oft brüllend komischen Märchen aus der Vorvergangenheit einer fiktiven Kulturnation. Bis ihr Märchen wahr geworden war. Ein gelungener Hack, würde man heute sagen.

Quantum particles are the dreams that stuff is made of.
— David Moser

Auch für die heraufdämmernde Wissensgesellschaft sind Märchen von strategischer Bedeutung. Sie stehen nicht im Widerspruch zum Aufbruch in neue Wirtschafts- und Lebensformen, sondern bilden ihr Fundament. Vielen Börsenanalysten, Jungunternehmern, Politikern und anderen »Symbolanalytikern«, die mit Informationen und Meinungen ihr Geld verdienen, ist das Bewusstsein für die Wirkungsmächtigkeit von Mythen abhanden gekommen. Das könnte sich bitter rächen. Daher dieses Buch. Die folgenden Kapitel sollen am Beispiel handverlesener Hightechmärchen mögliche Lesarten und Alternativen skizzieren. Jeder ist sein eigener Märchentester. Die einzelnen Kapitel sind in sich geschlossen und können daher in einer beliebigen Reihenfolge gelesen werden.

Fast forward: Wie geht es weiter?

Das erste Kapitel handelt von Tod und Wiedergeburt eines Märchens: Die bemannte Raumfahrt hat ein Imageproblem. Jahrelang funktionierten die bemannten Raketen als Transzendenzmaschine, dem Blick vom All auf die »blaue Murmel« der Erde wurden magische Kräfte zugesprochen, die zu Weltfrieden, Ökologie und Gottesfurcht führen. Jahrzehntelang wurden Unsummen in dies leicht durchschaubare Märchen gepumpt, mit mehr als zweifelhaftem Nutzen. Doch als die bemannte Raumstation ISS, deren Aufbau und Betrieb in den nächsten 15 Jahren vermutlich rund 90 Milliarden Euro verschlingen dürfte, im ersten Jahr des neuen Jahrtausends von den ersten Astronauten betreten wurde, hielt sich das Interesse in Grenzen. Stattdessen entflammte sich die Fantasie der Öffentlichkeit spontan am Weltraumausflug des sechzigjährigen Multimillionärs Dennis Tito, des ersten zahlenden Weltraumtouristen. Das Rittermärchen vom furchtlosen Astronauten-Supermann wurde nicht von Wissenschaftlern oder Rechnungsprüfern widerlegt. Es wurde einfach verdrängt von der Aussicht auf den Pauschaltourismus ins All und die Verheißung, dass bald jeder sein eigener Spacecowboy sein kann.

Aber heute braucht niemand mehr ins All zu fliegen, um sich als Held zu fühlen, darum geht es im »Märchen vom Start-up-Unternehmer als Revoluzzer«. Viele Vertreter der New Economy kaschierten die Schwäche ihrer Businesspläne, indem sie das Revolutionärsgeschwafel radikaler Gesellschaftskritiker kidnappten und damit Finanziers und Börsen beeindruckten. Dann kam der Crash, die kollektive Börsenhysterie zerplatzte, und Katerstimmung machte sich breit. Die Unternehmer als Revoluzzer hatten durch den Verfall der Aktienwerte tatsächlich eine billionenschwere Umverteilung durchgeführt: von den Dummen zu den Schlauen, von den gierigen Träumern zu denen, die nicht nur Bilanzen, sondern auch Hightechmärchen kapieren. Auch Banker brauchen Märchen, und was damals fehlte war ein Bruno Bettelheim für Börsianer.

Im Kapitel »Amnesie international« geht es ebenfalls um einen rührend naiven Glauben. Nicht an Profit, sondern an die Unsterblichkeit des Geistes in Form digitaler Speichermedien. Während die Euphoriker schon vom kollektiven Superhirn träumen, verhallen die Warnungen von Archivaren und Technikern meist ungehört: Datenbänder, CDs und Festplatten zerfallen, veralten und werden schon nach wenigen Jahren unlesbar. Die Gegenwart könnte dereinst zur am wenigsten dokumentierten Epoche der Neuzeit gehören, warnen Spezialisten. Und da nicht alle Daten aktualisiert, gepflegt und restauriert werden können, muss heute aktiv entschieden werden: Was könnte die Urenkel interessieren? Was können, dürfen, müssen wir vergessen, um das wenige Wichtige gezielt zu erhalten?

Jahrelang wurde der Cyberspace als ein Reich der unbegrenzten Möglichkeiten gelobt, daran erinnert das Kapitel »Information an Ihrer Fußspitze«. Schon lange widersprachen akademische Cybergeographen dieser Sicht und beschrieben mit bunten Karten, wie eng verknüpft der Datenraum mit der realen Welt ist. Mit Beginn der Nuller Jahre stellte die Computerbranche fest, dass das Bild vom ortslosen, endlosen Datenraum die Online-Kunden verschreckt. Plötzlich schlug das Märchen in sein Gegenteil um: Heute gelten vor allem die mobilen Handy-Datendienste als perfektes Navigations- und Überwachungsinstrument.

Nicht nur Start-up-Unternehmer, auch Weltverbesserer unterhalten sich mit eigenen Hightechfantasien, das zeigt das Kapitel »Betriebssystemkritik«. Linux, ein kostenlos erhältliches Betriebssystem für Computer, wird seit Jahren als Allheilmittel gepriesen gegen die Monopolstellung von Microsoft auf dem Privatkundenmarkt. Ein wunderschönes Märchen, dessen Verwirklichung leider immer wieder daran scheitert, dass Linux ein Profisystem ist, das auf dem Rechner von Otto Normalnutzer nichts zu suchen hat, weil es zu anspruchsvoll ist. Seine eigentliche Stärke liegt im radikalen Offenlegen aller Schwächen: Mehrere tausend Fehler sind im Internet schonungslos veröffentlicht. Die ärgsten Fehler können daher schnell beseitigt werden, weshalb Linux insgesamt stabiler läuft als alle anderen Betriebssysteme. Die Fehlerkultur wird so zum Erfolgsfaktor.

Am faszinierendsten von allen sind natürlich die Horrormärchen – allen voran das »Schauermärchen vom bösen Genie hinter dem apokalyptischen Computervirus«. Das Internet wird lahm gelegt! Schon ein Mausklick genügt, und schon ist der Rechner ein Haufen Sondermüll! Alle paar Monate scheucht ein Kartell aus Sicherheitsberatern und Softwarefirmen die nichts ahnende Öffentlichkeit auf mit haarsträubenden Virenwarnungen. Das Märchen vom Killervirus ist so erfolgreich, dass sich bereits eine ganze Spaßkultur der Falschmeldungen im Internet gebildet hat: So genannte Hoaxes warnen vor Computerviren, die es gar nicht gibt. Und diese Hoaxes wiederum werden durch die Panik, die sie verbreiten, selber zum Problem. Der Alltag der Virenschreiber und ihrer Gegner dagegen ist banal und weitgehend industrialisiert: Lieblos klicken Nichtprogrammierer aus Bausätzen neue Plagegeister zusammen, die vollautomatisch von Großrechnern weggeputzt werden. Am nachhaltigsten lässt sich die lästige Virenflut bekämpfen, sagen Fachleute, indem man den Mythos des genialen, bösen Virenschreibers zerstört. Die Erforschung und Umdeutung von Hightech-Gruselmärchen könnte langfristig zu einem wichtigen Instrument der Datensicherheit werden.

Selbst die Internetverwaltung selber fußt auf wenig mehr als einem wackligen Gründungsmythos, das zeigt das »Märchen von der virtuellen Totaldemokratie«. Seit vielen Jahren schon geistert das Ideal einer besseren, ortslosen, elektronischen Gemeinschaft durchs Internet. Verlassene globale Dörfer und virtuelle Geisterstädte säumen seinen Weg. Doch in den Nuller Jahren droht sich der Mythos vom besseren Gemeinwesen im Netz endgültig zu Tode zu siegen, nicht zuletzt durch eine endlich verwirklichte Internetwahl, ein Urnengang im doppelten Sinne. Die Wahlbeteiligung lag unter einem Promille.

Viele dieser Märchen hatten nur eine geringe Halbwertszeit, zum Glück. Sie klingen grotesk wie die Hits vom letzten Sommer. Und dennoch lohnt es sich, noch einmal zuzuhören. **Denn nach den Weltraummärchen und den Internetfabeln drängt sich ein neues Thema in den Vordergrund: Die Gengeschichten. Diesmal geht es ums Ganze und unter die Haut: Der Mensch ist entschlüsselt, so das aktuellste Hightechmärchen, das noch viele Jahre die Hitparade anführen dürfte.** Die Genforschungsindustrie verspricht vollmundig die Abschaffung von Krankheit und Tod, noch bevor das Erbgut überhaupt vollständig kartiert ist. Das ist in etwa so glaubwürdig wie ein Abc-Schütze, der kaum buchstabieren kann, aber schon einen Autorenvertrag bei Suhrkamp unterschreiben will, und zwar Hardcover. Aber das Märchen von der Beherrschung des Lebenscodes ist all zu verlockend. Während die meisten anderen Hightechmärchen leicht zu durchschauen sind, erfordert der neue Mythenkranz, der sich um den Lebenscode rankt, ein Höchstmaß an Fantasie, Vorwissen und gesundem Menschenverstand. Sonst droht auch bei diesem Hightechmärchen wieder ein Absturz wie in der Elektronikbranche.

Die leidvollsten Erfahrungen mit Lügenmärchen, Hochstapeleien und falschen Prophezeiungen haben die Futurologen, heute nennen sie sich lieber Szenariotechniker, um sich einer langen Geschichte voll halbseidener Prophezeiungen zu entwinden. **Zukunftsforscher taugen eben nicht als Propheten, das zeigt das Kapitel »Beruf: Hellseher«.** Gerade deshalb sind die Profis fürs Morgen so wichtig. Denn sie misstrauen jeder Vorhersage, die sie nicht selber erlogen haben, reden von Zukunft nur im Plural und jonglieren lässig mit allerlei widersprüchlichen »Zukünften« – und kommen dennoch zu brauchbaren Vorhersagen. Sie machen vor, dass Medienkompetenz auch immer Märchenkompetenz ist. Hightechmärchen sind Sprachspiele, interaktiv und bunt wie ein Videogame. Wer mit ihnen vertraut ist, kann die schönsten von ihnen genießen, über die dümmsten von ihnen lachen und die gefährlichen als solche erkennen. Die Informationsgesellschaft ist eine Erzählgemeinschaft, in der nicht die bessere Sache gewinnt, sondern die besser erzählte. Und wenn die Hightech-Märchenonkels- und -tanten nicht gestorben sind, erzählen sie noch morgen.

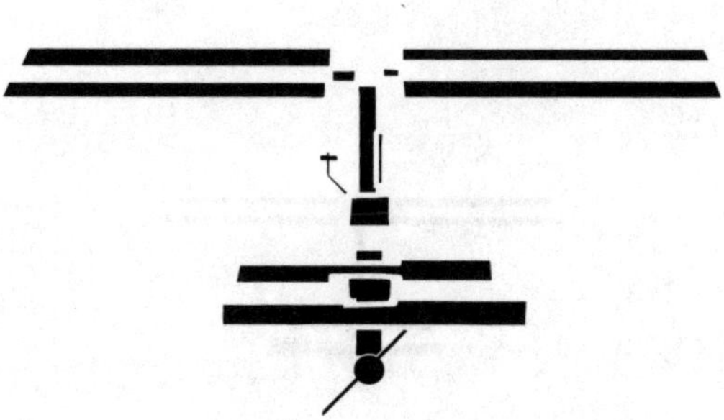

01_SPIELEN MIT DER BLAUEN MURMEL

Weltall: Das Märchen von der bemannten Raumfahrt und dem Ritt zum Mars

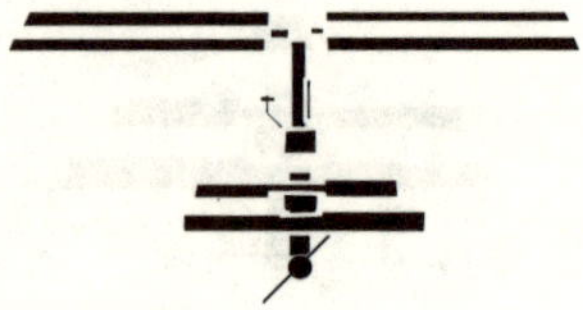

Wie der Anblick der Erde aus dem All zur Ikone für Frieden und Gerechtigkeit wurde. Wie die bemannte Raumfahrt mit ihren Stellvertreterhelden allmählich ihre Faszination verliert. Wie die Raumfahrtbehörden die bemannte Raumfahrt widerwillig vom Rittermythos zum Freizeitspaß für jedermann umbaut, mit Schulausflügen und ferngesteuerten Robotern, Boygroups und Touristen. Und wie ein paar Hobbyisten sich jede Nacht einen sportlichen Wettkampf mit geheimen Spionagesatelliten liefern – ohne die Erde körperlich zu verlassen.

Beginnen wir mit dem Ende eines Märchens. Es war sein Grinsen, breit, kindisch und stolz wie ein Schneekönig. Mit diesem Grinsen erledigte er einen uralten Mythos. Beharrlich hatte Dennis Tito seinen Jugendtraum verfolgt: einmal ein Held sein. Einmal als Astronaut stellvertretend für die gesamte Menschheit einen kleinen Schritt machen, der als großer Sprung für die Menschheit durchgeht. Und als er diesen Traum endlich erwischte, erwischte er ihn tödlich. Er war aufgebrochen, um ein Held zu werden, und kam wieder als Clown, der unabsichtlich das Märchen, an das er glaubte, als leer laufende Theatermaschinerie entlarvt hatte.

Dennis Tito war Anfang sechzig, ein schmächtiger Multimillionär aus Kalifornien. Er hatte sein Vermögen als Chef einer milliardenschweren Investmentfirma verdient und jobbte in den Sechzigern bei der amerikanischen Raumfahrtbehörde Nasa, um die Flugbahnen der Mariner-Sonden zu Mars und Venus zu berechnen. Nun stahl der Privatmann seinem einstigen Arbeitgeber die Show.

Die feierliche Einweihung der Internationalen Raumstation (ISS) im Herbst 2000 war ein gigantischer Flop gewesen. Desinteressiert nahm die Weltöffentlichkeit die futuristische Astronautenherberge im Orbit zu Kenntnis, die fast halb so viel Geld verschlingen wird wie der jährliche Bundesetat von Deutschland. Tommy Holloway, der amerikanische Chef des ISS-Programms, sagte, er sei »wirklich enttäuscht« vom Zuschauerschwund: »Es ist, als würden wir die ägyptischen Pyramiden in der Erdumlaufbahn errichten und keiner schaut zu!« Unabsichtlich brachte er damit Größenwahn und Weltfremdheit der teuren Unternehmung auf den Punkt. Die fliegenden

Pyramiden waren ein Spätzünder. Sie entflammten erst dann die Fantasie der Öffentlichkeit, als Tito sie als Kulisse für seine kleine Space-Opera in Szene setzte.
Am 28. April 2001 stieg der Millionär im kasachischen Weltraumbahnhof in eine Sojus-Rakete und flog hinauf zur Internationalen Raumstation, einer Art fliegenden Barackenstadt im All, mit Sonnensegeln, Labors und Schlafräumen, so groß, dass man sie mit bloßem Auge von der Erde aus sehen kann. Der Besucher filmte ausgiebig aus dem Fenster auf den blauen Planeten tief unter ihm, wie es jeder Tourist tun würde, der in einem Bus durch, sagen wir, Goslar gondelt. Er schwebte stundenlang durch die Schwerelosigkeit der Kabine und hörte Opernmusik dazu. Nach einer Woche kehrte er wieder zurück. »Rummms! Tito wieder da«, begrüßte ihn die »Bild-Zeitung« mit einer fetten Schlagzeile und dem Foto, das um die Welt ging: Tito, ein schmächtiger jedermann, der fast in seinem mächtigen Raumanzug verschwindet. Und dieses breite Grinsen, wie man es vom Komiker Louis de Funès kannte. Zur Begrüßung erhielt Tito Äpfel geschenkt, ein traditioneller kasachischer Willkommensgruß. Er versuchte, sie zu jonglieren, ganz der Komiker, doch die Äpfel fielen zu Boden. »Ihr seht, ich bin noch an die Schwerelosigkeit gewöhnt«, entschuldigte er sich. Und wurde dadurch noch sympathischer. Was für ein Bild. Der Astronaut als Inbegriff des ritterlichen Ideals war ersetzt worden durch einen Laienschauspieler, einen Ritter von der traurigen Gestalt, einen Don Quichotte. Das macht ihn so sympatisch. Er wollte beweisen, so Tito, dass ein »ganz normaler Mensch, der kein Superheld ist, sich an den Weltraum anpassen kann.« Mit Tito hat die bemannte Raumfahrt ein neues, ein menschliches Gesicht bekommen. Die fliegenden Pyramiden sind seitdem geworden, was sie schon immer waren: die teuerste Achterbahn der Welt. Titos Traum-Urlaub in seiner Peinlichkeit war ein voller Erfolg: Er hat die Wahrheit enthüllt.
Tito gilt als der erste zahlende Tourist im Weltraum. Rund zehn Millionen Euro hat er an die russische Raumfahrtbehörde angeblich überwiesen für seinen Kurztrip ins All. Vorangegangen war ein monatelanger Hickhack zwischen Russland und den USA. Erstaunlicherweise sträubte sich gerade die Nasa gegen das Vorhaben. »Hier geht es um die

Sicherheit der Astronauten und der Raumstation. Ich habe Herrn Tito nichts zu sagen«, wetterte Dan Goldin, der damalige Chef der Nasa. Doch Russland brauchte das Geld und blieb hart. Die Weltraumgeschichte wiederholte sich als Farce.

Fast fünfzig Jahre lang hatten die beiden Länder sich ein erbittertes Stellvertretergefecht im All geliefert, seit der erste Sputnik-Satellit 1957 seine monotonen Signale zur Erde funkte und damit die »Sputnik-Krise« auslöste und die USA traumatisierte. Mit der Mondlandung wollten die USA signalisieren, dass die freie Welt der Marktwirtschaft das überlegene System sei, wie auf Erden also auch im Himmel. Und nun, nach Ende des Kalten Krieges, wollten ausgerechnet die USA die Raumfahrt abkoppeln vom freien Spiel von Angebot und Nachfrage. Mit der aggressiven Kommerzialisierung fügt Russland den USA eine erneute Demütigung im All zu, nach dem ersten Satellit und dem ersten Mensch im All. Des einen Traum ist des anderen Trauma. Die Liste der Demütigungen lautet nun: Sputnik, Gagarin, Tito.

Genau wie das zugrunde liegende Hightechmärchen, so ist auch dieser Streit eine verlogene Farce. Denn die USA hatten schon längst seit 1984 kommerzielle und touristische Raumfahrer an Bord geschmuggelt, die keinerlei technische oder wissenschaftliche Aufgaben wahrnahmen. Mit dabei: US-Senatoren, Abgeordnete, eine Lehrerin, ein Journalist, ein saudischer Prinz. Bloß waren sie dezent wie blinde Passagiere mitgeflogen und hatten sich brav an die Regeln des ritterlichen Rollenspiels am Himmel gehalten, dessen Drehbuch die Rolle des Clowns vom Schlage eines Tito einfach nicht vorsah. Dadurch blieb die sagenumwobene Gestalt des heldenhaften Weltraumadels weitgehend intakt, die markanten Heldengesichter von Buzz Aldrin oder Jurij Gagarin, die fast mit ihrem Helm zu verschmelzen schienen. Bis Dennis Tito kam, Rummms!, Äpfel jonglierte, sie fallen ließ und trotzdem grinste. Bei einer Pressekonferenz spielte er die ersten Takte der Filmmusik aus »2001: Odyssee im Weltraum« von Stanley Kubrick, dem Weltraumepos schlechthin. Die Raumfahrtindustrie wurde vom Erfolg ihrer eigenen Mythologisierung eingeholt.

Das Märchen vom heldenhaften Ritt ins All

Es wird einmal, in langer, langer Zeit, der Mensch den Heimatplaneten verlassen und neue Welten besiedeln, so geht der vielleicht älteste Science-Fiction-Plot der Welt. Vielleicht ist es gar die Mutter aller Hightechmärchen, denn es verlagert viele uralte Träume von Aufbruch, Abenteuer und Verwandlung vom Reich der Fantasie ins Reich der Technik: Es wird einmal ein mutiger Himmelsritter in seinem weißen Raumanzug mit seinem fliegenden Stahlross zum Himmel auffahren wie es früher nur Götter oder Propheten vergönnt war. In der Wildnis und Düsternis jenseits der Erde, wahlweise in der Umlaufbahn, auf dem Mond oder dem Mars, wird er erst einen Vorposten der Zivilisation errichten, aus dem später eine Kolonie wird. Damit wird der irdische Alltag aufgehoben im dreifachen Sinn: Er wird ersetzt, überhöht und fortgeführt. Die bemannte Raumfahrt ist Stahl gewordene Transzendenz. Die Hauptrolle spielt dabei der Astronaut, ein Hightech-Star, der Qualitäten wie technisches Verständnis, Mut, Weitsicht, Jugend auf sich vereint. Er ist dabei immer ein Stellvertreter. Die kleinen Schritte des Weltall-Adels werden so zu großen Sprüngen für die Menschheit, sein Gestammel nach der Rückkehr zu einer großen Erzählung aufgebläht. Der Sternenfahrer bringt von seinem Himmelsritt abenteuerliche Erzählungen mit und exotische Geschenke. Allen voran natürlich der Wunderwerkstoff Teflon, aus dem die besten Pfannen der Welt bestehen. Was selber ein Märchen ist: Teflon wurde bereits 1938 entwickelt, lange vor dem ersten bemannten Raumflug. Aber egal, schließlich bringt der Astronaut von seinem Himmelsritt immaterielle Werte mit: Herzensweisheit, Güte und Pazifismus. Denn erst in der Ferne hat er seine Heimat lieben gelernt. Und diese Liebe gibt er in Form von großen Erzählungen weiter, die Völkerfreundschaft und Frieden stiften. Zentralmotiv dieser Parabel ist der Anblick der Erde aus dem All, der sie aussehen lässt wie eine »blaue Murmel«: »In der Tat hat Homo sapiens seinen eigenen Planeten erst vom Weltraum aus in seiner Ganzheit gesehen, schwebend als blau-weiß gescheckte Murmel in der Schwärze über der öden Mondlandschaft«, schreibt Jesco von Puttkamer, Planungsmanager bei der Nasa und einer der glühendsten Verfechter der bemannten Raumfahrt. »Dieser Anblick, wertvollstes Erbgut der Apollo-Flüge, hat für viele die Einmaligkeit und Verwundbarkeit der Erde überzeugend dramatisiert.« Erst bemannte Geschosse, die fauchend in den Himmel fahren, haben demnach angeblich Öko- und Friedensbewegung möglich gemacht. Happy End der Parabel, Vorhang – Spenden bitte an die Nasa.

Schon in zehn bis zwanzig Jahren, so von Puttkamers optimistische Mitstreiter, könnten die ersten Menschen festen Boden jenseits des Mondes betreten: den Mars. Der Aufwand wäre gewaltig. Die Rundreise würde rund drei Jahre dauern und könnte eine Billion Dollar verschlingen – rund vier Mal so viel wie der Jahreshaushalt der Bundesrepublik Deutschland. Einige Wissenschaftler planen sogar, den roten Planeten nach der »Eroberung« ebenfalls in einen blauen Planeten zu verwandeln als »Bruder der Erde« durch so genanntes »Terraforming«. Gemeint ist damit der Aufbau einer neuen, schützenden Atmosphäre mit Hilfe von Treibhausgasen, die die Temperatur erhöhen und das derzeit gefrorene Wasser schmelzen soll. »Vielleicht wird die Landschaft dort auch irgendwann einmal so aussehen wie blühende Alpenwiesen oder Pinienhaine auf der Erde«, fantasiert etwa der Astrophysiker Christopher McKay vom Nasa-Ames-Forschungszentrum. Zu den etwas bescheideneren Plänen zählt zumindest eine permanente Forschungsstation auf dem Mond.

> Wenn du dir ansiehst, wie der nordöstliche Teil des afrikanischen Kontinents zusammenpasst, nur von einem engen Golf getrennt, dann könntest du aus jedem einen Gläubigen machen.
>
> – Harrison H. Schmitt 1972 auf seinem Flug zum Mond

»Der Weg ist das Ziel: Er führt wohl zum Mars, aber er endet nicht dort«, schwadroniert von Puttkamer in seinem Buch »Jahrtausendprojekt Mars«. »Wir benötigen lebensfördernde neue Träume, Visionen und Ziele in dieser Zeit, in der uns das Dilemma der Widersprüche einer aus Kriegen und Revolutionen, Wirtschaftskrisen und Strukturwandeln, Sinnverlust und Glaubensschwund geborenen Existenz mit ihrer komplexen Problemvielfalt verunsichert und in Handlungsängsten lähmt.« Da mittlerweile selbst den Unterstützern die Argumente für die bemannte Raumfahrt ausgehen, verkaufen sie sie heute als Große Erzählung und pädagogisch wertvolles Lehrstück. So schreibt Robert Zubrin, Raumfahrtingenieur und Präsident der Mars Society: »Den Kindern und Jugendlichen auf der Welt würde die Mission demonstrieren, dass es sich lohnt, schwierige Aufgaben anzugehen. Alllein in den USA werden in den nächsten zehn Jahren 100 Millionen Kinder zur Schule gehen. Wenn sich nur jedes hundertste von ihnen zu einer wissenschaftlichen Ausbildung inspirieren ließe, gäbe es aufgrund der Mission eine Million mehr Wissenschaftler, Ingenieure, Erfinder, medizinische Forscher und Ärzte.« Mit anderen Worten: Astronauten sind Schauspieler, Hauptfiguren in einem Märchen *im Futur,* das sich nicht widerlegen lässt, weil es nicht auf dem Boden der Tatsachen spielt, sondern an einem fernen Ort am Himmelszelt in einer ebenso fernen Zukunft. Das Märchen vom Weltraumritter muss mehr als nur ein technisches Unternehmen sein, sondern vielmehr Religionsersatz mit Turbinenantrieb – »Chance und Schicksal der Menschheit«. Es lohnt sich daher, den Boden der Tatsachen unter diesen hochfliegenden Träumen noch einmal zu untersuchen. Er ist schwankend und blutig.

Die Geburt der Raumfahrt aus dem Geist der Schaustellerei

Der Größenwahn hat System. Kein Hightechmärchen ist so intuitiv bezaubernd wie das von der Eroberung des Himmels. Und keins ist so teuer, sinnlos und verlogen. Es gibt ganz einfach keinen rationalen Grund, Menschen ins All zu befördern. Die ersten Astronauten waren daher natürlich keine

menschlichen Helden, sondern Tiere: Die erste ruhmreiche Sowjet-Kosmonautin hieß Laika und war eine Polarhündin. Der erste US-Astronaut hieß Ham und war ein Schimpanse. Nach einem Flug auf 253 Kilometer Höhe konnte er lebend geborgen werden. Zur Belohnung gab man ihm einen Apfel. Der Affe nahm ihn an, scheinbar breit grinsend wie später Tito. Die menschlichen Astronauten waren ursprünglich nur als Ballast und Versuchskaninchen eingeplant, nicht als Piloten. Ihre Raketen sollten keine Steuerknüppel und keine Fenster haben. Doch derlei Menschenversuche ließen sich nicht gut verkaufen, und so wurde das Märchen vom mutigen Supermann-Pilot erfunden. Unzählige triumphale Denkmäler bildeten Jurij Gagarin ab, den 27-jährigen sowjetischen Kosmonaut, der erste Mensch im All. Auch Alan Shepard, der erste Amerikaner im All, wurde, wohin er auch kam, mit Konfettiparaden empfangen wie ein Kriegsheld.
Doch die menschlichen Passagiere waren von Anfang an vor allem damit beschäftigt, Probleme zu lösen, die es ohne sie nicht gegeben hatte. Natürlich wären Roboter nie in der Lage gewesen, eine Raumstation wie die russische Mir in Stand zu halten, Lecks zu flicken und Heizungen zu reparieren. Doch ohne den menschlichen Pannendienst wäre auch gar keine Heizung und gar kein Sauerstoff vonnöten gewesen.

> Die gemeinsame Anstrengung der ganzen Menschheit zur friedlichen Eroberung des Weltalls muss dazu beitragen, dass alle noch mehr den Eindruck haben, eine große Familie Gottes zu bilden und Kinder desselben Vaters zu sein.
>
> — Papst Pius XII.

Zwanzig verschiedene wissenschaftliche Organisationen haben bereits erklärt, dass die ISS für ihre Forschungsarbeit unbrauchbar sei, unter anderem durch das ständige Herumgetrampel von Astronauten, das sensible Tests behindert.

Auch muss der Mensch permanent gegen besser adaptierte Konkurrenten kämpfen: Auf der Raumstation Mir wabbelte gallertartiger Schleim an einer Luke, und das Elektrolysegerät wurde von grünem Schimmel überzogen. Affen und Hunde sind gute Astronauten, aber die langfristig erfolgreichsten Weltraumprofis dürften Einzeller sein. »Die Rechtfertigungen für die Raumstation sind zum Teil nichts als blanke Märchen«, resümiert Francis Slakey, Physikprofessor an der Georgetown University.

Aber die Traumlogik der Hightechmärchen kennt kein Warum. Nach dem Verblassen der Religion und des Nationalismus in den Industrienationen funktionierte die bemannte Raumfahrt eine Weile als überteuerte Transzendenzmaschine, als Deus ex Machina. Ständig verweist sie über den einzelnen Mensch, die Erde und über sich selbst hinaus. Die Raumfahrt ist vor allem eine technische Fluchtfantasie, um den Ängsten der Gegenwart zu entkommen. Fluchtgeschwindigkeit nennen Raketeningenieure das Tempo, das eine Rakete erreichen muss, um dem Schwerefeld der Erde zu entkommen. Und auch im übertragenen Sinne handelt das Raumfahrtmärchen von der Flucht vor Verantwortung, der Angst und dem Tod.

Wernher von Braun, einer der maßgeblichen Architekten der Mondlandung, beherrschte diese Märchen von der erlösenden Flucht ins All wie kein Zweiter. Von Braun verdankte seine Karriere zum großen Teil seinem Erzähltalent, wie Rainer Eisfeld es in seinem hervorragenden Sachbuch »Mondsüchtig« verdeutlicht. Egal, ob an der Uni, für die Hitlerfaschisten oder für die US-Armee, von Braun schrieb Geschichte mit Geschichten. Jede technische Panne konnte von Braun umdichten in einen Erfolg. Als junger Student war er Mitglied im Berliner Verein für Raumschiffahrt (VfR), einer Gruppe von Raketenenthusiasten, die in ihrer Freizeit munter herumdilettierten, immer bemüht, mit Vorführungen ihrer Raketenstarts die Fantasie privater Finanziers zu beflügeln. Die Bastler waren als »Narren vom Tegeler Weg« bekannt und galten als »reklamesüchtig« und »unseriös«. Aber das machte nichts, denn ihr albernes Hightechmärchen erfüllte ein tiefes Bedürfnis nach Verdrängung und Größenfantasien. Deutschland war nach der Niederlage des Ersten Weltkriegs gedemütigt. In Romanen und Filmen wurde umso heftiger fantasiert von einem »deutschen Weltenschiff«, das zu neuen Planeten aufbrechen sollte. Zur Premiere von Fritz Langs Film »Frau im Mond« wurden die Raketenbastler verpflichtet, eine Rakete zu Werbezwecken vierzig Kilometer hoch zu schießen. »Die Ufa würde sich um die Wissenschaft verdient machen«, schreibt ein Beobachter. »Aber vor allem würde sich diese Rakete um die Ufa verdient machen.« Der Treibsatz wurde nicht fertig, der Raketenstart fiel ins Wasser, aber die öffentliche Fantasie war entflammt. Von Braun diente sich und die Raketenidee dem Heereswaffenamt an, und fortan platzten Termine und fehlerhafte Triebwerke wie eh und je, bloß eben unter strengster militärischer Geheimhaltung. Während der »Betteltouren« um Finanzierung machte sein Team immer wieder völlig überzogene Versprechungen über die Treffgenauigkeit der neuen Raketenbomben, die Goebbels später, als die Niederlage der Nazis schon unabwendbar war, »Vergeltungswaffe« taufte, die London »ausradieren« sollte. Von Braun, mittlerweile von Hitler per Handschlag zum Professor ernannt worden, nährte den Größenwahnsinn seiner Auftraggeber. Seine Vergeltungswaffe sollte bald auch auf New York gerichtet werden, danach aufs Weltall: »Eines Tages werden wir die Rakete benutzen, um die Erde zu verlassen. Wir werden den Weltraum besitzen.« Ein mörderisches Märchen. Zwar war die Treffgenauigkeit der V-Waffe so miserabel und konnte laut Einschätzung des zuständigen Flakregiments »nur als Terrorwaffe eingesetzt werden, nicht zur Bekämpfung militärischer Ziele«. Aber genau dies Versagen dichteten die mörderischen Märchenonkels aus von Brauns Umfeld in eine Stärke um: »Die moralische und tatsächliche Wirkung eines derartigen monatelangen Feuers, gegen das es keine Abwehr gibt, dürfte gar nicht abzusehen sein.« Natürlich war das ein Wahngespinnst. Ironische Bilanz des blutigen Märchens: Fast sechstausend Menschen starben zwar dort, wo die Raketen einschlugen. Doch mehr als doppelt so viele Opfer starben dort, wo sie herkamen: im KZ Mittelbau-Dora, wo Häftlinge, in Bergstollen versteckt, die nutzlosen Wunderwaffen montieren mussten. Möglicherweise hat von Brauns Vergeltungswaffe durch ihren Verschleiß an Ingenieuren, Stahl und Geld den Nazis mehr geschadet als genützt.

Nach dem Krieg jedenfalls machte von Braun in den USA Karriere. Den »Terror«-Krieg dichtete man nun in einen romantischen »Schuss ins All« um, und die populäre Presse feierte von Braun dankbar als »Kolumbus des Weltraums« und »Seher des Alls«. In einer kleinen Novelle namens »Erster Flug zum Mond« zitierte der ehemalige SS-Mann nun Gott selbst als seinen Auftraggeber: »Wollte Gott, dass wir auf der Erde bleiben, dann hätte er, dessen bin ich mir sicher, eine unüberwindliche Schranke errichtet und uns den Mut genommen, diese jemals zu überwinden.« Die Story endet mit der Ruhmreichen Landung der Weltraumpioniere: »Nach einer Minute war das kleine Flugzeug von einer lärmenden, jubelnden Menschenmenge umringt. ›Die Leute auf diesem Planeten scheinen verrückt zu sein‹, sagte Larry. ›Lass uns ausreißen und zum Mond zurückfliegen.‹«
Von Brauns Flucht- und Transzendenzmaschine lief immer noch wie geschmiert. Sie zielte nun nicht mehr auf London, sondern auf den Mond – und damit symbolisch auf Moskau und Havanna. Nach der gescheiterten Kuba-Invasion in der Schweinebucht suchte Präsident Kennedy bewusst nach »irgendeinem Raumprogramm, das dramatische Ergebnisse verspricht«. Je herber die politischen Rückschläge, desto fiebriger die Fluchtfantasie. »In einem sehr konkreten Sinn wird nicht ein Einzelner zum Mond fliegen, sondern eine ganze Nation«, schwafelte Kennedy. Als Armstrong schließlich den Mond betrat, sah eine halbe Milliarde Menschen gebannt am Fernseher zu. Von Braun, der Kolumbus des Weltalls, sagte: »Die Bedeutung lässt sich nur vergleichen mit dem entwicklungsgeschichtlichen Augenblick, als das Leben aus dem Wasser an Land kroch« – als ließen sich die vermutlich 16 000 KZ-Häftlinge, die für seine märchenhafte Karriere krepiert waren, durch dies großmäulige Eigenlob relativieren. Die Mondlandung wurde eine der teuersten Verdrängungslügen der Weltgeschichte, mit einem Preis von über 24 Milliarden Dollar für das gesamte Apolloprogramm. Eine unfinanzierbare Sackgasse, meinen Kritiker wie der Physiker Freeman Dyson: »Das Apolloprogramm hat die Entwicklung der Weltraumforschung um zwanzig Jahre zurückgeworfen.«

Supernova eines Märchens: Showbiz im All

Ein halbes Jahr nach Titos Landung musste der Nasa-Chef Daniel Goldin seinen Helm nehmen. Die bemannte Raumfahrt kämpft heute um Legitimation und Finanzierung. Dem Pyramidenbau im All droht seine gläubige Gemeinde abhanden zu kommen. Die Marsmärchenonkels sprechen mit ihrer Spacefolklore der mutigen Raketenritter vor allem ältere Recken wie Tito an. Die Nasa beklagt einen Popularitätsschwund bei der Jugend. Das ist fatal. Denn die bemannte Raumfahrt lebt vom Wohlwollen des Publikums wie ein Alleinunterhalter. Wenn die Öffentlichkeit den Applaus und Steuergelder verweigert, hören die bemannten Raumflüge einfach auf zu existieren. Die bemannte Raumfahrt kehrt daher dorthin zurück, wo sie herkommt seit dem verpatzten Flug des Vereins für Raumschiffahrt zum Kinodebüt von Fritz Langs »Frau im Mond«: zum eher halbseidenen Teil der Unterhaltungsbranche.

> Wollte Gott wirklich, dass der Mensch auf der Erde bleibt, dann hätte er, dessen bin ich sicher, eine unüberwindliche Schranke errichtet und uns den Mut genommen, diese jemals zu überschreiten.
>
> — Wernher von Braun

Man müsse wieder das Interesse der Jugend wecken, so der Nasa-Chef Dan Goldin kurz vor seinem Ausscheiden. »Wenn wir das nur erreichen können, indem wir hip sind, dann machen wir es eben.« Seine Lösung: Boygroups wie »Natural« oder Rapper wie »Coolio« sollen Songs über das All singen, »am liebsten über Mikrogravitation«, wie es bei der Nasa heißt. Russland erwägt sogar, die Sternchen der Boygroup »Na Na« ins All zu schießen, um sie von oben herab Konzerte geben zu lassen. »Um die Kontinuität der Generationen zu wahren und junge Russen in Richtung Kosmonautik zu lenken, muss die Arbeit im All popularisiert werden«, sagt der Kulturminister Michail Schwydkoi. Natürlich wird durch Dönekens dieser Art die Autorität, die einst das Weltraummärchen speiste, weiter untergraben. So dreht sich die Spirale aus Desinteresse und Jahrmarkt-Tricks immer weiter – bis ein neues Märchen aus den Trümmern des alten entsteht. Nun drängt das Publikum auf die Bühne. Schon plant eine japanische Firma Hotels auf dem Mond, die Firma MirCorp will eine Art Aussichtsplattform ins All schießen, die so genannte »Mini Station 1«. Welches andere Hotel kann schon permanenten Seeblick mit 16 Sonnenaufgängen pro Tag bieten? Die Erlebnisgesellschaft erobert das All. Viel wurde schon spekuliert, wie eine derartige Verballermannisierung des Weltraums aussehen könnte. Nun allerdings rückt sie in greifbare Nähe. Und lässt sich bereits in Ansätzen beobachten auf Werbeveranstaltungen der Raumfahrtbehörden.

Schulausflug im Kotzbomber

Nicht heiliger Ernst regiert hier oben, nicht das Bewusstsein für Chance und Schicksal der Menschheit, sondern ein heilloses und wonniges Durcheinander aus Laborgeräten, Urlaubsstimmung und munter umherfliegenden Körpern, lustig wie ein gelungener Drogentrip. Erst kitzelt es im Bauch wie auf der Achterbahn, dann steht der Frau nebenan die Frisur zu Berge wie unter Strom, und schon schweben die Kids in ihren blauen Overalls ab zur Decke, drehen Salti und kreischen vor Wonne, selig und ungläubig über die wunderbare Schwerelosigkeit des Seins.
Fotoapparate blitzen, Videokameras surren. Die Erdlinge unten werden Augen machen, wenn wir berichten von dieser Expedition in die Schwerelosigkeit. Genau das ist der Sinn dieses Experiments in Öffentlichkeitsarbeit, der dritten Parabelflugkampagne der European Space Agency (Esa). Das Medienevent soll die Faszination der bemannten Raumfahrt an ein Massenpublikum vermitteln. Denn die Esa hat ein Problem: Kaum jemand kennt sie. Seit über 25 Jahren fristet der Zusammenschluss aus mittlerweile fünfzehn europäischen Ländern ein Mauerblümchendasein im All. Etwa

2,5 Milliarden Euro pumpen die Mitglieder jedes Jahr in die Esa mit ihren rund 1 000 Mitarbeitern. Heraus kommt wenig, was leicht vermittelbar spannend nachzuerzählen wäre und damit verwertbar in der Mediengesellschaft. Was auch immer wissenschaftlich geleistet wird, bleibt unsichtbar, wenn es nicht anschlussfähig ist an eine Standarderzählung. Diese Selbstvermarktung beherrschen andere Raumfahrtbehörden wesentlich besser.

> Lasst uns beten, dass das Menschengeschlecht nie der Erde entflieht, um seine Ungerechtigkeit auch anderswo zu verbreiten.
> — C. S. Lewis

Jeder kennt die heldenhaften Odysseen der Mercury- und Apollo-Astronauten und den permanenten Pannendienst an Bord der Mir, bis sie, Gott hab sie selig, bald nach dem Jahrtausendwechsel über dem Pazifik abstürzte. Doch in der Flut dieser Abenteuer gehen OTS und ECS, Marecs und Egnos unter, die bleischweren Verwaltungskürzel, welche die Esa-Bürokraten ihren Missionen umhängen, reinen Fußnoten zur Raumfahrtgeschichte. Auch kühl kalkulierende Forschungsinstitutionen unterliegen dem Zwang, die Öffentlichkeit mit spannenden Geschichten und mitreißenden Mythen zu versorgen. Um also das Image der fantasielosen Raumpfleger abzustreifen, schickt die Esa seit ein paar Jahren Studenten und Schüler per Parabelflieger in die Schwerelosigkeit. Ein geschickter Schachzug in Richtung einer Arbeitsteilung im All. Die eingeladenen Nachwuchsastronauten übernehmen begeistert die Arbeit am Mythos – dem Rohstoff, von dem heutzutage selbst die ernsthafteste Forschung abhängt.
Nun sitzen sie also hier oben in ihrem fliegenden Klassenzimmer: dreißig Studenten in einem Airbus »Zero-G«, einem Testflugzeug mit einer speziellen Fluglizenz: normale Versicherungen zahlen nicht beim Absturz. Die meisten der 266 Sitze fehlen, die Fenster sind verschweißt. Weiche Matten an Boden, Wänden und Decke wie in einer Gummizelle sollen vor Verletzungen schützen.

Oft heißt es, die Schwerelosigkeit trete bei einem steilen Sturzflug ein. Das Gegenteil stimmt. Bei fünf Kilometern Höhe rast das Gefährt plötzlich steil nach oben. Durch die Fliehkraft werden die Passagiere heftig auf den Boden gepresst und wiegen fast doppelt so viel wie normal: Hypergravitation! Schwer rauscht das Blut in die Beine, der Kopf wird umnebelt wie unter Schock. Erst während der Flieger mit irrwitzigen 47 Grad steil in den tiefdunklen Himmel rast, ist die Schwere plötzlich weg: Mikrogravitation! Es lupft die Passagiere nach oben, alles, was nicht fest vertäut ist, beginnt frei zu schweben.

Die Piloten fliegen unterdessen weiter einen steilen Bogen, wie ein japanisches Kamikazekommando mit 650 Kilometern pro Stunde auf die Erde zu, immer der Bahn folgend, die auch ein geworfener Ball nehmen würde. Genau das ist der Trick. Denn dadurch, dass das Flugzeug genau dieselbe Parabelbahn beschreibt wie die frei umherfliegenden Menschen in seinem Rumpf, entsteht der ersehnte Effekt: 25 Sekunden Urlaub von der Erdenschwere.

Nach ungefähr einer Minute würde der Flieger bei diesem Kurs am Boden zerschellen, deshalb zieht der Pilot die Nase wieder nach oben. Die Schwebenden knallen auf den Boden der Tatsachen zurück und fühlen sich wieder schwer wie Sumo-Ringer. Das Schweben wird mit fast doppelter Schwere bezahlt, Gramm für Gramm, bis das Gewichtskonto wieder ausgeglichen ist. Dann kommt schon die nächste Parabel, und dann die nächste und wieder die nächste. Irgendwann schwebt selbst der Pilot durch den Passagierraum. Also doch ein Irrer? »Non, pas du tout«, erwidert der Pilot gut gelaunt und berichtet: »An Bord sind sicherheitshalber drei Piloten, die sich abwechseln, weil der Job so anstrengend ist.«

Dreißig Mal rast der Flieger auf und ab mit dreitausend Meter mächtigen Sätzen, wie ein 90 Tonnen schweres Wildpferd aus Stahl, das durch brutales Bocken die Schwerkraft abschütteln will. Während die Maschine anderthalb Stunden lang von der Bretagne bis zum Golf von Biscaya über ein spezielles Testgebiet tobt, produziert sie fast eine Viertelstunde Schwerelosigkeit – ein kostbares Gut. Die Industrie stellt unter diesen Sonderbedingungen reinere Kristalle her und forscht an härteren Werkstoffen, Pharmaunternehmen hoffen auf neue Medikamente. Doch bevor teure Labors ins All geschossen werden, testet man sie mit Hilfe von Parabelflügen.

Die Gravitation ist eine geheimnisvolle Kraft. Ihr Verständnis war ein wichtiger Ansatzpunkt der Aufklärung. »Alles gehorcht den gleichen Naturgesetzen«, so lautete die geniale Einsicht des englischen Physikers Isaac Newton im 17. Jahrhundert. Angeblich inspirierte ihn ein fallender Apfel: Die Sterne verhalten sich auch nicht anders als runzliges Fallobst hinieden, die Dinge dort oben sind wie die Dinge hier unten. Das ganze Universum lässt sich mit Begriffen wie Masse, Beschleunigung, Trägheit und Kraft beschreiben.

Newton war 23, als er das Gravitationsgesetz fand – ungefähr so alt wie die Studenten, die sich im Frühjahr 2000 beworben hatten, um im Experimentalflieger mit dem newtonschen Schwerkraftgesetz herumzuspielen, mit Mikrogravitation und Hypergravitation. Ein Spiel, das keiner Generation zuvor gestattet war, lediglich einzelnen Pionieren. Ein äußerst attraktives Angebot: Von über 100 Gruppen aus 14 Ländern, die sich beworben hatten, wurden die 31 Teams mit den besten Ideen ausgesucht. Nun wuseln die 120 Gewinner in einem großen Zelt am Rande eines Flughafens bei Bordeaux herum und machen ihre Experimente startklar.

Drinnen dröhnt Techno. Neben Laptops und Digitalkameras liegt auch ein Garfield-Maskottchen. Es wird gebohrt, geschraubt, gelacht. Die Studenten aus Glasgow, allesamt in Schottenröcken, basteln aus Lego einen Roboter, der mit Hilfe kleiner Rädchen auch in der Schwerelosigkeit seine Lage stabil halten kann. Die niederländischen »Beertenders« aus Delft wollen als vielleicht weltweit Erste schwereloses Bier zapfen, gesponsert von der Bavaria-Brauerei. Zu diesem Zweck haben sie ein Bierfass, einen Gartenschlauch und ein Aquarium zusammenmontiert. »Bier eignet sich gut zum Beobachten von Strömungseigenschaften«, sagt Patricia Koppenaal, eine Ingenieurstudentin, »weil man durch die Kohlensäure genau sieht, was im Strahl passiert.« Sie lacht. Sie findet Hightech einfach sexy und ist »total gespannt« auf die Schwerelosigkeit morgen. Als Arbeitsplatz allerdings scheint ihr das ganze Weltraummilieu dann doch zu paramilitärisch-verkniffen. Vereinzelt sind auch ernsthafte Projekte vertreten. Generell gilt: Jugend forscht für den Schulfasching. Zwischen all dem Lärm und Getriebe läuft Wubbo Ockels umher, weltberühmt in den Niederlanden als Astronaut und Initiator der studentischen Parabelflüge. »Bald wird es einen Massentransit ins All geben«, verspricht er. Und hofft, dass bald auch Studenten auf dem Mond landen, vielleicht sogar auf dem Mars.

Die Studenten dagegen interessiert das weniger. Sie nennen die Piloten wegen ihrer konservativen Zunftkleidung nur »Die Schlipse«. Sie wollen ihren Ausflug in die Schwerelosigkeit und dann aber lieber zur Formel-1, die hat die bessere Show.

Natürlich ist auch die Forschung in der Schwerelosigkeit unterhaltsam. Denn das Besondere an der Mikrogravitationsforschung ist, dass sich die Wissenschaftler selber den Bedingungen ihres Experiments aussetzen. Sie sind ihre eigenen Versuchskaninchen.

Tatsächlich ist es immer wieder überraschend, wenn einem die Schwere unter den Füßen weggezogen wird. Pötzlich taucht der Boden unter den Füßen weg. Der Körper richtet sich wie von selbst auf, dann katapultiert eine Naturgewalt ihn unsanft an die Decke.

Diese Naturgewalt sind die eigenen Reflexe. Auch in der Schwerelosigkeit pressen die Beine gewohnheitsmäßig nach unten, bis sie den üblichen Zentnerdruck des Körpers spüren. Doch hier oben hat der Körper kein Gewicht, und so schnellen die Astro-Neulinge wie menschliche Raketen an die Decke. Schwerelosigkeit findet vor allem im Kopf statt. »Nur Anfänger knallen immer gegen die Decke, wenn die Schwerelosigkeit kommt«, doziert Wubbo Ockels zwischen zwei Parabeln mit der Geduld eines Fahrlehrers. »Wenn die Schwerelosigkeit kommt, lasst euch einfach fallen, geht in die Knie wie ein bewusstloses Fräulein.« Die Schwerelosigkeit duldet keinen verkrampften Widerstand. Schon der sanfteste Zehendruck genügt, um meterweit zu sausen. Fast reicht es aus, eine Bewegung nur zu denken, schon tritt sie ein. Ein Erlebnis, das es sonst nur im Traum gibt.

Bereits der notwendige Gesundheitscheck beim Fliegerarzt wirkt fast so skurril wie später die Traumwelt des freien

Schwebens. Nach Blutabnahme, Urinprobe und Fahrradstrampeln mit EKG-Aufzeichnung krabbeln alle Probanden in den Unterdrucktank. Der Techniker draußen schaut unverwandt durch dickes Glas hinein und fährt den Luftdruck herunter, bis man sich fühlt wie im Himalaya auf 7 500 Metern Höhe. Die Ohren knacken, es stinkt gewaltig, weil alle heftig furzen, denn die Darmwinde sorgen für Druckausgleich. Schließlich noch Sauerstoffentzug, um den Notfall zu simulieren. Durch eine Atemmaske strömt Helium, das den Sauerstoffanteil in der Luft senkt. Nach spätestens einer Minute tritt eine temporäre Verblödung ein, die Handschrift verkrakelt wie bei einem depperten Kind. Einige Probanden, gestandene Mannsbilder, beginnen albern zu kichern, mit einer fiepsigen Mickymausstimme, wegen des Heliums.

Der Urlaub von der Erdenschwere ist eine junge Erfahrung. Erst 1938 gelang es Heinz von Diringshofen erstmals, rund acht Sekunden Schwerelosigkeit zu erreichen. Der Berliner Flugarzt machte mit seiner Propellermaschine Sturzflüge und glich dabei den Luftwiderstand aus, indem er zusätzlich Gas gab. In den fünfziger Jahren übernahmen die Supermächte diese Technik. Erst in der postmodernen Spaßgesellschaft verwandelt sich das militärische Trainingsprogramm in einen Nervenkitzel. In Weltraumzentrum Baikonur zum Beispiel dürfen Privatleute für rund 4 000 Euro Parabelflüge buchen. »Feel free – feel zero-g«, wirbt die Esa dementsprechend lustbetont auf ihrer Internet-Site, fühl dich frei und schwerelos.

Das lassen die Teilnehmer sich nicht zweimal sagen. Vor dem Abflug stehen sie Schlange, als wäre Happy Hour in der Cocktailbar: An einem Tresen in der Werkstatt gibt der Fliegerarzt Pillen gegen die Übelkeit aus, 50 Milligramm Cyclizine, ein bitter schmeckendes Mittel gegen die Reisekrankheit, das vor allem den Gleichgewichtssinn betäubt. Selbst mit diesem Doping muss sich noch jeder Dritte in der Schwerelosigkeit übergeben, weshalb die Parabelflieger auch »Vomit Comet« genannt werden: »Kotzbomber«.

»Die Übelkeit kommt nicht vom Magen, sondern vom Kopf«, erläutert der Fliegerarzt Bernard Maugey breit grinsend wie ein Barmann. »Das Hirn bekommt einfach widersprüchliche Signale«, so Maugey. Die Augen melden, oben sei alles wie unten. Aber das Gleichgewichtsorgan in den Ohren meldet, dass der Körper gerade in einen tiefen Abgrund stürzt. Sobald die Schwerkraft aufgehoben ist, wirbeln die Körper durch die Luft wie im Horrorfilm. Die um den Hals gehängte Kamera umkreist plötzlich den Kopf wie ein Jupitermond, ein Bleistift schwebt reglos in der Luft. Dinge bekommen ein Eigenleben, Beine werden zu Fremdkörpern. Feel free – feel zero-g. Das wird vielen schnell zu viel. Ständig droht das wissenschaftliche Fun-Event umzuschlagen in einen atavistischen Horror Vacui. Totenblass liegen Mitflieger hinter ihren Mikroskopen am Boden. Krallen sich an ihren Laptops fest, bis die Handknöchel weiß hervortreten. Kreischend klammert sich eine italienische Studentin am Handlauf unter der Decke fest, als dann die Schwerkraft wieder mit doppelter Wucht einsetzt, und strampelt hilflos mit den Beinen, bis ihr die Profibesatzung wieder hinabhilft. Wegen ihrer Leuchtuniformen werden sie »Engel in Orange« genannt. Eigentlich eine echte Slapstick-Szene, doch niemand lacht. Stattdessen trockenes Schlucken. Bloß nicht den Kopf verlieren hier oben an der kafkaesken Kehrseite der newtonschen Aufklärung. Denn wenn der Kopf nicht mitkommt, kommt das kalte Kotzen. Selbst das Übergeben ist hier oben ein akrobatischer Akt: Die recycelten Frühstücksbröckchen schweben frei umher in der Papiertüte, ähnlich vielleicht wie bei der Planetenbildung, ähnlich wie unsere schöne blaue Murmel.

Dann endlich die Landung. Raus aus dem Vomit Comet, die Gangway runter. Die Erdlinge, die unterdessen bei Musik und Cola an ihren Experimenten herumgeschraubt haben, stehen im Halbkreis um den Flieger und sind höflich genug, zu klatschen, ganz so als seien sie echte Groupies von echten Raumfahrern. Denn morgen sind sie dran mit dem Parabelfliegen und wollen natürlich genau so begrüßt werden. Eine Hand beklatscht die andere. Jeder darf Weltraumheld spielen für eine Viertelstunde.

Der Gang ist noch leicht schwankend wie nach einer rauen Seefahrt. Rasch wird das Oben dem Unten angepasst. Und, wie war es? Geil, echt obergeil. Wow, great. Vachement fou. Muy muy interessante. Und weißt du noch? Und hast du auch? Ja, ich maile dir die Fotos.

Die meisten Mitflieger behalten ihre hässlichen Esa-Blaumänner den ganzen Tag an. Schlapp und stolz liegen sie im Gras herum, einer schläft mitten auf einem Tisch in der lauten Werkstatt. Schließlich mahnt eine Esa-Mitarbeiterin streng, doch bitte endlich ihre Uniformen abzugeben, schließlich müssen die noch in die Reinigung vor dem Flug morgen. Während die Erinnerungen schon bereinigt werden auf das Normalmaß von Anekdoten und Zitaten, haftet den Anzügen noch immer der hartnäckige Geruch halb verdauter Erlebnisse an. Das spannendste Experiment hat hier jeder mit sich selbst gemacht. Und die bemannte Raumfahrt hat ein paar neue Anhänger gewonnen, die nicht mehr dem soldatisch-ritterlichen Ideal der Eroberung fremder Welten folgen. Sondern der Suche nach dem Thrill, der Selbsterfahrung, dem Abenteuer. Die billige Schaustellerei der Raketenonkels, die seit dem Verein für Raumschiffahrt stets ihre Märchen geschmeidig an das jeweilige Regime angepasst haben, findet hier ihre Fortsetzung. Auf Drängen des Publikums wird ein altes Märchen wieder einmal dem Zeitgeist angepasst und umgebaut: von der Weltbeherrschungsfantasie der Nazis über das Kolonisierungspathos der Nasa zu einem massenkompatiblen Fun-Event.

Die Maschine als Seher

Zwei neue Hauptfiguren verdrängen den heldenhaften Spacecowboy aus der Zeit des Kalten Krieges von der Bühne der Raumfahrt: Tito und Sojourner – der Weltraumtourist und der Marsroboter. Am 4. Juli 1997 landete die Sonde Pathfinder mit dem rollenden Roboter Sojourner auf dem Mars. Perfektes Timing für den amerikanischen Nationalfeiertag. Das ganze All ist eine Bühne. Der Roboter übertrug atemberaubende Bilder einer roten Sandwüste unter einem karamellfarbenen Himmel – bis dato das größte Internet-Event. Über eine halbe Milliarde Zugriffe registrierte die Nasa auf die Pathfinder-Site innerhalb des ersten Monats, was ungefähr der Zuschauerzahl bei der Mondlandung entspricht. Der ferngelenkte Roboter hatte zweierlei deutlich gemacht: Erstens sind unbemannte Sonden billiger, effizienter und robuster als jeder Weltraumheld. Die Sonde war schließlich mit einer Geschwindigkeit eines Lkw einfach auf den Marsboden abgeworfen worden – undenkbar selbst für hartgesottene Astronauten wie Ham, den Schimpansen oder Laika, die Hündin. Auch der Preis ist heiß: Die Pathfinder-Mission kostete mit rund 171 Millionen Dollar weit weniger als ein einziger Flug des bemannten Spaceshuttle, wie er alle paar Monate stattfindet ohne besonderes Aufsehen. Zweitens belegte das ferngelenkte Vehikel, dass Abenteuer, Spannung und vielleicht sogar Hightech-Mythen heute nicht mehr auf Menschen angewiesen sind.

> It's a skyblue sky,
> The satellites are out
> tonight.
> — Laurie Anderson

Durch unterhaltsame Jedermänner wie Tito ist die freigesetzte Autorität des »Sehers«, der von blauen Murmeln im All berichtet, auf hoch spezialisierte Maschinen wie Sojourner übergegangen. Tito und Sojourner ergänzen sich gegenseitig. Roboter, Sonden und Satelliten regeln, erkunden und sortieren die Eindrücke aus der Welt da draußen und bereiten sie medial auf. Denn das neue Publikum, das mit Joystick und Internet aufgewachsen ist, akzeptiert ohne weiteres den Marsroboter als eine kompetente Erzählmaschine. Der Blick auf den Mars braucht keine amerikanische Flagge und keine menschlichen Spuren im Staub. Die Hightechmärchen der Erlebnisgesellschaft bevorzugen die Ich-Perspektive – den direkten Blick durch die Linse des Roboters. Dasselbe gilt für den Erlebnistourismus eines Tito. Natürlich kannte er die Bilder von der blauen Murmel. Aber er wollte das Gefühl am eigenen Leib erfahren. Die Bereitschaft, sich mit irgendeinem Astronauten zu identifizieren, wird geringer. Während der Anblick des karamellfarbenen Marshimmels ohne große Verluste massenmedial als Foto und Filmaufnahme vermittelt werden kann, lässt Schwerelosigkeit sich nicht simulieren. Sie wirkt nur vor Ort auf den Körper der Teilnehmenden. Im herkömmlichen, technikdeterministischen Märchen war es die Raumfahrt, welche den Menschen über sich selbst hinauswachsen lässt, als eine Art Reinigungs- und Fluchtritual, um den irdischen Unzulänglichkeiten zu entfliehen, den Tücken der Technik und der Politik. Heute hat sich dieser Blick verändert. Wer heute in Richtung Sterne blickt, sieht vor allem eine menschengemachte Umwelt, voll von menschengemachten Problemen. Das All bietet keinen Fluchtraum für unbegrenzte Fantastereien mehr. Statt die Erdenbewohner zu erleuchten mit dem Anblick von der blauen Murmel, sind die Hinterlassenschaften der Märchenonkels selber zu einem Problem geworden. Zumindest das erdnahe All ist heute eine fliegende Müllkippe voll toter Technik und lebendigem politischen Konfliktstoff. Und trotzdem mindestens ebenso spannend wie die verblassende Astronauten-Folklore.

Der Satellit ist aufgegangen

Der Himmel über der Kieler Förde hat die Farbe eines Monitors vor Eingabe des ersten Befehls. Nur das Blinken des Leuchtturms von Friedrichsort punktiert die Dunkelheit wie ein Prompt-Zeichen.

»Noch drei Sekunden«, flüstert Marco Hahn, legt den Kopf in den kräftigen Nacken und starrt ans schwarze Firmament. Wellen glucksen unter dem Holzsteg. »Zwei, eins. Da ist er! Zehn Grad links von Wega! Ich sehe ihn!« Ein winziger Punkt rast von Süden her scharf am Sternbild Leier vorbei, schneller als ein Flugzeug, mit dem bloßen Auge sichtbar und heller als eine Sternschnuppe. Nach zehn Sekunden erlischt der Punkt wieder. Darf man sich jetzt was wünschen? »Nein, das war ein Iridium-Satellit«, sagt Hahn. »Das war Iridium 69.« Sein Beobachtungstagebuch wies damals, Ende der Neunziger, bereits fast 200 Einträge auf, heute werden es vielleicht doppelt so viele sein. Viele Satelliten kennt er auswendig mit vollem Namen, RS-10/11 zum Beispiel oder Noaa-10. Hahn hatte damals gerade sein Studium der Mathematik und Physik abgeschlossen und begann gerade seinen ersten Job. Aber in seiner Freizeit blieb er weiter Satellitenbeobachter. Nicht jeder kann Hobbyraumfahrer werden, selbst wenn sich die Raumfahrtindustrie einem breiten Publikum öffnen sollte. Manche haben einen schwachen Kreislauf, anderen fehlt Geld oder Zeit. Ihnen bliebe nur, die märchenhaften Abenteuer der anderen am Bildschirm mit zu verfolgen.

Oder aber der direkte Blick zum Himmel. Für eine kleine Gemeinschaft ereignet sich dort oben jede Nacht ein Schauspiel von exquisiter Schönheit: der Tanz der Satelliten um die Erde. Hier gibt es keine abenteuerlichen Raumfahrer, nur die Schönheit angewandter Mathematik.

Treffpunkt der Satellitenbeobachter ist das Internet, vor allem die Mailingliste SeeSat mit ihren weltweit über 400 Abonnenten. Hier verabreden sie sich zu internationalen Konferenzen oder spekulieren darüber, welche Satelliten zu Silvester am besten zu sehen sein werden.

Sie selbst nennen sich gern »Birdwatcher«, Vogelbeobachter, denn Satelliten heißen in ihrem Jargon »Birds«. Tatsächlich sind sie eine Art Update von Vogelstimmensammlern oder Trainspottern, jenen einsamen Gestalten, die sonntagnachmittags auf Eisenbahnbrücken stehen und mit leuchtenden Augen Zugfabrikate notieren.

Doch Birdwatcher sind mehr als nur verschrobene Eigenbrötler. Ihre Verweise im Internet sind Missing Links zwischen dem Alltag auf Erden und den Wundern angewandter Raumfahrt am Himmel, den Telefon- und Fernseh- und Wettersatelliten, die heute das erdnahe Weltall möblieren. Wer Satelliten beobachtet, gibt den immateriellen Datenströmen ihr Gesicht zurück. Fast 9 000 künstliche Trabanten umkreisen ständig die Erde, jedes Jahr werden rund 100 weitere hinaufgeschossen. Allmählich wird es eng am Himmel, auf der beliebten geostationären Bahn zum Beispiel herrscht dichtes Gedränge wie im Feierabendverkehr von Neapel.

Die unbemannte Raumfahrt ist längst banaler Alltag, eine Satellitenbörse vermakelt von London aus die Plätze am Himmel an das jeweils meistbietende Konsortium. Oft geht es dabei um schattige Geschäfte, denn auch das kleinste Land hat Anrecht auf Satellitenplätze, selbst wenn es weder willens noch in der Lage ist, einen kleinen Erdtrabanten hinaufzukatapultieren – sondern nur, um den Himmelsparkplatz gegen viel Geld zu vertickern. So werden uralte Klapperkisten von Position zu Position verschoben, nur um Plätze freizuhalten.

»Das meiste, was man sieht, sind Schrottteile«, kommentiert Hahn. »Abgesprengte Raketenstufen, explodierte Satelliten, abgefallene Solaranlagen.« Der Orbit gleicht einer gigantischen Müllkippe: Über hunderttausend mindestens handschuhgroße Satellitentrümmer umschweben die Erde in so genannten »Schrottwolken« aus toter Technik (»Debris clouds«). Das ist eine schöne Scheiße, und zwar wörtlich, denn viele der Schrottteilchen sind von einem hauchdünnen Kotfilm überzogen, der von defekten Astronautentoiletten stammt. Diese Beobachtung regte den Autor Arthur Clarke zu der Überlegung an, dass das irdische Leben vielleicht aus dem All stamme – aus den Fäkalien fremder Alien-Raumfahrer. Wenn dem so sei, so Clarke, »müsste das erste Kapitel der Genesis drastisch umgeschrieben werden«. Norad, das nordamerikanische Frühwarnzentrum für Flugobjekte, betreibt eigens einen Dienst, um die fliegenden Kötel zu verfolgen. Das Johnson Space Center bildet den Trümmerreigen im Internet ab (http://sn-callisto.jsc.nasa.gov/graphics/beehive3.jpg). Auf dieser Seite sieht der Heimatplanet überhaupt nicht aus wie eine blaue Murmel, gebettet auf das samtene Schwarz des Firmaments. Sondern vielmehr wie ein verfaulter Apfel, umschwärmt von tausenden Schmeißfliegen. Das blaue Gemurmel erscheint durchs Okular des Satellitenbeobachters absurd. Die Marsmärchenonkels versprechen das Blaue vom Himmel herunter für eine Hand voll Milliarden Dollars. In Wahrheit herrschen im Orbit politisches und technisches Chaos, Geheimniskrämerei, Betrug, Verklappung und Gefeilsche. Wer die realexistierende Raumfahrt als Vorbild für eine bessere Welt verkaufen will, ist naiv oder verlogen.

Der Alltag im All hat wenig zu tun mit den faden Aufklärungsmythen der Marsonkels. Er ist chaotisch, bedrohlich, verkommen – und unglaublich schön. Eigentlich sind Satelliten fast unsichtbar. Kleiner als ein Autobus, schneller als der schnellste Kampfjet, weiter weg als die Strecke Hamburg–München. Sichtbar sind sie meist nur während eines »Flare«. So nennt man das Aufleuchten, wenn die Sonne in einem bestimmten Winkel auf das Metall von Sonnensegeln oder Antennen fällt und die Oberfläche aufgleißen lässt. Anfänger der Sternenbeobachtung interpretieren Flares oft fälschlicherweise als Supernova und nerven mit ihren aufgeregten Anrufen die Sternwarten ihrer Umgebung.

Hahn fummelt eine Taschenlampe aus seinem Rucksack. »Iridiums sind Anfängerzeug«, sagt er. Hahn dagegen ist ein alter Hase. »Ich halte lieber nach amerikanischen Spionagesatelliten Ausschau«, sagt er, denn deren Bahnelemente werden oft geheim gehalten. Das stachelt den Ehrgeiz noch weiter an. Vor allem Lacrosse-Satelliten mag er, die mit ihrem Radarauge auch durch Wolken spähen können und am rötlichen Schimmern ihrer Thermobeschichtung erkennbar sind.

Eigentlich muss jeder Satellit bei einem Spezialregister der Uno angemeldet werden, das sieht eine Konvention von 1976 vor, genannt »Convention on the Registration of Objects Launched into Outer Space«. 43 Staaten haben diese Konvention verabschiedet, auch die USA. Trotzdem fährt der Weltpolizist gerne ohne Nummernschild Patrouille. Und es sind die Birdwatcher, die den bigotten Cop überführt haben. Derzeit kreisen über hundert falsch oder gar nicht angemeldete US-Satelliten am Himmel, mindestens acht davon zu Spionagezwecken. Die Konvention ist eine jener idealistischen Gutgemeintheiten ohne Biss. Sanktionen bei Zuwiderhandlungen gibt es nicht, und die Formulierungen sind butterweich. »Wenn das Beispiel der USA Schule macht, hält sich bald niemand mehr an die Konvention«, klagt Charles Vick, Spezialist für Raumfahrtpolitik bei der Wissenschaftlervereinigung Federation of American Scientists. »Dann hätten wir das absolute Chaos im All.«

Eigentlich müsste allen Beteiligten klar sein, wie wichtig die Anmeldung der Satelliten ist, spätestens seit jenem Januarvormittag im Jahr 1978: Um sieben vor zwölf Weltzeit zerbarst ein sowjetischer Satellit mit Atomreaktor an Bord unweit des Großen Sklavensees in Kanada. Dank korrekter Registrierung war der Schuldige sofort ausgemacht: Die Sowjetunion zahlte Schadensersatz. Seitdem halten sich die Russen vorbildlich an die Konvention.

Hahn schaut auf seinen Terminplan, was die Nacht noch so bietet: ausgebrannte Satellitenstufen, ein Rudel Iridiums und einen Spionagesatelliten mit dem Qualitätsprädikat »classified« – geheim. All das ist fein säuberlich verzeichnet auf einem Computerausdruck mit Uhrzeit und benachbarten Sternbildern, zur leichteren Orientierung. Hahn hat die satelliten-klare Nacht gut vorbereitet. Am Nachmittag hat er sich eingeloggt auf einer Birdwatcher-Site, um sich dort eine neue Version des Beobachtungsprogramms Quicksat herunterzuladen. Dann hat er die genauen geographischen Daten von Kiel eingegeben und die Satelliten angeklickt, die er sehen will.

»Früher habe ich mich für Astronomie interessiert«, sagt Hahn, »aber das ist ja langweilig, immer dieselben Sterne zu beobachten. Bei Satelliten ist viel mehr Action dabei.«

Birdwatching ist Trendsport für Astronomen: Der Himmel als Videospiel. Jede Spielrunde beginnt und endet dabei im Internet. Denn nur durch die weltweite Vernetzung können die Freunde der fliegenden Technik genügend Daten sammeln, um die Flares für jeden Ort der Erde vorauszuberechnen. Birdwatching ist ein Wettlauf einer kleinen, globalen Öffentlichkeit gegen die Spezialisten und Geheimniskrämer in den Raumkontrollzentren weltweit.

»Der Nächste ist ein Lacrosse, ein amerikanischer Spionage-satellit«, sagt Hahn. Er starrt hoch und zählt runter. Null. Kein Lacrosse. Nirgends. »Die haben ihn auf eine andere Umlaufbahn geschossen«, ärgert sich Hahn, denn Spionage-satelliten werden ständig herummanövriert, statt sich in eintönigen Kepler-Bahnen zu bewegen. In diesem Spiel der angewandten Mathematik gilt: Was unberechenbar ist, bleibt unsichtbar.

Begonnen hat seine Leidenschaft mit einer fünfzeiligen Meldung in der Bild-Zeitung, in der stand, wann und wo genau man die Raumstation Mir sehen konnte, damals, lange bevor sie verglühte. Es war Liebe auf den ersten Blick. Am liebsten beobachtet er seitdem im Winter, wenn die Nächte klarer sind. Sein schönstes Erlebnis war das Aussetzen einer Hand voll neuer Iridium-Satelliten zu beobachten, die sich langsam und schillernd von der Trägerrakete wegbewegten, »fast wie ein Feuerwerk«.

Vergebens protestieren die professionellen Astronomen in ihren Sternwarten gegen diese unbemannte Zersiedelung des Weltraums. Ihre Teleskope drohen durch die visuelle Umweltraumverschmutzung partiell zu erblinden, warnen sie und haben sich zusammengetan in der Vereinigung »International Dark-Sky Association« (www.darksky.org). Kaum eine Langzeitbelichtung des Himmels, die nicht von einem hellen Strich durchkreuzt wäre – dem Lichtreflex eines Satelliten. Viele Sterngucker sind Satellitenbeobachter wider Willen.

Die freiwilligen Birdwatcher sind natürlich nur eine winzige Splittergruppe innerhalb der globalen Erzählgemeinschaft der Weltraumfans. Sie sind auf der Jagd nach dem technisch Erhabenen und erledigen die Politik gleich mit, indem sie bewaffnet mit ihren Beobachtungsdaten auf Einhaltung der Uno-Konvention drängen. Dafür brauchen sie keinen bemannten Raumflug. Im Gegenteil. Die Internationale Raumstation ISS würdigen sie kaum eines Blickes. Denn die ist schließlich das dritthellste Gestirn am Abendhimmel, nach Mond und Venus, und jedermann kann sie mit bloßen Auge erkennen, weil sie so groß ist. Also ist sie langweilig. Die verschrobene Weltsicht der Birdwatcher verschließt sich den abgegriffenen Normalmythen mit all ihren Heilsversprechen und verbalen Kraftmeiereien von grünenden Almen auf dem Mars und ritterlichen Raketenmännern. Sie kommen ohne künstlich herbeigeredete Sensationen aus. Denn sie schauen genau genug hin, um Poesie und Wahrheit auch im scheinbar banalen Verkehrsstau am Himmel zu entdecken.

Drei Uhr. Es taut. Hahn fröstelt. Vom Halten des Fernglases hat er eine verspannte Schulter – fast vergleichbar einem Tennisarm: die Satellitenschulter. Er packt seine Sachen und geht. Zu Hause angekommen, setzt er sich in sein Wohngemeinschaftszimmer, schaltet den alten 286er-Rechner mit der scharrenden Lüftung ein und aktualisiert sein Beobachtungstagebuch. Im Morgengrauen schickt er seine Beobachtungsdaten an die Netzliste, damit die Birdwatcher in Amerika seine aktuellen Daten noch verwenden können. Denn dort bricht gerade der Abend herein, und der Himmel erwacht zum Leben.

02_WIRTSCHAFTSWUNDERKINDER-SPIELPLATZ

New Economy: Das Märchen vom Start-up-Unternehmer als Revoluzzer

Wie der Start-up-Unternehmer zum mutigen Held stilisiert wurde, zu einem Kosmonauten im Cyberspace, der furchtlos ins unbekannte Morgen-Land der permanenten Innovation aufbricht. Wie die Öffentlichkeit an den börsennotierten Märchen mitschreibt und sie grausam abwürgt, wenn die Märchenhelden nicht dem Rollenmuster des strahlenden Hightech-Revoluzzers gerecht werden. Und wie das Publikum vor lauter Häme über die Bruchlandung seiner gefallenen Helden die eigentliche Pointe der Geschichte verpasst: Die Wissensgesellschaft ist ein bunter Geschichtenbasar und braucht nicht weniger Fantasie, sondern mehr.

Ende 1999. Es waren Partys der etwas anderen Art. Als die Kids vom Catering um halb zehn endlich die durchgeweichten Pappschachteln auftischen, ist die Pizza längst kalt. Trotzdem gibt es Tumult. Ein Gedränge und Geschiebe zum »Buffet«, als sei diese trendy Fabriketage in Kreuzberg ein Obdachlosenasyl. Junge Damen im Businessdress stecken hastig ihre Tausendundeinemark-Nokias weg und drängeln sich vorbei an modisch struwweligen und doch maßangezogenen Jungmanagern im Prada-Look und Kids mit bunten Kuriertaschen. Oliver setzt zum Angriff an. Nicht einfach, indem er sich blind ins Getümmel wirft. Nein, moderne Schlachten werden an der Logistikfront gewonnen. »David!«, ruft er hinter sich ins Getümmel, »ich reiche dir eine Pizza nach hinten.« Schon greift Oliver ein labbriges Pizzastück und befördert es über die Köpfe der drängelnden Futterkonkurrenten nach hinten, wo David es in Empfang nimmt und weiterreicht an einen dritten Kumpel, der die Beute in Sicherheit bringt. Dann noch ein Stück und noch eines. Die drei bilden eine effiziente Transportkette – einen neuen Vertriebsweg sozusagen. Die Konkurrenz hat keine Chance. Genauso hätte es Bill Gates sicher auch gemacht, wenn er hier wäre mit Steve Ballmer und den anderen Bluthunden von Microsoft. Schnell sind die Pappschachteln leer geräumt. »Tja, wer zu spät kommt ...«, grinst Oliver und beißt in seine Labberkruste. Die Drängler ringsumher, die es nur bis zur zweiten Reihe geschafft haben, bleiben an diesem Abend hungrig. Aber nun die Sensation für jeden Hobby-Ethnologen: Niemand murrt im Stamm der Jungunternehmer. Dabei ist doch keiner der hier Versammelten auf den Mund gefallen. Im

Gegenteil. Den ganzen Abend lang schon haben sie fieberhaft durcheinander geredet, haben versucht, sich gegenseitig von Geschäftsmodellen zu überzeugen, haben über die Zukunft von Online-Gemeinschaften fabuliert, über Content, Push und E-Commerce. Haben den Katechismus der New Economy heruntergebetet mit Glaubenssätzen wie »Im Netz ist alles anders«, »Die Community ist der Content«, »Hyperlinks untergraben Hierarchien«, »Das Internet ist die größte Innovation seit der Gutenbergbibel«, »Wir haben die Benchmarks outperformed« oder »Wir sind voll committed für den IPO«. Wobei IPO den Börsengang meint und ausgesprochen wird als Ei-Pi-Ou. Schwätzend versichern sich die Gründer ihrer Existenz – ich rede, also bin ich und damit verdiene ich meine erste Million. Doch eigenartigerweise wird in dieser quicklebendigen Erzählgemeinschaft nicht gestritten oder diskutiert, sondern nur gemeinsam geträumt vom großen Geld im Netz der Netze. Konfrontation, Widerspruch und Kompromisse haben im Katechismus der Start-ups keinen Platz. Die ungeschriebene Etikette diktiert eine eherne Regel: Der Schnelle frisst den Langsamen, der Innovative den Konservativen. Und wer nörgelt, hat schon verloren, selbst wenn es nur um eine alte Pizza geht. Niemand beschwert sich über die Rüpel, denn siehe: den Schnellen und Pfiffigen gehört die Welt.

> Kann der Kapitalismus weiterleben? Nein, meines Erachtens nicht.
>
> — Joseph A. Schumpeter, 1942

Willkommen im Club der Existenzgründer. Willkommen bei der Veranstaltung »Silicon City«, die kurz vor dem Wechsel ins neue Jahrtausend in einem Hinterhof in Berlin-Kreuzberg erstmals über die Bühne ging. »Silicon City« und ähnliche Veranstaltungen wie »First Tuesday« oder »Start-up meets Start-up« sind eine eigenartige Mischung aus Party, Kindergeburtstag und McKinsey-Beratung, die einem einzigen Zweck dient, nämlich der Verkuppelung von altem Geld mit frühreifen Ideen. Herkömmliche Benimmregeln sind hier außer Kraft gesetzt, dies Balzritual ist eine Art interaktives Rollenspiel mit eigenen Regeln. Gier ist gut, denn dies Spiel handelt vom Rennen der »Hungrigen« gegen die »Satten«, der New Economy gegen die etablierte Wirtschaft. Wir gegen die. Und jeder will »wir« sein.

Jeder Verstoß gegen die konventionelle Höflichkeit wird belohnt – solang man einen guten Businessplan und eine Erfolg versprechende »Story« parat hat. Was zählt, ist eine Form der natürlichen Rücksichtslosigkeit, ein Wille zum Zerstören und Erneuern, Mut, Fehler zu machen, und natürlich ein Tick Egozentrik. Aus diesem Stoff sind die Helden der Internetwirtschaft gemacht. Die Geschichte vom Aufstieg und Fall der Neuen Wirtschaft handelt von der Macht der Hightechmärchen und vom milliardenschweren Lehrgeld, das zu zahlen ist, wenn sie zu wörtlich genommen werden.

Schumpeterchens Mondfahrt

Es wird einmal, in kürzester Zeit, die Industriegesellschaft ihre rauchenden Schlote und stinkenden Blechlawinen hinter sich lassen und aufbrechen in eine neue Welt, in der Daten und Geldsummen wie Milch und Honig fließen. So will es das Märchen von der neuen Wirtschaft, die so neu ist, dass es für sie gar kein deutsches Wort gibt. Die »New Economy« verheißt das Paradies auf Erden: hoch dotierte Jobs für früher arbeitslose Jungakademiker, Onlinebestellung statt Tütenschleppen, Telearbeit von daheim aus für allein erziehende Mütter und immer wieder eins: traumhafte Renditen von mehreren hundert Prozent für Investoren und Aktionäre. Private Geldgeber aus dem Bekanntenkreis werden in diesem Märchen »Angel Investor« oder einfach »Angel« genannt, und wenn ein neues Unternehmen endlich den Börsengang schafft, wird das in diesem Märchen schlicht und ergreifend bezeichnet als »Gone to Heaven«. Und wenn sie nicht bankrott sind, träumen sie diesen Traum noch heute.

Alles ist anders in diesem Morgen-Land, exotisch wie die Märchen aus 1001 Nacht. Um Märkte zu erobern, werden Produkte einfach verschenkt. Unternehmen kommen ohne

Hierarchien aus. »Wer ist Praktikant, wer ist Boss? Wen interessiert's?«, fragte im Sommer 2000 ein Werbespot von DaimlerChrysler, in dem ein junger Mann von Schreibtisch zu Schreibtisch tänzelt und gekonnt Pizzas verteilt. Bis sich herausstellt, dass er selbst der Chef ist (und natürlich, das ist ja die Pointe, einen Benz fährt). Die New Economy macht Schluss mit der entfremdeten Arbeit. Nächtelang wird durchgearbeitet, aber das macht nichts, denn die Mitarbeiter sind gleichzeitig die Freunde, mit denen man Tischfußball spielt und Negerkuss-Schlachten inszeniert.

Die Schnellen fressen die Langsamen, und das bedeutet voller poetischer Gerechtigkeit: Die Kleinen verdrängen die Großen. Die Prinzen in diesem wunderbaren Morgen-Land sind die Gründerkinder: jung, gebildet, flexibel und sexy. Wenn die New Economy Menschengestalt annehmen würde, dann sähe sie aus wie diese beiden Schweden: Sie, Kajsa Leander, Ende zwanzig, mit langen blonden Haaren und einem leicht verlorenen Blick, ein ehemaliges Fotomodell. Er, Ernst Malmsten, ein gleichaltriger Hühne mit einer modischen Buddy-Holly-Brille, ehemals Literaturkritiker. Die beiden hatten einen Traum, und sie nannten ihn Boo.com. Boo.com sollte coole Designerklamotten per Internet verkaufen mit Hilfe von extravaganten Internetseiten mit dreidimensional drehbaren Fotos, virtuellen Models und einer virtuellen Registrierkasse mit achtzehn Währungen. Die beiden hatten zuvor Poesiefestivals organisiert, den Verlag Leandermalmsten gegründet sowie den Internetbuchladen Bokus.com, der später von Bertelsmann übernommen und in Bol umgetauft wurde. Nun eroberten sie im Handstreich die Welt der Technik und des Geldes. »Mittlerweile geht es weniger um Text und Suchmaschinen wie bei Amazon«, so Malmsten. »Es geht eher darum, eine Geschichte zu erzählen.« Und das tat er. Und wie. Binnen weniger Monate hatten die beiden Märchendealer Investorengelder in Höhe von schätzungsweise über 120 Millionen Dollar zusammen, von angesehenen Investmenthäusern wie Morgan Capital und Goldman Sachs und von Modekonzernen wie Benetton und Louis Vuitton Moët Hennessy (LVMH). Die Selbstdarstellung der beiden Gründerkinder begann stets mit dem einen Halbsatz, naiv wie Bauernmalerei: »Ernst und Kajsa lernten sich schon im Kindergarten kennen.« Nun luden die beiden eben auch die ganz Großen der Branche in ihren Sandkasten ein.

»Die visionäre Kraft von Ernst und Kajsa hat mich sehr beeindruckt«, schwärmte ein Investor. »Die beiden haben mir in zwanzig Minuten erzählt, dass sie eine tolle Idee haben, es ginge weitgehend um Mode und Netz. Ich war davon begeistert und habe unterschrieben, weil ich denen geglaubt habe.« Boo.com expandierte. 400 Angestellte arbeiteten im Märchenreich der beiden Königskinder mit dem vermeintlichen Goldesel. Sie ließen sich nun wie echte Royals von Bodyguards schützen und legten sich die Allüren von Rockstars zu, Exzesse in Hotelsuiten inklusive: Angeblich warfen die beiden Schöngeister gerne die verdummende Glotze aus ihren Hotelfenstern. Die Presse erkannte die Poesie dieser Geisteraustreibung und besang sie als »Defenestriertes TV«: Die neuen Internetmärchenprinzen exorzierten die bösen, passiven Massenmedien. Die Boo.com-Crew bezog eine Zentrale in London und eröffnete Filialen in Paris und New York. Noch bevor ein plausibler Businessplan existierte, wurde der Wert des Märchenreichs auf über eine Milliarde Dollar geschätzt. »Über ihren Köpfen leuchtet die Reklame eines Geschäfts, das sich ›Inspiration‹ nennt«, fabulierte die Zeitschrift Max über das Traumpaar, offensichtlich angesteckt vom Märchenerzählen. »Die Internet-Pioniere, so scheint es, haben auch noch einen eigenen Heiligenschein.« Das ehemalige Model durfte sich in einem Buch mit dem Titel »Heroes.com« als Rollenmodell produzieren, als eine Art Sterntaler, die nur ihr Röckchen schürzen muss, schon purzeln ihr die Taler in den Schoß. Jeder, so das Märchen, könnte sich wie die beiden binnen zwanzig Minuten zum Dotcom-Held emporschwatzen.

Die Leichtgläubigkeit der Investoren und Aktionäre beruhte vor allem auf Unsicherheit den eigenen Erfahrungen gegenüber. »Tomorrow starts today« lautete das Versprechen der Hightechbranche mit unverkennbar drohendem Unterton. Niemand wollte den Zug verpassen – auch wenn keiner eine Ahnung hatte, wohin er fährt und nach welchem Fahrplan. Der Jugendwahn, bislang sicher kanalisiert in Lifestylezeitschriften und Modeketten, infizierte die Finanzwelt. Vieles, was neu und jung und hip erschien, galt plötzlich als Erfolg versprechend. Sogar Psychologen witterten einen neuen Markt. Denn wenn es Goldtaler regnet, drohen Kopfverletzungen: Wenn wieder ein Start-up-Millionär, der sich bisher nur von Pizza und Softdrinks ernährt hat, mit seinem Neureichtum nicht fertig wird und in eine Depression oder Designerdrogensucht abrutscht, diagnostizieren sie das »Sudden Wealth Syndrome«, das Schleudertrauma des plötzlichen Geldes. Tausende träumten davon, sich mit dieser wunderbaren Krankheit anzustecken.

> Märkte sind Gespräche.
> Hyperlinks untergraben
> die Hierarchien.
> In vernetzten Märkten
> mitzuwirken verändert
> Menschen grundlegend.
>
> — Auszug aus dem
> Cluetrain-Manifest
> (www.cluetrain.com)

Voraussetzung: Erzähltalent, Charisma und der Wille, die alte, kranke Wirtschaftswelt mit einem Lächeln und einem Businessplan zu zerschmettern. »Schöpferische Zerstörung« nennen Politiker diesen Prozess immer dann, wenn wieder eine Bank Mitarbeiter entlässt, weil die Kunden lieber Onlinebanking machen, statt in Filialen Schlange zu stehen. Und meinen damit, dass Jobverluste durch neue Jobs in neuen Branchen aufgefangen werden. »Schöpferische Zerstörung«, diesen Begriff prägte Joseph Alois Schumpeter, ein österreichischer Volkswirtschaftler 1912. Schumpeter war 29, im besten Start-up-Alter also, als er in seinem Werk »Theorie der wirtschaftlichen Entwicklung« den Unternehmer als treibenden Motor der Wirtschaft entdeckte. Ende der neunziger Jahre wurde Schumpeters Charakterisierung des innovativen Unternehmers in Form des zerzausten Start-up-Gründers wieder entdeckt, der gleichzeitig die Rollen von Pizzabote und Großkapitalist spielt. Vor allem eines zeichnet diesen Gründer aus: sein Mut, in neues, unbekanntes Terrain vorzudringen, ohne Rücksicht auf Verluste in Millionenhöhe. Ein bisschen so, wie man sich die Story von Kolumbus und seiner Reise nach Indien ausmalt. Deswegen werden in Hamburg die Jungunternehmer auch »Online-Kapitäne« genannt und alle paar Monate von Wirtschaftsförderern der Stadt zu Treffen auf den ausgemusterten Frachter »Cap San Diego« eingeladen. Die Online-Kapitäne galten als furchtlose Eroberer der Zukunft, wie es früher die Weltumsegler waren und dann in Zeiten des Kalten Krieges die Astronauten, bevor ihr Image durch lächerliche Hobbyisten wie Dennis Tito untergraben wurde. Und wie das Märchen von der bemannten Eroberung des Weltraums immer noch eine gigantische Geldvernichtungsmaschine ist, so muss im Nachhinein auch der erste Sturm der New Economy auf den Himmel der Börsen als eines der teureren Märchen gelten.

Maulhelden im Moneyspace

Seit dem Einbruch der Aktienkurse im Frühjahr 2000 glaubt niemand mehr an die Märchen der Start-up-Helden. Die Versprechungen von damals klingen heute lächerlich. Und deswegen lohnt es sich, einen Blick zurück im Hohn zu werfen. Denn erst jetzt, im Rückblick, erschließt sich der Erzählbogen dieser Hightechmärchen.

Businessplan heißt das Genre, in dem sie ihre Hightechmärchen vortragen. Im Laufe weniger Monate hatte sich eine eigenartig eingeschworene Erzählgemeinschaft herausgebildet: Von sechs Uhr abends bis weit nach Mitternacht schieben sich in der »Silicon City« rund 250 Jungunternehmer durch die Flure, wobei sie unablässig über ihre Ideen plappern. Fiebrig hasten sie von Grüppchen zu Grüppchen und tragen ihre neueste Businessplan-Idee vor, als sei sie ein saftiges Gerücht. Meist ist es irgendeine Online-Community, die zum Kauf von Gebrauchtbüchern, Spielzeug, Sandwiches oder gar Parfüm übers Netz animieren soll. Meist treten diese noch-nicht-ganz-gegründeten Unternehmen, bestehend aus einer Idee auf der Suche nach Geld, in Dreiergrüppchen auf. Einer moderiert, einer schnurrt die spärlichen technischen Details herunter, und einer sagt gar nichts – der will die Finanzen machen, weil er sich gerade für BWL eingeschrie-

ben hat. Sie reden sich untereinander warm für den großen Auftritt an einem der kargen Holztische, mit langen Holzbänken zu beiden Seiten, ein bisschen wie damals bei der freiwilligen Feuerwehr in Detmold. Auf der einen Holzbank hocken die potenziellen Geldgeber, befremdet und neugierig und gierig auf gigantische Profite, bewaffnet mit Anzug, Schlips und Visitenkarten mit klingenden Namen wie IVC oder Oppenheim. Bislang galt der Cyberspace einfach nur als kollektive Halluzination, als Weltmeer der Möglichkeiten. Durch die gierige Anteilnahme der Investoren wurde daraus ein scheinbar unbegrenzter Moneyspace. Der Businessplan wurde so zu einem utopischen Genre, Kommunikation zum Fundament der Neuen Wirtschaft. Getreu den Maximen des Cluetrain-Manifests, jenem im Internet kursierenden Bekenntnis zur Neuen Märchenwirtschaft, die nicht auf Waren, sondern Worte aufbaut: »Wenn ihr wollt, dass wir mit euch sprechen, erzählt uns etwas. Zur Abwechslung etwas Interessantes.«
Und was könnte interessanter sein als das Märchen vom revolutionären Jungunternehmertum: »Boo.com wird das Kaufverhalten revolutionieren«, versprach Kajsa Leander. Denn in jenem Winter galt die Medien-Revolution als chic.

Kapitalisten als Revoluzzer

Jens Bodenkamp ist ein Unternehmer der etwas anderen Art und damit typisch für die damalige Gründerzeit: Er sieht sich als Revoluzzer, als Vorhut einer technologischen Revolte, als radikaler Künder von einem besseren Übermorgen. Jeden Monat investiert er für eine internationale Investorengruppe hohe und streng geheime Beträge in hiesige Hightechfirmen, die gerade frisch gegründet worden sind. Von Kleidung und Habitus her hätte man in dem adretten Mittfünfziger früher ohne weiteres eine Charaktermaske des Kapitals erkannt – bis er zu reden beginnt. Denn orakelhaft wie beim antiken griechischen Chor tönte es aus seinem Munde: »Wir brauchen mehr Träumer, mehr Freaks, mehr Leute, die mit Mitte zwanzig bereits eine Firma gegen die Wand gefahren haben. Leute, die auf ihre Visitenkarte schreiben: Chief Phantasist.«

Allgemeines Nicken in der Runde, die nicht ein Sit-in anno 1968 war, sondern ein so genanntes Roundtable-Gespräch für konr@d, eine Zeitschrift, die in der Unterzeile »Computer. Lifestyle. Zukunft« hieß, diese Zukunft jedoch schon fast hinter sich hatte und noch vor dem Jahrtausendwechsel eingestellt wurde. Das Roundtable-Gespräch fand statt im Bundesministerium für Wirtschaft und Technologie in Berlin. Der anwesende Staatssekretär und ein paar Jungunternehmer Ende zwanzig, die schon ihre erste Million verdient hatten, nickten nur stumm zu der Forderung nach Freaks und Fantasten, auch der Jüngstunternehmer hinten am Fenser mit der lustigen Punkerfrisur. Seine grünen Haare standen für die damals geschäftsfördernde Portion Aufsässigkeit, ähnlich wie seitdem doch wieder die guten alten Krawatten. Es ist eben nicht leicht, sich angesichts des neoliberalen Revoluzzertums von Bodekamp zu positionieren. Nur einer widersprach halblaut, Marc Samwer, einer der legendären Gründer der Firma Alando und Mitveranstalter des Start-up-Treffens »Silicon City«, ein damals neunundzwanzigjähriger Selfmademillionär im schlabbrigen T-Shirt mit dem Logo der Firma, die ihn reich gemacht hat: »Na ja, es wäre aber schon besser, wenn man Firmen nicht nur ruiniert hat. Oder?« Der revolutionäre Investor fand es nicht einmal nötig, auf diesen geradezu spießbürgerlichen Einwand zu antworten.

> »Als börsennotiertes Unternehmen dachte man halt, man kann es gleich so schreiben. Wenn es funktioniert hätte, würde heute kein Hahn danach krähen, ob die Mitteilung richtig oder falsch war!«
>
> — Aussage im Infomatec-Prozess

Dies Revolutionärsgehabe war damals weit verbreitet: »Radikal neue Ideen sind zumeist gute Ideen«, hieß es in einer Werbung des Elektronikriesen Hewlett-Packard. »Teile alles mit deinen Kollegen: Arbeitsmittel, Ideen, Probleme ...

Und vergiss nie: Gemeinsam kann man alles schaffen.« Das klang wie ein Hohelied auf das Leben in einer Landkommune. Und unter dem Titel »Das Revolutionärs-Portfolio« stellte etwa ein »Prof. Dr. Max Otte« vom Dienst »Wallstreet-Village« im Internet seine Investmenstrategie vor – »Verdienen Sie an der permanenten Revolution, die sich Wirtschaft nennt.« Prof. Dr. Max Otte nennt aussichtsreiche Unternehmen schlicht »Revolutionäre« und zählt dazu den Buchversand Amazon ebenso wie den Online-Riesen AOL. »Entweder, der Revolutionär schafft es im Laufe der Zeit, zum König zu werden, oder er stirbt oft einen schnellen Tod.« Und »traditionelle Bewertungskriterien gelten für Revolutionäre wie America Online nicht«.
In diesem Klima der Umwertung aller Werte stießen viele Start-up-Märchen auf offene Ohren und ergiebige Geldbeutel. Die Kurse von Start-ups, die es in den Himmel der Börse schafften, explodierten in den letzten Jahren des letzten Jahrhunderts förmlich. So schwoll das Märchen von der Innovation als Selbstzweck und vom Schnellen, der den Langsamen frisst, weiter und weiter an. Auch herkömmliche Branchen gerieten in Panik und entwickelten hastig gigantische Pläne fürs Internet. Bis diese kollektive Halluzination schließlich die Größe von 165 Milliarden Dollar erreichte und begann, in seiner Monstrosität die bis dato sonnige Fantasie der Anleger zu überschatten. Plötzlich wurde die gewaltige Kluft wieder sichtbar, die sich zwischen Zukunftsmärchen und ökonomischer Realität mittlerweile auftat. Der Zahltag nahte.

Die 165-Milliarden-Metapher

Nicht Geld regiert die Welt. Angeblich. Sondern Content, Stories und Visionen. Januar 2000. Endlich angekommen im neuen Jahrtausend. Das Fanal, das uns der so genannte »Millennium Bug«, die Mutter aller Computerfehler, vorenthalten hatte, wurde nachgereicht am 10. Januar 2000: AOL, der größte Internetprovider der Welt, gab seine Pläne bekannt, das größte Medienimperium der Welt, Time Warner, zu schlucken. Es war so weit. Die Neuen Medien überwältigen die alten, schnell frisst langsam. Und digital ist einfach besser. Sogar die gute alte FAZ kommentierte ungewohnt lebhaft: »Kurz nach dem Jahrtausendwechsel läutet die größte Unternehmensfusion der Geschichte endgültig eine neue Epoche ein: das Zeitalter der Information und Kommunikation.«

Was war passiert? Das Internet-Unternehmen America Online hatte angekündigt, das Medienkonglomerat Time Warner zu übernehmen, zu einem Kaufpreis von ursprünglich 165 Milliarden Dollar. Zu dem neuen Superkonzern gehören damit der Internetprovider AOL mit seinen über 30 Millionen Kunden sowie sein einstiger Konkurrent Compuserve und das Internetportal Netscape.com. Außerdem das zweitgrößte Fernsehkabelnetz der USA, vier wichtige Fernsehsender, darunter der Nachrichtensender CNN, über 60 Magazine wie das Flaggschiff Time, diverse Musiklabels, etwa Warner Bros., die auch den Superstar Madonna vertreten, allerlei bunt gemischte Filmstudios und und und. Nachdem die Kartellwächter diverse kleine Änderungen angemahnt hatten, entstand ein neuartiger Mischkonzern, der nicht nur über technische Infrastruktur verfügt, sondern auch über die begehrten Inhalte: Filme, Musik, Zeitschriftenartikel. Wohlgemerkt – die Fusion wurde damals nicht als Faktum angekündigt, sondern erst mal nur als Plan. Bis auf weiteres blieb sie Fantasy, Science-Fiction. Es war wie in lauter Weckruf: Willkommen im Jahrtausend der Zukunftsmärchen. In diesem Überbietungsmarathon revolutionärer Märchen war dies die bislang größte aller Erzählungen.

In derselben Woche, in der die Fusion angekündigt worden war, hatte Gates seinen Chefposten bei Microsoft abgegeben. Wahrscheinlich aus taktischen Gründen, um die geplante Zerschlagung seines Konzerns zu verhindern. Im Netz vermutete man, dass Gates nun seinen Titel als meistgehasster Mann der Computerwelt abtreten würde. Und zwar an Steve Case, den Chef von AOL. Doch das ist eher unwahrscheinlich. Noch schien das Image der beiden Kulturindustrie-Giganten zu familienfreundlich. Kann Bugs Bunny Böses wollen?

Konvergenz von Geist und Geld

Es war eine Pressekonferenz der etwas anderen Art, wenn man den Presseberichten glauben darf. Denn sie veranschaulichte, wie tief greifend das Start-up-Märchen die Medienwelt beeinflusst. Als sie die Fusionspläne bekannt gaben, präsentierte sich der AOL-Chef Steve Case, sonst eher hemdsärmelig gekleidet, der Öffentlichkeit überraschenderweise in einem Anzug. Und Gerald Levin, der Boss von Time Warner, kam betont leger daher. Die plumpe Symbolik sollte signalisieren: Case und das Internet werden erwachsen. Und Levin und Time Warner erleben eine Verjüngungskur. Doch anstatt von Profiten, von Renditen und vom Shareholder Value zu sprechen, versicherte Levin der aufmerksamen Journalistenschar, warum die Fusion ganz und gar uneigennützig sei: »Die Werte, die wir vermitteln wollen, haben viel mit den sozialen Belangen der Menschen in aller Welt zu tun.« Und niemand wunderte sich über diese weich gespülte Rhetorik aus dem Mund eines Kulturindustriellen.

Schuld daran war die große Konvergenz ringsum. Konvergenz war damals das Schlagwort, um das Zusammenwachsen von Fernsehen, Internet und Mobiltelefon zu bezeichnen. Doch diese technische Konvergenz war nur ein oberflächliches Beispiel für die viel tiefer liegende Konvergenz von Informations- und Geldmärkten, von Handels- und Erzählgemeinschaft. »Softnomics« nennt der Mode- und Medientheoretiker Norbert Bolz diesen Effekt in seinem Buch mit dem prägnanten Titel »Die Wirtschaft des Unsichtbaren – Spiritualität, Kommunikation, Design, Wissen: Die Produktivkräfte des 21. Jahrhunderts.« Die alten Erzählfabriken der Kulturindustrie wurden in diesem Szenario deklassiert, die Mythenmaschine Hollywood als reiner »Content«-Lieferant von der Netzwelt geschluckt.

Auch die Konsumenten gingen im Jahr 2000 daran, ihre neue Rolle als Publikum zu definieren. »Märkte sind Gespräche«. Ein Satz, wie in Stein gehauen. Dies Motto ist die erste von 95 Thesen der neuen Wirtschaft, zusammengefasst im so genannten Cluetrain-Manifest. Jeder in der Start-up-Branche kennt dies Manifest, tausende haben es unterschrieben auf einer speziellen Site im Internet (www.cluetrain.com).

Der Text hat offensichtlich einen Nerv getroffen. Die Zahl 95 soll wohl an Martin Luthers 95 Thesen am Dom zu Wittenberg erinnern, aber eigentlich handelt es sich nur um ein gedankenloses Ideenpapier, das leicht ermüdend die eine Idee variiert: Die »alte Wirtschaft« muss sich vom Produktionsparadigma lösen und aufs Kommunikationsprinzip umsteigen. Geschrieben wurde das Manifest von vier amerikanischen Marketing- und Softwarespezialisten, die behende in die Rolle der Angry Young Men schlüpften – Schafe im Wolfspelz. Das war damals Mode, der Pariser Werbefuzzi Fréderic Beigbeder machte Ähnliches mit dem Skandalmarketing um sein Büchlein »39,90«.
Auch das Cluetrain-Manifest ballt seine parfümierte Faust, pseudorevolutionär aufgepeppt mit einer schaufenstertauglichen Mini-Utopie vom Neuen Menschen als neuem Kunden: »In vernetzten Märkten mitzuwirken verändert die Menschen grundlegend«, heißt es etwa oder »Hyperlinks untergraben die Hierarchie«. Dies rasende Gefasel der Manifestschreiber kam gut an bei den Lesern. »Noch nie war revolutionär sein so hip«, lobt ein begeisterter Leser. Das Cluetrain-Manifest als Jugendweihe der Informationsgesellschaft.

> ›Nobody is dead. It's just a company, not a human being‹, my mother says.
> — Ernst Malmsten

Natürlich haben die Autoren Recht: Märkte sind Kommunikation. Doch ihr besonderes Verdienst ist es, diese abstrakte Einsicht griffig wie einen weinerlichen Beschwerdebrief zu formulieren. Denn auf diesem Niveau kapiert jeder, worum es geht, wenn die Wirtschaft von Produkten auf Kommunikation umgestellt wird. »Werden wir persönlich: Wir sind diese Märkte. Wir möchten mit euch sprechen«, so die 63. These. Und dann folgt die Aufforderung, moderne, interessante Geschichten zu erzählen: »74. Gegen eure Werbung sind wir immun. Die könnt ihr vergessen. 75. Wenn ihr wollt, dass wir mit euch sprechen, erzählt uns etwas. Zur Abwechslung etwas Interessantes.« Auch die Kunden, so postuliert es das Manifest, fordern gute Storys. Wenn die nicht geliefert werden, bleiben auch die Produkte liegen. Insofern bedienten die Sterntaler-Märchen der Heroes.com nur die Nachfrage der Konsumenten. Wenn schon die Produkte der New Economy nichts taugen, so funktionierten die Märchen doch auf einer Metaebene, dem »Marketplace of ideas«, wie es auf Neudeutsch so schön heißt, dem Marktplatz der Event-Wirtschaft. Tatsächlich suchen viele Kunden ganz gezielt den Basar der Zukünfte auf, das belegt das Publikumsinteresse an der Cebit, um dort mit Storys versorgt zu werden, auch wenn es Lügenmärchen sein sollten. Egal. Erzähl uns was Interessantes!

Und interessant war nach dem neuen Erzählmuster nicht mehr nur der Standardplot *Boy meets Girl*. Sondern der Schnellere frisst den Langsamen. Die Fantasie hatte eine neue Heimstatt gefunden. Ihre Erzählfäden liefen für eine Weile nicht mehr in Hollywood zusammen, sondern in der interaktiven, globalisierten Netzwelt. Und die hat entgegen allen Behauptungen eben doch ein Zentrum: die Börse.

Der AOL-Deal wurde zu einer 165-Milliarden-Metapher, weil er nicht mit wirtschaftlichen Kennzahlen begründbar war, sondern sich aus fiebrigen Kursfantasien der Anleger speiste. Noch zwei Jahre zuvor hatte der Aktienwert von Time Warner weit über dem von AOL gelegen. Verständlich, denn damals betrug der Umsatz des alten Medienriesen mit 24 Milliarden Dollar mehr als das Fünfzehnfache des kleinen Newcomers. Damals hätte Time Warner die kleine Klitsche AOL aus der Portokasse aufkaufen können. Doch seitdem boomten die Technologiewerte an den Börsen, vor allem durch den Online-Aktienhandel, der sich einfach, billig und vom Büro aus während der Arbeitszeit nebenher erledigen lässt. Bald besaß jeder zweite Amerikaner Aktien, in Deutschland jeder Fünfte. Seit der Emission der Telekom-Aktie 1996 war der Börsenhandel auch in Deutschland ein Teil der Popkultur geworden. Publikumszeitschriften wie Stern und Max sprachen Tipps aus, und Börsenspiele luden zum Mitmachen ein. Aktiendaddeln wurde normal wie Skatspielen oder Flippern. Nur dass es spannender ist. Schließlich geht es um reale Firmen – oder was man dafür hält. Die Börse ist

interaktives Reality-TV. Und jeder Aktionär seine eigene Hauptfigur.
In diesem Klima schoss der Kurs der AOL-Aktie in die Höhe, beflügelt von der Kursfantasie der Anleger. Denn Steve Case hatte es verstanden, seine Firma als Symbol der Modernisierung erscheinen zu lassen, und zwar der familienfreundlichen Modernisierung: »Unser wichtigstes Geschäftsfeld sind nicht Daten, sondern Gemeinschaften«, pflegt Case zu sagen. Die Werbekampagnen des Dienstes sind auch hierzulande legendär. Boris Becker, der naiv und glücklich fragt: Bin ich schon drin? Ja. Ich bin drin. Kicher. Und ein Jahr zuvor der Kinofilm »E-Mail für Dich«, einer Romanze, die angebahnt wird durch die Benutzung von AOL. AOL avancierte zur Metapher für Modernität mit Herz. Computer sind doch gar nicht die kalten, herzlosen Maschinen, so das Argument. Die Neuen Medien liefern vor allem das: neue Geschichten, neue Legenden, neue Märchen. Die regen die Kursfantasie an und entscheiden letztendlich darüber, ob AOL Time Warner kauft oder andersherum.
Doch wie würde es weitergehen, was bedeutete die Fusion von Time Warner und AOL für die Zukunft? Wild wurde spekuliert, gleichzeitig finanziell und narrativ. Die einen beschrieben die Fusion eher als Elefantenhochzeit, der eine Brautschau und ein Werben vorausgegangen war. Andere schrieben, dass die große Mauer, die bislang Fernsehen und Internet trennte, gefallen sei. Die meisten aber waren sich einig: AOL hat sich einen altersschwachen Partner gewählt, zu groß, zu behäbig, das jugendliche Ungestüm der Aktie sei nunmehr zu Ende. Und diese Angst vor dem Kurssturz ließ die Kurse tatsächlich abstürzen.

Boohoo.com, Schluchz.com

Märkte sind Gespräche, und Reden ist Gold in der wunderbaren Morgenwelt der Neuen Wirtschaft. Doch nach einer langen Begeisterungswelle bildete sich allmählich ein kritischeres Publikum heraus und übernahm die Meinungsführerschaft. Und je genauer die Hightechmärchen begutachtet wurden, desto mehr Verrisse waren darunter. Kurz nach der

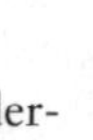

Verlobung des Kinoriesen mit dem Onlinegiganten war die Geduld des Publikums mit dem ewigen Mañana der Zukunftsmärchenonkels erschöpft. Die Kurse an den Hightechbörsen verfielen drastisch. Ein Jahr nach der Fusionsankündigung hatte sich der Wert der beiden Giganten um bis zu ein Drittel reduziert, die 165-Milliarden-Metapher war auf 106 Milliarden zusammengeschnurrt. Über 50 Milliarden Dollar waren einfach so verschwunden. Hier lispelt nicht irgendein Literaturpapst: »Daff ifft schlächte Litäraturrrr«. Sondern der Verriss kommt anonym, prompt und präzise auf Heller und Pfennig. Drastische Stellenkürzungen folgten in vielen Teilbereichen der fusionierten Firmen.

Märkte sind Gespräche. Plötzlich zeigte sich, wie rüde diese Konversation sein kann. Die gesamte Hightechbranche knickte plötzlich ein, der Neue Markt büßte zeitweilig 90 Prozent seines Wertes ein, weltweit verdunsteten innerhalb von vierzehn Monaten sieben Billionen Euro – der Bundeshaushalt von dreißig Deutschlands. Vor allem Kleinanleger, die nicht so schnell reagieren können wie Großaktionäre und Fondsmanager, verloren dabei oft einen beträchtlichen Teil ihres Ersparten. Plötzlich zeigte sich, wie real und gefährlich moderne Märchen sind. Sie können Branchen schaffen und können sie vernichten. Hightechmärchen sind eine Wirtschaftsmacht geworden.

Die ersten Flops wurden noch begrüßt. Sie galten als heilsam. »Boohoo.com: Eine wundervolle Pleite«, titelte die deutsche Wirtschaftszeitung Net-Business hämisch. »Es hätte so schön werden können, wenn nur die User mitgespielt hätten. Irrealis. Jetzt ist alles vorbei«. Tröstliches Fazit: »Für die New Economy eine Riesenchance, zur Realität zurückzukehren.« Ein gutes Jahr später war auch für Net-Business alles vorbei. Die literaturwissenschaftlich gebildeten Heroen.com mitsamt ihren professionellen Kritikern waren beim Publikum durchgefallen. Plötzlich herrschte Katerstimmung. Der Kurseinbruch hatte die gesamte Techniksparte kalt erwischt. Heere von Mitarbeitern wurden plötzlich auch in traditionellen Firmen freigesetzt. 10 000 beim Netzwerkhersteller Lucent. 10 000 bei Nortel Networks, über 5 000 bei Motorola. Man sprach nicht mehr von einer Riesenchance, sondern die Angst vor einer globalen Rezession kroch kalt den Rücken des Publikums hoch. Das Hightechmärchen schlug um in ein Gruselmärchen, Schumpeters schöpferische Zerstörung wurde zu schöpferischer Selbstzerstörung. Das ».com« im Namen wirkt heute eher peinlich. Und statt »New Economy« bemüht sich plötzlich jeder, von »Real Economy« zu reden.

Schwarze Anzüge, rote Zahlen

Die New Economy hat sich gewaltig auf den Hosenboden gesetzt. Nun leckt sie ihre Wunden, und das führt zu allerlei lustigen Verrenkungen. Zum Beispiel im September 2001. »Venture Capital: Gibt es eigentlich noch Start-ups?« heißt das Thema des Abends, in einem finsteren Gewölbe tief unter dem Potsdamer Platz. Vorne auf der Bühne sitzen fünf Business Angels, Investoren und Berater und sondern vorhersagbare Durchhalteparolen und Läuterungsphrasen ab. »Sicher, es ist schwieriger geworden, Risikokapital zu bekommen«; »Wir haben aus der Pleite gelernt«; »Zur Gründungskultur gehören auch negative Erfahrungen«. Man hat sich auf einen neuen Refrain geeinigt. Es ist die Erzählung von der Real Economy. Der jugendliche Unternehmerheld ist in diesem Märchen herangewachsen und gereift. Doch die Szene wirkt theatralisch wie die Kabarettinszenierung einer Geisterbeschwörung. Jeder der fünf Bescheidenheitsapostel sitzt an einem eigenen Tisch mit einer schweren, roten Decke, auf der eine Kerze flackert. Hinter dem Podium gähnt ein großer Kamin, aus Kirchenfenstern fällt fahles Licht. Tausende Kerzen hüllen den Raum in Dämmerlicht. In schweren Steinschalen türmen sich zentnerweise Orangen, an den Wänden hängen Gemälde, die Mona Lisa lächelt zweideutig von einem billigen Imitat. Der ganze Raum, in dem sich rund vierhundert Gründer und Geldgeber getroffen haben zu einer Veranstaltung namens »First Tuesday«, wirkt wie eine zusammengewürfelte Vision eines kategorischen Gestern irgendwo zwischen ägyptischer Antike und Klassizismus. Dies ist Schwenkowland, die Fortsetzung des Showbiz mit anderen Mitteln. Oben im Stella Musical Theater wird »Der Glöckner von Notre Dame« gegeben, hier unten im

Kellerrestaurant namens »Adagio« soll das Publikum den Abend ausklingen lassen, bevor die Touristenbusse wieder in Richtung Provinz aufbrechen. So hat sich das zumindest der Betreiber Peter Schwenkow gedacht, als er den Keller für siebeneinhalb Millionen Euro in ein Disneyland umbauen ließ. Zur Eröffnung des Lokals wurde der Selfmademan und Konzertveranstalter noch als »King Peter« und »Gates von der Spree« gerühmt. Doch seit das kostenlose Eröffnungsbuffet abgeräumt ist, kommt kaum noch ein Gast. Das schummrige Gemäuer mit seiner steinernen Geschichtssimulation beweist, dass selbst die mittelalterlich anmutende Ye Olde Economy schief laufen kann. Schwenkows künstlich gealterte Investitionsruine mag für die hier versammelten Start-ups tröstlich sein. Vor allem ist sie die perfekte Kulisse für das Desillusionskabarett, das seit dem Crash auf Börsenparkett und Gründertreffen gegeben wird. Doch die Kulisse zeigt auch, wie sehr das Märchen von der Real Economy immer noch schwankt zwischen Mode, Selbstbetrug und postmoderner Ironie. Niemand der Anwesenden will an dem Hype und anschließenden Crash schuld gewesen sein. Vernunft, Sparsamkeit, Realismus sind nun die Modeworte. Auffällig sind die vielen schwarzen Anzüge im Publikum und auf dem Podium. Man trägt ein etwas zu dick aufgetragenes konservatives Weltbild, das seriös sein soll, aber doch nur plump wirkt wie die Mona-Lisa-Kopie an der Wand. Natürlich gibt es noch Start-ups, so das Fazit auf die rhetorische Eingangsfrage. Aber niemand wäre so dumm, seine junge Firma »virtuell« oder »internetbasiert« zu nennen. Normalität heißt heute das Mantra. Bloß nicht zu exzentrisch wirken. Bloß nicht ans Boo.com-Trauma rühren. Man trägt schwarze Anzüge, die Struwwelhaare sind selten geworden, mit dem Mountainbike ist niemand hergekommen. Hier ist die Musik zimmerlaut, man steht an kleinen Bistrotischchen, unterhält sich und trinkt. Fragt man nach den guten alten Revoluzzerzeiten von damals, so wird man angesehen, als hätte man sich beiläufig nach Kinderpornos erkundigt.
»Dotcoms? Ich kenne keine Dotcoms. Wir haben nie bei diesem Hype mitgemacht. Unsere Firma ist eher zwischen Old und New Economy angesiedelt. Wir wachsen mit unseren Umsätzen. Wir machen Real Economy.«

Auch Hierarchien sind wieder hip. Nach der Podiums-Séance bei Kerzenlicht darf »genetworked« werden. Das Start-up-Fußvolk mit dem grünen Punkt auf dem Namensschild drängelt sich unten auf der Tanzfläche. Die Berater und Investoren plaudern ein Stockwerk darüber im VIP-Bereich. »Die gelben und roten Punkte« nennt Mitveranstalter Dr. Axel Berg sie nur. Zwei gelbe Punkte stehen an der Ballustrade, reden im abergläubischen Flüsterton über »das R-Wort« – gemeint ist die Rezession – und schauen wohlwollend von oben herab auf das Treiben der geläuterten Gründer unten. Oben im Theaterhimmel das Geld, unten auf dem Parket die Junioren – die Real Economy hat es anscheinend nötig, mit derlei platten Ritualen die Wiedereinführung der Hierarchien einzuüben. So ähnlich hat sich das wohl auch »König Peter« gedacht, als er diese Unterhaltungsgruft gründete als Bollwerk gegen die Gleichmacherei. Hin und wieder werden ausgewählte Start-ups gönnerhaft in den VIP-Himmel promoviert. Immer noch treten sie in Dreierformation auf. Und je roter ihre Zahlen, desto schwarzer ihr Anzug.

Wie wenig die Branche aus dem Horrormärchen von der Start-up-Krise gelernt hat, zeigt sich erst später, an der Bar. »Die Medien haben den Internet-Hype damals erst losgetreten«, philosophiert Dr. Axel Berg, der Gastgeber. »Medien brauchen eben eine Story. Sie jubeln erst ein Unternehmen hoch. Und dann schreiben sie es wieder herunter.« So einfach ist das. Derlei Dolchstoßlegenden haben in Krisenzeiten Konjunktur. Nach dieser Logik wäre nicht der Analyst schuld, der die Bilanzen eines Unternehmens falsch liest, sondern die Zeitung, die sie abdruckt. Getreu dem Motto: Wenn der Bauer nicht schwimmen kann, dann ist die Badehose schuld. Doch möglicherweise hat Dr. Berg Recht: Bisweilen schien es tatsächlich so, als hätten sich Anleger und Investoren bei der Bewertung von Firmen eher auf Fernsehberichte verlassen als auf Bilanzzahlen.

Aus und vorbei. Das Klima hat sich gewandelt. Man glaubt, das große Illusionstheater der Hightechmärchen endgültig durchschaut zu haben, bloß weil die Börsengötter von einst nun verteufelt werden. Doch die wenigsten haben gelernt aus ihren Verlusten. Desillusionierung ist angesagt. Also wird

Desillusionstheater geliefert. Die größten Erzählungen sterben eben nicht. Wenn sie langweilig zu werden drohen, erzählt man sie eben andersherum und setzt die Pointen neu. Märchenprofis wissen das.

Nach der Millionenpleite von Boo.com ist das Märchenduo Leander und Malmsten wieder voll im Geschäft – diesmal ist ihre Geschichte auf Horrorstory getrimmt. Sie tingeln als Vortragsreisende durch die Welt und bestätigen gegen Honorar vor großem Publikum, was für ein Wahnsinn es war, einem Haufen von Endzwanzigern ein gigantisches Vermögen zum Verjuxen zuzustecken. Sterntaler macht auf Aschenputtel.

Diese Story kommt an. Eine Analyse der Boo.com-Pleite wäre wahrscheinlich sehr trocken, sehr traurig und sehr knapp: Zu viel Geld für Werbung, zu oft verschobene Markteinführung, zu wenig Kontrolle bei den Personalkosten, kein präziser Businessplan. Doch derartige Fakten sind nicht abendfüllend. Die Überhöhung des Geschehenen zu einer griechischen Tragödie bietet da weitaus mehr Unterhaltung. Und das ist schließlich das Metier der Boo.communisten.

In einem autobiographischen Buch erzählen sie das Epos von Aufstieg und Niedergang der Firma Boo.com. Die Rechte an dem Buch wurden in einer großen Auktion versteigert und gingen an den Verlag Random House, für angeblich rund 100 000 Dollar. Der reißerische Titel des Werks ist von ihren eigenen Kritikern entliehen: »boo hoo – a dot com story from concept to catastrophe«. Angeblich wurde auch schon über die Filmrechte verhandelt. Und das Computerspiel zum Film zum Buch ist sogar schon online: Es heißt Börse. Es darf wieder gesetzt werden. Denn bald wird die Desillusionierungsstory wieder langweilig. Dann wird eine frische Folge von Hightechmärchen ausgeliefert, komplett mit Revoluzzergehabe, Heilsversprechen und grotesk hohen Gewinnerwartungen. Leander und Malmsten werden sicher wieder dabei sein und ein passendes Märchen zum Besten geben.

03_AMNESIE INTERNATIONAL

Datenzerfall: Das Märchen vom digitalen Weltgedächtnis

Wie die Datenflut anschwillt und wie die Erlösungsfantasie eines unendlich großen, unendlich haltbaren Digitalhirns Trost spendet. Warum die Jagd nach immer neuen, immer besseren Speichertechniken sowohl Teil der Lösung als auch des Problems ist. Wie das Märchen vom Digitalgedächtnis von den alltäglichen Bedrohungen durch Magnetfelder, Missmanagement und Mikroben ablenkt. Und wie der allgegenwärtige elektronische Alzheimer neue Kulturtechniken des Erinnerns, Vergessens und Fantasierens erfordert.

Erinnern ist harte Arbeit. Tag und Nacht kämpfen zwei Roboter gegen das Vergessen. Hoch über den Dächern von Hamburg, im 15. Stockwerk eines Hochhauses der Universität, huschen sie mit ihren Metallarmen lautlos durch die Regale des zentralen Magnetbandarchivs, richten ihre roten Laseraugen auf Datenbänder, greifen Kassetten heraus und schieben sie in Laufwerke. Das Deutsche Klimarechenzentrum (DKRZ) ist eine technisch hochgezüchtete Erinnerungsfabrik. Mehr als 6 000 Datenbänder lagern hier in zwei wohnraumgroßen Datensilos bei 21,9 Grad Celsius und 45 Prozent relativer Luftfeuchtigkeit: mehr als 100 Terabyte Daten – genug, um den gedruckten Inhalt der Library of Congress in Washington, der größten Bücherei der Welt also, fünf Mal abzuspeichern.

Erinnern bedeutet im Zeitalter der digitalen Information viel Aufwand. Wenn die Bänder nicht regelmäßig umkopiert werden, sind sie schon bald nicht mehr lesbar. Ihr Inhalt beim DKRZ ist kostbar, eine Art binäres Orakel, das zum Beispiel über Klimaveränderungen Auskunft geben soll: wie warm in 50 Jahren die Nordsee sein wird, wie groß das Ozonloch, wie hoch das Hautkrebsrisiko. Klima- und Wetterprognosen könnten Menschenleben retten und Millionenschäden verhindern. Doch dass sich die Forscher zukünftig aus diesem Schatz werden bedienen können, ist alles andere als selbstverständlich. »Wenn ich überlege, ob wir diese Daten in 30 Jahren noch werden lesen können, wird mir manchmal ganz mulmig«, ruft Wolfgang Stahl im DKRZ gegen das Dröhnen der Klimaanlage an. »Dann wünsche ich mir, irgendetwas Einfaches zu verwalten. Die Zehn Gebote zum Beispiel. Tontafeln halten Jahrtausende.«

Das Märchen vom digitalen Weltgedächtnis

Das Märchen vom digitalen Weltgedächtnis ist einfach: Es geht um die Angst zu vergessen. Und vor allem: vergessen zu werden. So wie Scheherezade im Märchen permanent plaudern muss, um ihr Leben zu retten, so folgt der Homo informaticus dem Motto: Ich speichere, also bin ich. Denn die Wissensgesellschaft basiert auf Daten, Fakten und Erfahrungen. Das ist eine verlockende Perspektive für die, die keinen Mercedes und keine Villa besitzen, sondern nur über geistiges Kapital verfügen. Aber Wissen als Rohstoff und Kapital ist flüchtiger als Immobilien und Bankkonten und erschafft dadurch eine neue Existenzangst: den Datenverlust und das Vergessen. Wer vergisst, vernichtet Kapital, Qualifikationen, sozialen Status. Vergessen bedeutet nicht nur Informationsverlust, sondern für den Homo informaticus auch den Verlust von Identität. Jeder kennt das traumatische Erlebnis, wenn kalt die Angst den Nacken hochkriecht: Wie ging noch einmal die Pin-Nummer fürs Konto? Wo liegt der Zettel mit den Tan-Nummern? Und der Sicherheitscode fürs Handy? Meist passiert es nach dem Urlaub: Man fühlt sich ausgeschlossen aus dem eigenen Leben, kann nicht mehr telefonieren oder bezahlen. Und alles nur, weil das Gedächtnis die vier Wochen Strandurlaub nicht ohne Datenverlust überstanden hat.

Das Märchen vom digitalen Gedächtnis spendet Trost, denn es verspricht ein Trapez, welches vor dem Sturz in die analoge Amnesie bewahrt. Das Märchen vom digitalen Weltgedächtnis besteht nur aus drei Komponenten: die Infoflut, der Held namens Ich und eine rettende Insel des festgefügten Wissens. Ständig droht die anschwellende Informationsflut grausam über dem Ich zusammenzubrechen, allein auf der hohen See des Wissensozeans. Ständig heißt es, Wasser aus dem Boot zu schöpfen, um nicht unterzugehen. Ständig muss er Zahlen, Daten, Fakten sichten, sammeln und entsorgen. Nur eine kurze Unachtsamkeit, und sein Kahn kentert und er ersäuft. Da taucht am Horizont die Insel der Erinnerung auf. Was draußen in der Datenflut bedrohlich ist, wirkt hier lebenspendend. Datenströme mäandern ruhig durch die Landschaft der Jugend, lauwarmer Pixelregen bringt Plantagen voll überreifer Lesefrüchte zum Erblühen, die lockend von Bäumen der Erkenntnis hängen. Die Insel der Erinnerung ist Paradies, Heimat und Jugenderinnerung in einem. Die Form ihrer Hügel und Berge erinnert an ein eigenartiges, zerfurchtes Gebilde. Bis der Held Ich begreift: Die rettende Insel ist nichts anderes als ein riesiges Gehirn. Und zwar sein eigenes. Nur unendlich viel größer. Ein schönes Märchen, das ewiges Speichern mit ewigem Leben gleichsetzt. Ein trügerisches Märchen, das in demselben Maß populär wird, wie die Bedrohungsgefühle durch die Zumutungen der Informationsgesellschaft zunehmen.

> Heute braucht man nicht nur einen Katastrophenrettungsplan, sondern auch einen Datenrettungsplan.
> — Joe Bruscato

Vannevar Bush gilt als einer der Propheten dieses Märchens. Im Jahr 1945 veröffentlichte der amerikanische Informatiker einen einflussreichen Artikel in der Zeitschrift Atlantic Monthly mit dem Titel »As We May Think«. Noch war der Zweite Weltkrieg nicht zu Ende, waren die Atombomben nicht geworfen. Und schon rief Bush, zuständig für die US-amerikanische Kriegsforschung, zu einem neuen Krieg an einer neuen Front auf: den Kampf gegen die Datenflut und das Vergessen. »Es gibt einen wachsenden Berg an Forschungsergebnissen«, hatte er bereits einige Jahre zuvor formuliert: »Der Forscher wird bombardiert mit den Befunden und Ergebnissen von tausenden von parallel arbeitenden Kollegen. Er hat einfach keine Zeit, sie alle so schnell zu begreifen, wie sie erscheinen, geschweige denn, sich an alles zu erinnern.« An der Informationsfront werden die Schlachten des Kalten Krieges geschlagen. Bush hatte natürlich, ganz Ingenieur, bereits eine konkrete Rettungsfantasie in petto: einen Apparat namens Memex. Memex ist ein zusammengesetztes

Wort, das für »Memory Extender« steht, eine »Gedächtnis-Erweiterung«. Memex ist eine Art multimediales Lesepult, dessen Wissensinhalte unterschiedlichster Art sind, von Musikstücken über Aufsätze bis hin zu Tagebucheinträgen. Dieses mechanische Gehirn vergisst angeblich nichts. Seine Gedächtnisinhalte bleiben in wunderbarer »Haltbarkeit und Klarheit« erhalten. Außerdem sind alle Einträge untereinander derartig vernetzt und verknüpft, dass die Benutzung des technischen Hirns traumwandlerisch natürlich erscheint wie das Denken selbst. Der Nutzer kam mit Hilfe der Gedächtnismaschine sozusagen durch sein eigenes Gedächtnis wandeln wie durch einen gut gepflegten Garten.

Der Memex wurde nie gebaut, aber das Märchen vom digitalen Weltgedächtnis lebt fort, solange es die Angst vor dem großen Vergessen gibt: »Die Interaktive Enzyklopädie entlastet den Menschen bei der Wissensnavigation«, fantasiert Arthur P. Schmidt noch Ende der Neunziger. »Der Zugriff auf den Global Brain des Wissens geschieht per Knopfdruck in Echtzeit. Wissen braucht nicht mehr im menschlichen Gehirn gespeichert zu werden, es kann in Cybernetzen abgelegt werden …«

Schön wär's. Die Realität der Wissensnavigation ist oft banaler; ein Hürdenlauf durch abstürzende Browser, Missing Links und teure Bezahlarchive. Die großartige Bild-, Ton-, und Textbücherei namens Internet ist aus dem Leben vieler Nutzer kaum noch wegzudenken. Aber es als Gehirnersatz zu überhöhen ist überflüssig. Denn die nackten Tatsachen sind für sich genommen schon erstaunlich genug: Nie in der Geschichte der Menschheit wurde eine derartige Fülle an Daten produziert, mit Hilfe modernster Computertechnik lassen sich beliebig viele Kopien fast verlustfrei anfertigen. Noch vor zwanzig Jahren waren Festplatten teuer, ein Megabyte Speicherplatz kostete umgerechnet über 100 Euro – heute sind es weniger als ein Cent. Pro Jahr werden weltweit umgerechnet anderthalb Milliarden Gigabyte an Bild-, Ton- und Textdaten neu geschaffen und abgespeichert. Das haben Forscher der School of Information Management and Systems der University of California in Berkeley errechnet – das entspricht anderthalb Exabyte, eine Maßeinheit, die fast so exotisch klingt wie die »Fantastillion« des steinreichen

Dagobert Duck. Wahrscheinlich werden Kinder, die heute in die Schule kommen, schon bald im Matheunterricht nicht nur das kleine Einmaleins pauken, sondern auch das große Einmaltausend mit seinen griechischen Vorsilben: Kilo (tausend), Mega (million), Giga (milliarde), Tera (billion), Penta (billiarde), Exa (trillion), Zetta (trilliarde), Yotta (quatrillion).

> Digitale Information hält ewig oder fünf Jahre – je nachdem, was früher eintritt.
>
> – Jeff Rothenberg

Doch trotz dieses märchenhaften Füllhorns des Wissens droht der Informationsgesellschaft ein unwiederbringlicher Gedächtnisschwund. Disketten, Magnetbänder und Festplatten bleiben mitunter nur wenige Jahre lesbar, langfristig verbindliche Lösungen sind nicht in Sicht. Die Märchen von der einfachen Speicherbarkeit der Welt auf Knopfdruck täuschen nur über dies Problem hinweg. Hier noch einmal kurz ein bisschen O-Ton von Arthur P. Schmidt zum Abgewöhnen: »Da die meisten Menschen nicht über ein fotografisches Gedächtnis verfügen, bietet die Interaktive Enzyklopädie nicht nur eine Gedächtnisstütze, sondern sie wird Teil des Gedächtnisses des Subjekts, und sie formt ein kollektives Gedächtnis. Das Besondere an diesem Gedächtnis ist, dass es keinen Raum mehr benötigt und die Zeit zur Echtzeit zusammenschrumpfen lässt. Damit entfaltet sich ein Lexikon, das Vergangenheit, Gegenwart und Zukunft in Echtzeit vereint …« Vor Ort allerdings macht es nicht den Anschein, als benötige dies Gedächtnis keinen Raum mehr. Im Gegenteil. Es ist ein Moloch, der gierig Energie, Zeit, Geld und Platz verschlingt. Ein fehlerhaftes, gefräßiges Kabelgehirn, das alles andere als unvergänglich ist. Selten klaffen Wunsch und Wirklichkeit, Märchen und Realität derartig weit auseinander. Und selten sind die Folgen derartig bedrohlich.

Elektronischer Alzheimer

Erinnern ist harte Arbeit, denn elektronische Daten sind empfindlich. Während das Papier der Gutenbergbibeln bereits mehr als 500 Jahre überdauert und Mikrofilme rund hundert Jahre Bestand haben, zerfällt eine billige CD-Rom unter schlechten Lagerbedingungen so schnell wie Zeitungspapier. Bereits nach fünf bis zehn Jahren erliegen Sonderangebotssilberlinge dem »laser rot« (vom englischen Verb to rot: verrotten) – die Informationen, die in Form von mikroskopischen Grübchen in eine hauchdünne Metallschicht eingebrannt sind, werden für den Laserstrahl unleserlich.
Es gibt sogar Pilze, die sich von Daten ernähren – zumindest vom Material, in das sie eingebettet sind: Ein Pilz der Gattung Geotrichum ernährt sich unter anderem von Kohlenstoff aus der äußeren Schicht des Kunststoffüberzugs von CDs, teilte der spanische Wissenschaftsrat (CSIC) im Juni 2001 alarmiert mit. Dabei würden auch die Schichten mit angegriffen, auf denen die Daten gespeichert sind. Zwar schlägt der Pilz vor allem in tropischen Klimaten zu, wie Experimente in Belize bewiesen, bei Temperaturen von über 30 Grad Celsius und einer Luftfeuchtigkeit um die 90 Prozent. Während sich Tempel- und Grabbilder in diesem Klima Jahrhunderte halten, schneiden die hochgezüchteten Archive von heute deutlich schlechter ab. Je billiger das Trägermaterial, desto schneller werden Musik-, Bild- und Sprachbits von UV-Strahlen oder Hitze, Sauerstoff oder Pilzen zerfressen, verletzlich und vergänglich wie ein Schneemann im Frühling.
Disketten, Festplatten und Datenbänder sind sogar noch verletzlicher, denn ihre Informationen sind nichts als winzige Magnetisierungsinseln auf einer feinen Metallschicht. Oft schon nach zehn Jahren häufen sich die Lesefehler, weil die Information vom Erdmagnetfeld oder von dem Magneten einer Lautsprecherbox gestört worden ist oder weil sich die Schicht vom Trägermaterial abpellt. Anders als bei herkömmlichen analogen Tonkassetten, bei denen ein Fehler im Mozart-Quartett nur einen kurzen Aussetzer bedeutet, genügt bei digitaler Information oft schon ein einziges kaputtes Bit, um alle folgenden Daten unbrauchbar zu machen. Auf diesen

tönernen Füßen ruht die Informationsgesellschaft. Ironie der Technikgeschichte: Ausgerechnet die Welt der Archive, dieser Inbegriff des Erinnerns, des Wissens und des aufklärerischen Geistes, mutiert durch hochgezüchtete Technik zu einem fremden, kaum noch beherrschbaren Territorium, das ständig von der Ordnung ins Chaos umzukippen droht. Das globale Gehirn leidet an Alzheimer. Wer das Märchen vom ewigen Weltgedächtnis glaubt, macht es sich zu leicht und gefährdet damit die Zukunft der Erinnerung.

Born digital, killed digital

Jahrzehntelang galten digitale Medien als beliebig oft kopierbar und fast endlos haltbar – bis 1985 die Welt durch ein Missgeschick der Nasa auf die Gefahr der zerbröselnden Bits aufmerksam wurde: Die gerade mal neun Jahre alten Datenbänder der Raumsonde »Viking« waren teils fast unlesbar geworden. Mehr als 1,2 Millionen Magnetbänder der US-Weltraumbehörde sind bislang auf ähnliche Weise unbrauchbar geworden, außerdem fast alle Daten, die der Erdbeobachtungssatellit »Landsat« vor 1979 eingesammelt hat. Bereits 1998 beantragte der damalige Präsident Bill Clinton, das Budget des amerikanischen Nationalarchivs aufzustocken: Drei Viertel aller Behördendokumente der USA sind heute reine Computerdaten, im Fachjargon nennt man das »born digital«, digital geboren also. Und was digital geboren wird, stirbt meist auch gemäß den Gesetzen der digitalen Welt, denn Ausdrucke werden heute meist nicht mehr konsequent aufgehoben.

Im Gegenteil: Oft dienen Ausdrucke heute vor allem zum Überfliegen und zur Zwischenkorrektur und werden entsorgt, sobald das elektronische Dokument abgespeichert ist. Dennoch: Dass die Prophezeiung des papierlosen Büros nie Wirklichkeit geworden ist, mag auch daran liegen, dass die Computernutzer zu Recht der Zuverlässigkeit der Datenspeicher skeptisch gegenüberstehen. Bloß führt dies berechtigte Misstrauen selten zu konsequenter Papierbuchhaltung, sondern beschränkt sich meist auf einzelne, wichtige Dokumente.

Sogar die Atomkontrolle droht vom Alzheimer-Syndrom unterlaufen zu werden. Russland und die USA stiegen vor ein paar Jahren auf die digitale Buchhaltung der Atombombenrohstoffe um. Beide benutzten dieselbe Microsoft-Software. Bis Mitarbeiter des russischen Kurchatow-Instituts feststellten, dass immer wieder einzelne Dateien »verschwinden« und einfach nicht mehr angezeigt werden, obwohl sie noch als Rohdaten in den geheimnisvollen Tiefen der Festplatte schlummern. Ein großes Risiko. Denn wenn ein Mitarbeiter das Prinzip der selektiven Amnesie versteht, könnte er gezielt die atomaren Rohstoffe verkaufen, die in der digitalen Buchhaltung unsichtbar geworden sind. Genug Material für mehrere tausend Atombomben würde so aus den Dateien verschwinden können, wenn Russland die fehlerhafte Software nur zehn Jahre länger verwendet hätte. Das amerikanische Energieministerium hatte dieselbe Software und damit dasselbe Problem. Erschwerend kam jedoch hinzu, dass alle Papierunterlagen bereits vernichtet waren. Das könnte bedeuten, dass eine komplett neue Liste angelegt werden muss, was mehr als eine Milliarde Dollar verschlingen würde. Der übertriebene Glaube an das Märchen vom ewigen Gedächtnis, das »Haltbarkeit und Klarheit« inmitten der Infoflut schafft, tröstet zwar kurzfristig. Langfristig aber rächt es sich, die Trostfantasien wörtlich zu nehmen. Wie eine selbst erfüllende Prophezeiung schafft dann das Märchen genau die Bedrohungssituation, von der es Entlastung verspricht.

> Having never existed
> The document you're seeking
> Must now be created.
> — Error_404-Haiku

Erinnern ist harte Arbeit, und wer sie schlecht erledigt, muss dafür teuer bezahlen. Auch für Versicherungen, Banken, Grundstücksmakler und Pharmafirmen ist die Langlebigkeit der digital geborenen Daten eine Überlebensfrage: »Uns sitzt der Gesetzgeber im Nacken«, erzählt Ruth Kappel, die das Archiv des Stuttgarter Pharmavertriebs Gehe mit mehr als 22 Millionen Dokumenten betreut. »Pro Medikament kommt das Äquivalent von 40 bis 80 Aktenordnern zusammen.

Unlängst wurde unsere Aufbewahrungsfrist von sieben auf zehn Jahre hochgesetzt. Da darf kein i-Punkt verloren gehen.«

»Die meisten Firmen sind schlecht auf diese Herausforderung vorbereitet«, kritisiert Joe Bruscato, Archivmanager beim amerikanischen Versicherer Anthem Blue Cross and Blue Shield. »Heute braucht man nicht nur einen Katastrophenrettungsplan, sondern auch einen Datenrettungsplan.«

Das große Vergessen kommt ohne Vorwarnung: Die Penn State University musste feststellen, dass Unterlagen von 3 000 Studenten unlesbar geworden sind. Für einen Absolventen könnte dies im schlimmsten Fall bedeuten, dass er erlangte Qualifikationen nicht mehr nachweisen kann. Doch selbst wenn die Daten noch physisch vorhanden wären, kann es passieren, dass sie wertlos geworden sind. So wäre eine Examensarbeit, geschrieben 1990 in Wordstar und gespeichert auf einer 5 1/4-Zoll-Diskette, heute kaum noch rekonstruierbar – es sei denn, es gäbe noch einen Ausdruck auf Papier.

Die Einführung der Digitalkameras verschärft das Problem weiter: Bilder von Geburt oder Taufe, im Frühjahr 2002 mit einer Digitalkamera aufgenommen und auf der Festplatte abgelegt, könnten schon zur Einschulung im Jahr 2008 nicht mehr existieren. Vorbei die Zeit, als man nach hundert Jahren auf dem Dachboden vergilbte Fotos von den Urgroßeltern finden konnte. Zwar verspricht die Firma Kodak, dass die goldenen Foto-CDs mindestens 100 Jahre halten – aber ausprobiert hat das noch niemand, dafür ist die Technik zu jung.

Informations-Implosion

Auf die Informationsexplosion, vor der Vannevar Bush einst warnte, folgt in den Szenarien der Apokalyptiker möglicherweise eine Implosion: eine postdokumentarische Kultur des Hörensagens, deren geistige und symbolische Schätze und Dokumente kaum länger halten als ein Menschenleben.

»Wenn Historiker auf diese Ära zurückblicken, werden sie eine Zeit mit sehr wenig Informationen vorfinden«, orakelt Danny Hillis, ehemaliger Vizepräsident des Medienkonzerns Disney, und warnt vor einer »digitalen Lücke«. Jean-Pierre

Wallot warnte bereits 1990 als Archivar an den kanadischen Nationalarchiven: »Die 90er Jahre könnten die am wenigsten dokumentierte Dekade des 20. Jahrhunderts sein.« Derlei Warnungen gehören wohl eher zum Genre des Horrormärchens und sind genauso abwegig wie die Vision der Weltgedächtnis-Euphoriker. Tatsache bleibt jedoch: Immer wieder tun sich an wichtigen Stellen in unterschiedlichen Datenbanken empfindliche, unumkehrbare Lücken auf. Archivare und Enthüllungsjournalisten beschweren sich immer wieder über Löcher in der Dokumentation der amerikanischen Regierungsgeschäfte. »Wenn man früher ein Dokument erstellt hat, ging das in fünffacher Kopie raus und wurde von verschiedenen Stellen archiviert«, sagt Patrice McDermott von der regierungskritischen Bürgervereinigung OBM Watch. Doch um das Jahr 1985 herum wurde E-Mail immer beliebter, und die Beamten speicherten ihre Korrespondenz beliebig und planlos auf irgendwelchen verstreuten Festplatten. »Seitdem können Reporter oder Ermittler nicht mehr anhand dieser Dokumente nachvollziehen, wie zum Beispiel politische Initiativen entstanden sind«, warnt McDermott. Auch für die 26 Millionen Webseiten der US-Regierung gibt es kein durchgängiges Datensicherungskonzept. Erst kurz bevor Bush junior seine Präsidentschaft antrat, wurden erstmals alle Bundesbehörden aufgefordert, einen »Schnappschuss« ihrer jeweiligen Website anzufertigen und auf CD-Rom an die Archivierungsbehörde Nara zu senden. Bis dahin waren all diese Dokumente unverbindlich und unarchiviert wie das locker dahergesprochene Wort.

»Wie kurz unsere Gedächtniskultur geworden ist, zeigt die weit verbreitete unreflektierte Verwendung des Ausdrucks ›Langzeitarchivierung‹«, schimpft Karljosef Kreter, Leiter des Stadtarchivs Hannover. Früher bedeutete das Wort »Archivierung«, dass Daten langfristig gesichert werden. Das Wort »Langzeitarchivierung« dagegen sei ein »weißer Schimmel«. Genau genommen müsse man, so Kreter, bei kurzlebigen Datensammlungen wie dem Internet von einer »Registratur« sprechen, statt von einem Archiv. »Wir alle werden diese Verdrehung des Begriffs ›Archiv‹ einmal sehr teuer bezahlen müssen. Öffentlich zugängliche Archive sichern seit der Französischen Revolution den rationalen Diskurs über Vergangenheit in der Gesellschaft. Die Verdrehung des Archivbegriffs in der Wissensgesellschaft muss auch als Warnzeichen verstanden werden, demokratiestützende Einrichtungen in neuen gesellschaftlichen und technologischen Strukturen zu bewahren. Wenn das nicht gelingt, wird ein fruchtbares Zeitalter für Mythen anbrechen.«

Innovation als Datenkiller

Schon hat sich eine bunte und oft skurrile Nischenindustrie für die Langzeitaufbewahrung herausgebildet. Der amerikanische Unternehmer Putnam Pierman zum Beispiel lagert für seine Kunden sensible Daten hinter Beton, Stahl und Blei in einem streng bewachten ehemaligen Raketenbunker namens »Titan I« auf dem Gelände der vormaligen Larson Air Force Base im US-Bundesstaat Washington. Eine mindestens tausendjährige Haltbarkeit verspricht die Firma Norsam für »HD-Rosetta«, eine angeblich unverwüstliche Super-CD, die mit einer dünnen Diamantschicht überzogen werden kann. Allein das Lesegerät kostet 10 000 Dollar (www.norsam.com); zu den Rosetta-Kunden zählt die »New York Times«. Billiger ist es, den Inhalt einer Datenbank einfach komplett auf Papier auszudrucken, mit der »Paperdisk«-Technik, die Daten und Programme in einer Art Morseschrift auf Papier bannt (www.paperdisk.com). Eigens für die Archivierung sensibler Daten hat der japanische Hersteller Oji Paper ein »Papier für das 30. Jahrhundert« vorgestellt, das tausend Jahre halten soll (www.ojipaper.co.jp). Selbst die alten Lochkarten feiern ein Comeback: Forscher des IBM-Labors in Rüschlikon bei Zürich stanzen mikroskopisch kleine Dellen in einen speziellen Kunststoff.

Das drängendste Problem allerdings ist nicht so sehr die physische Lebensdauer der Daten, sondern das rasche Veralten der Maschinen, mit denen die Informationen ausgelesen werden. »Unser Hauptfeind ist nicht der Datenzerfall, sondern die permanente Innovation bei den Geräten«, sagt Wolfgang Stahl vom Deutschen Klimarechenzentrum. Spätestens alle zwei Jahre kommt ein neues Datenträgerformat auf den Markt und verdrängt das alte. Stahl kramt eine Hand voll

Datenbänder aus dem Schrank, die noch wie neu aussehen, aber heillos veraltet sind: acht Generationen seit 1990. Bänder, die länger als zwei Jahre im Regal liegen, sind wertlos, weil die dazu passenden Laufwerke längst ausrangiert wurden. Bislang weiß niemand, wie heutige Daten ins Übermorgen gerettet werden können. Vier mögliche Methoden konkurrieren derzeit miteinander – eine so provisorisch wie die andere. Ein Königsweg ist im Dschungel der Formate und Innovationen nicht in Sicht.

Das kleine Einmaltausend:
Kilo (tausend)
Mega (million)
Giga (milliarden)
Tera (billion)
Penta (billiarden)
Exa (trillion)

Die vielleicht nächstliegende Methode ist die klassische Datenarchäologie: Mit alten Originalgeräten werden Originaldaten ausgelesen. So gelang es im Dezember 1998 einem Telefontechniker der Gauck-Behörde, die »Sira«-Datenbank lesbar zu machen, ein Inhaltsverzeichnis der gesamten DDR-Spionage aus 18 Jahren. Noch heute stehen drei alte Robotron-Rechner aus der DDR und 17 museale Westrechner in einem entlegenen Raum des deutschen Bundesarchivs in Koblenz, für den Fall, dass doch noch einmal Daten aus der Computerurzeit vor 1990 auftauchen sollten. »Langfristig ist das aber kein Konzept – wir sind schließlich kein Computermuseum«, warnt Michael Wettengel, Datenspezialist beim Bundesarchiv. Deswegen setzt er auf eine zweite Methode: Standardisierung. Alle Texte werden als einfache Bilddateien im so genannten Tiff-Format gespeichert. Doch Bilddateien haben einen Nachteil: Sie lassen sich nicht nach Stichworten durchsuchen. Vertiffte Texte sind zwar lange lesbar, aber nur von begrenztem Nutzen.

Eleganter und weiter verbreitet ist die so genannte Migration, wie sie zum Beispiel im Deutschen Klimarechenzentrum betrieben wird: das Umkopieren der Daten in jeweils gängige Programmversionen und Hardwareformate. Doch erstens ist dieses Verfahren teuer, zweitens zeitaufwendig: Im Deutschen Fernerkundungsdatenzentrum in Oberpfaffenhofen zum Beispiel kopieren zwei Roboter immer dann, wenn sie nicht anderweitig gebraucht werden, bestehende Datensätze um – und wenn sie fertig sind, beginnen sie von vorn.

Der größte Nachteil ist jedoch, dass bei jedem Migrationsschritt auf ein neues Softwareformat wieder ein paar Daten verloren gehen, mal verrutscht ein Bindestrich, mal geht eine Schriftart verloren. »Jede Übersetzung verursacht neue Verluste«, sagt Jeff Rothenberg, Datenbankexperte bei der Rand Corporation – fast wie beim Spiel »Stille Post«. Rothenberg verficht daher eine vierte Methode: die Emulation. Dabei tun moderne Rechner so, als seien sie ein altes Gerät. Computerspiele-Freaks machen seit Jahren vor, wie gut die Emulation ausrangierter Geräte funktioniert, wie sauber sich ein alter Atari, eine Vectrex-Spielkonsole oder sogar eine Z3 des Computerpioniers Konrad Zuse aus den Vierzigern auf einem modernen Rechner nachmachen lässt.

Vergessen ist harte Arbeit

Längst hat sich das Problem der Datenrettung über einen Expertenstreit hinaus ausgeweitet. Oft geht es nicht mehr nur um die Bewahrung einzelner Dokumente, sondern gleich ganzer, durch Hyperlinks verbundener Digitalbibliotheken. »Wer heute einen Fachaufsatz aus dem Internet abspeichern will, müsste wegen all der Links und Fußnoten eigentlich einen großen Teil des Netzes gleich mit abspeichern«, sagt Margaret Hedstrom, Informationswissenschaftlerin an der Universität von Michigan in Ann Arbor. Die durchschnittliche Verweildauer einer Seite im Internet beträgt nur 100 Tage. Dann wird sie verändert, verschoben, gelöscht. Die meisten Suchmaschinen finden nur noch ein Viertel aller Informationen – der Rest verschwindet im kollektiven Unterbewussten der Netzwelt, verborgen wie die dunkle Seite des Mondes. »Suchmaschinen kann man mit einem Telefonbuch vergleichen, das veraltet ist, populäre Einträge bevorzugt und dessen Seiten zum größten Teil herausgerissen sind«, resümieren die Webforscher Steve Lawrence und Lee Giles vom NEC Research Institute. Wer im Internet auf einen Link klickt, bekommt immer häufiger die Fehlermeldung »404 Not Found«. Das bedeutet: Die gesuchte Seite ist gelöscht oder verschoben worden. Es sei denn, er fragt Alexa, eine Mischung aus Zeitmaschine und Suchmaschine. Hier lässt sich die frühe Interneteuphorie anno 1996 nachlesen, hier sind die Originalwebsites von Präsidentenwahlkämpfen, von der Selbstmordsekte »Heaven's Gate« oder vom Tag des Anschlags auf das World Trade Center am 11. September 2001 nach wie vor zu finden wie in einem Onlinemuseum. Alexa ist das vielleicht ambitionierteste Archivierungsprojekt der Welt – alle paar Monate versucht die kalifornische Firma einen »Schnappschuss des Internets« mit Hilfe der »WayBackMachine« zu machen und so viele Web-Seiten wie möglich zu speichern – eine schöne, aber auf Dauer hilflose Geste (http://web.archive.org/). Denn je feinmaschiger das Internet wird, desto schwieriger wird ihre Bewahrung. Und desto weiter entfernt sie sich auch von Vannevar Bushs Erlösungsfantasie von »Haltbarkeit und Klarheit«. Zudem gehört Alexa zum Imperium des umstrittenen Online-Buchhändlers Jeff Bezos, dessen Firma Amazon.com es mit dem Datenschutz der Kunden nicht immer so genau nimmt. Ein wichtiger Teil des öffentlichen Gedächtnisses wird auf diese Weise privatisiert.

»Wir brauchen heute eine völlig neue Archivierungskultur«, sagt die Dokumentationswissenschaftlerin Hedstrom. Früher konnte man Geschriebenes und Gemaltes getrost liegen lassen, bis nachfolgende Generationen es nach ein paar Jahrhunderten wieder entdeckten und neu bewerteten, oft unter einem völlig neuen Aspekt. Die Nachwelt konnte entscheiden und gewichten. »Wir dagegen«, so Hedstrom, »müssen schon heute entscheiden, was unsere Enkel interessieren könnte.« Nicht nur Erinnern ist harte Arbeit, sondern auch das Vergessen. Angesichts der bröselnden Bits braucht es weniger Fantasterei, aber umso mehr Fantasie und Kreativität, gleichsam Fantasie im Futur zwo: Es wird einmal gewesen sein – rückblickende Hightechmärchen, die mit einbeziehen, was sich zwischen heute und morgen ereignen könnte, was bedeutungsvoll bleibt und was getrost auf die Müllhalde des Vergessens entsorgt werden kann. Jeder Computernutzer wird so zum Archäologen seiner eigenen Zukunft.

04_INFORMATION AN IHRER FUSSSPITZE

Cybergeographie: Das Märchen von der Ortslosigkeit des Cyberspace

Wieso das Internet einst als ortslose Freiheitszone galt. Wie Cybergeographen mit wunderschönen, bunten Karten versuchen, diesen Raum zu ordnen. Und warum dies altbekannte Freiheitsmärchen umschlägt in sein genaues Gegenteil: Plötzlich dient der Cyberspace dazu, den realen Raum mit neuester Ortungstechnik zu überwachen. Die Fluchtfantasie kippt in Krisenzeiten um in den Wunsch nach Totalüberwachung – ohne dass sich die technischen Grundlagen geändert hätten.

Wenn er hinausschaut, wirkt die Welt feindlich und fremd. Passanten hasten über die Straßen, weggeduckt vor einem Schneesturm im Februar 2000. Ein paar Häuserblocks weiter in der Wall Street weht ein noch kälterer Wind: auf dem Parkett der New Yorker Börse toben die kühl kalkulierten Stürme des globalen Turbokapitalismus. Es ist eine grausame Welt dort draußen. Hier drinnen in seinem Studio stimmt wenigstens die Temperatur. Jaron Lanier, ein untersetzter Mann Anfang vierzig mit einer riesigen Mähne von Rastalocken, watschelt hinüber zu seinem Sofa, lässt sich schwer gegen die Lehne sacken und fixiert misstrauisch die Besucher aus Deutschland. Wahrscheinlich wünscht er sich, die Eindringlinge wären schon wieder gegangen. Oder noch besser: er könnte sie einfach mit einem Mausklick entfernen. Denn diese Wohnung ist gleichzeitig sein Arbeitsraum, intim wie ein Tagebuch: Hunderte von Instrumenten lehnen und hängen in jeder Ecke, von E-Gitarren über Ukulelen, von Keyboards bis zu pazifischen Nasenflöten. Dazwischen stehen Rechner und Monitore. Kabel überziehen den Boden. Lanier betritt dieses exzentrische Privatuniversum nicht etwa vom Treppenhaus aus, sondern durch einen Lift, dessen Tür sich direkt ins Wohnzimmer öffnet.

»Als Erstes zwei Regeln«, begrüßt er Besucher unwirsch.

»Schuhe ausziehen. Und nicht näher als einen Meter an die Instrumente.« Sir, jawoll, Sir.

Der resolute Rastaman, der aussieht wie ein Mitbewohner irgendeiner Hippiekommune, ist einer der prominentesten Computerwissenschaftler der Welt. In den achtziger Jahren prägte er den Begriff »Virtuelle Realität«. Damit meinte er im Computer nachgebaute Räume, in denen sich die Nutzer mit Tastatur, Datenhandschuh, Datenbrille bewegen können. Die ersten Kunstwelten dieser Art residierten noch auf isolierten Festplatten, die nicht über Datenleitungen verbunden waren.

Lanier hatte jahrelang in Kalifornien gelebt, und dementsprechend hippiesk klangen auch seine Visionen von einer besseren Welt, die es im Computer und per Computer zu entdecken galt – fast, als ginge es um irgendeine Liebesdroge: »Ich hoffe, dass die virtuelle Realität Leute dazu bringt, sich öfter zu treffen. Sie tendiert dazu, das Mitgefühl zu stärken und Gewalt zu reduzieren.« VR werde ein »gemeinsames mystisches Realitätsverständnis« schaffen. Laniers Fazit: »Die reale Realität hat etwas Tragisches, weil sie Pflicht ist. In der virtuellen Realität dagegen gibt es viele Kanäle. Die Leute können auswählen und einfach auf eine andere Ebene zappen.« Als das Internet populär wurde, schien Laniers kleine Privatvision einer besseren Gemeinschaft im Netz plötzlich auch die virtuelle Welt der Online-Medien zu beschreiben als Fantasielandschaft der Seele.

Das Märchen vom ortslosen Cyberspace

In einem fremden Land ohne Boden gibt es kein Hier und kein Dort, kein Fern oder Nah – so will es das Märchen vom ortslosen Cyberspace, das sich begeisterte Neulinge aufgeregt erzählen nach ihren ersten Surf-Erlebnissen. Der Cyberspace. Unendliche Weite. Ortsloser Ort. Dies ist das Hightechmärchen schlechthin, das alle Züge einer Utopie im Wortsinne trägt, »ou tópos«, den Nicht-Ort, den Ort, den es noch nicht gibt. »Hinter dem Modem«, so geht der Refrain, »muss die Freiheit wohl grenzenlos sein …« Mit dem Anmelden der eigenen E-Mail-Adresse darf sich jeder als Held im Cyberspace fühlen, jener Welt ohne Substanz. »Alle Nöte, alle Sorgen, sagt man, sind dahinter verborgen …« Voller Staunen stellten die neuen Netzbürger fest, dass sich Daten fast ohne Zeitverzögerung abrufen und verschicken lassen, dass sich Telearbeit auch von einem Dorf aus verrichten lässt, dass sich in einem Chatraum leicht mit Menschen aus anderen

Erdteilen plaudern lässt. Der Raum ist tot, so schlussfolgerten sie. Der Ort spiele keine Rolle mehr, argumentierte die langjährige Economist-Redakteurin Frances Cairncross 1997 in ihrem Buch mit dem Titel »The Death of Distance«. Dieser Tod der Entfernung, so Cairncross, werde unter anderem »die Toleranz stärken und schließlich den weltweiten Frieden« herbeiführen. Hier wird die Telekommunikation als Beschleuniger der Wirtschaft beschrieben,
in der sich Firmen nationalen Gesetzgebungen entziehen, indem sie Filialen an beliebige Orte im Ausland umlegen. »Die geographische wird von der chronographischen Ordnung verdrängt«, warnte der Sozialwissenschaftler Bernd Guggenberger in seinem Buch »Das digitale Nirwana«. »Aus den ungezählt vielen Orten dieser Welt wird ein einziger, unerschöpflich großer Ort, an dem alles sich abstandslos zusammendrängt. Die Erde kehrt gleichsam zu ihrem Ursprung zurück: Pangäa, die eine ungeteilte Einheit, die große Landmasse auf einer einzigen Kontinentalplatte, bevor die Erde auseinander driftete und sich über die Weltmeere verteilte.« Der Effekt: »Person und Ort« verflüchtigen sich »zwischen überall und nirgendwo«.

> Die reale Realität hat etwas Tragisches, weil sie Pflichtprogramm ist. In der virtuellen Realität dagegen gibt es viele Kanäle. Die Leute können auswählen und einfach auf eine andere Ebene zappen.
>
> — Jaron Lanier

Was für Guggenberger ein Horror ist, wirkt für andere als Verheißung individueller Freiheit: »Du kannst nur an drei Orten gleichzeitig sein«, wirbt etwa die Firma Compaq. Auch die katholische Lehre schreibt ihren Heiligen die Fähigkeit der »Bilokation« zu, also an zwei Orten gleichzeitig zu predigen. Das utopische Upgrade im Internet ist demgegenüber um 50 Prozent verbessert und beherrscht sogar Trilokation.

Fast alles, so das Argument, lasse sich bald aus der Ferne verrichten, egal ob Telearbeit, Teleshopping, Telemedizin, bis hin zu Telesex mit Hilfe von »Teledildonics« – übers Internet fernsteuerbaren Lustobjekten. Als die Angst vor Aids grassierte, stellte die Firma Webpower unter der Adresse www.safesexplus.com die ersten per Internet bedienbaren Sexspielzeuge vor: Eine ganze Kollektion skurriler Teledildos sowie eine Auswahl an elektrischen Saugstutzen, vom Einsteigermodell »Mr. Jack (mit Schnauzer)« für 29 Dollar bis hin zu »Robosuck« für 69,99 Dollar. »Bereits jetzt sind Ehemänner auf Geschäftsreisen unterwegs und benutzen SafeSexPlus«, warb die Firma zeitweise, »um aus der Ferne ihre liebeshungrigen Frauen zu befriedigen.« So recht durchgesetzt hat sich diese Billigvariante der virtuell gefühlsechten Realität dann doch nicht. Die Innovation von einst hat einen Bart.

Das Märchen von der Ortslosigkeit wird heute als Folklore verramscht zu 29 Dollar das Stück. Lanier scheint auf den ersten Blick gegen die Verheißungen von damals immun zu sein, erhaben über die Zukunftsvisionen von gestern. Heute gilt er vielmehr als polemischer und kluger Kritiker der Hightechszene und liebt es, die Technikmärchen der Cybergurus lächerlich zu machen. »Ich hasse Linux«, sagt er über das Mode-Betriebssystem der Cyber-Elite, das zu kritisieren gegen jede Benimmregel der Political Correctness verstößt. »Linux ist ein uraltes, unelegantes Programm. Das ist doch von vorgestern!« Zum Thema künstliche Intelligenz, dem Lieblingsmärchen der Erzählgemeinschaft um allerlei Großrechnerprojekte, bemerkt er nur verächtlich: »Wer versucht, künstliche Intelligenz zu erschaffen, landet bei natürlicher Dummheit.« Über die geplatzten Träume der Start-up-Kultur und ihrer Märchen vom schnellen Geld kann er nur lachen. Das Märchen vom unendlich kopierbaren Archiv mit digitaler Information verulkt er mit der Vision von gentechnisch manipulierten Küchenschaben, in deren Erbgut der komplette Volltext eines Jahres vom »New York Times«-Magazin eingeschrieben werden könnte, auf dass es sich mit jeder Generation von Schaben selber vermehre. Lanier ist ein scharfsinniger Spaßguerillero, ein völlig ab- und aufgeklärter, distanzierter Beobachter, so scheint es. Bis er von seinem derzeitigen Projekt erzählt: Tele-Immersion. Plötzlich taut er auf und ist schneller, als man glauben mag, drüben an einem seiner Rechner, um allerlei Fenster aufzuklicken und Bilder zu zeigen, fast als habe man ihn teleportiert.

> Körper sind vielleicht einfach nur eine beliebige Lösung der Evolution, um Probleme der Mobilität und Kommunikation anzugehen.
> — Wired

»Tele-Immersion bedeutet, dass ich gleichzeitig an zwei Orten sein kann«, sagt Lanier. Die Gesprächspartner begeben sich in zwei verschiedenen Städten in baugleiche Spezialstudios, die jeweils Bild und Ton von einem Ort zum anderen übertragen. Nach dem Höhlengleichnis des großen Philosophen Platon ist ohnehin auch die reale Welt nichts als Schatten, die über eine Projektionswand huschen – die Realität wird dabei ersetzt durch realistische Erscheinungen. Ein aufgemotztes Videotelefon also. Obwohl doch die Geschichte der Videotelefonie vor allem in die Technikgeschichte eingegangen ist für die vielen Flops, die sie produziert hat, seit 1936 probeweise auf der Leipziger Frühjahrsmesse der öffentliche Sichtfernsprechdienst mit der Reichshauptstadt Berlin aufgenommen wurde für drei Reichsmark pro Dreiminutengespräch, zuzüglich 50 Pfennige »Herbeirufgebühr«. Seitdem ist jedes System gefloppt.

»Tele-Immersion ist anders«, sagt Lanier. »Das Besondere ist, dass man sich wirklich ins Auge blicken kann dabei, das hat bislang niemand geschafft. Wenn ich einen Mensch per Tele-Immersion treffe, ist es fast so, als wäre ich dort.« Der Aufwand für seine Tele-Immersion ist immens: 60 Kameras plant Lanier für jedes Studio, und um all diese Filme parallel per Datenleitung zu übertragen, müsste das Internet um ein Vielfaches schneller werden. Lanier glaubt dennoch, dass sich der Aufwand lohnt: »In zehn Jahren können wir den Flugzeugverkehr nicht mehr weiter ausbauen, weil dann zu viele Abstürze passieren würden«, orakelt er. »Die Leute brauchen also eine Alternative zum Reisen: Tele-Immersion.«

»Ist das nicht eher eine Lösung auf der Suche nach einem Problem?«, fragen die Besucher.

»Vielleicht«, antwortet Lanier. »Das kann man aber über jede Kulturleistung sagen. Ein Symphonieorchester zusammenzutrommeln ist schließlich auch aufwendig. Auch das ist eine Lösung auf der Suche nach einem Problem.«

Lanier ist also ehrlich genug, seine Vision nicht als unausweichliche Notwendigkeit darzustellen, welche die Welt retten wird – sondern als Luxus. Wie geht das zusammen: ein schwärmerischer Kritiker, ein polemischer Visionär? Das Beispiel Lanier zeigt vor allem eins: Wer andere Zukunftsmärchen entlarven will, braucht dafür meist ein eigenes, an das er glaubt und an dem er die anderen messen kann.

Vor allem aber ist Lanier sich nicht zu fein, auch die Vorgeschichte seines eigenen Zukunftsmärchens mit zu erzählen. Und die erlaubt einen spannenden Einblick in die Anatomie vieler Hightechmärchen: Lanier erzählt ganz ungerührt, dass die Idee als eine banale Auftragsarbeit begonnen hat. Sein Auftraggeber brauchte virtuelle Füllmasse für sein Netz: Vor ein paar Jahren taten sich Industrie und Universitäten zusammen, um ein neues, schnelleres Internet zu bauen, das so genannte Internet2. »Das Internet2 hatte nur ein Problem: Es gab keinen Bedarf für ein derartig schnelles Netz«, gibt Lanier offenherzig zu. Um die Leistungsfähigkeit dennoch zu testen, bat ihn ein Freund, irgendeine Anwendung zu überlegen, die ein absurd hohes Datenaufkommen generiert und daher ein unglaublich schnelles Netz benötigt. Er hatte auch schon einen Namen: Tele-Immersion. Nur was *das* bedeutet, wusste niemand. Lanier sollte das Wort mit Inhalt füllen und das Hochgeschwindigkeitsnetz mit Daten. Er ließ sich nicht zweimal bitten. Und versucht seither, die Welt von seiner märchenhaft realistischen Tele-Immersion zu überzeugen auch mit Artikeln in angesehenen Wissenschaftsmagazinen wie etwa »Scientific American«. Schließlich ist dies Märchen für ihn und viele Kollegen mehr als nur eine Vision. Sie ist ein Job und bedeutet Einkommen und Ansehen.

Die Besuchszeit ist um. Erleichtert winkt Lanier, als die Besucher ihre Schuhe angezogen haben und als sich die Fahrstuhltüren zum Wohnzimmer schließen und er wieder allein ist in seiner platonischen Höhle – verbunden mit der Welt nur übers Netz, während draußen Verkehr, Kapitalismus und der Schneesturm toben. Am 11. September 2001, als ein paar Häuserblocks weiter das World Trade Center in sich zusammensackte, wurde auch Laniers Wohnung beschädigt. Dann kamen die tödlichen Milzbrandbriefe. »Es gibt eine große Nachfrage nach Tele-Immersion seitdem«, schreibt er in einer E-Mail. Aber er kann sich nicht so recht darüber freuen.

Landvermesser im Überall und Nirgends

Der Raum ist tot, so hieß es. Also machten sich ein paar Spezialisten daran, die Leiche zu obduzieren. Und kamen zu erstaunlichen Ergebnissen: Bei genauerem Hinsehen ist der Cyberspace doch nicht so orts- und zentrumslos, wie gedacht. Denn eins war klar: Das Internet hat eine eindeutige geographische Mitte. In Virginia steht der so genannte »Root Server A«, eine Art zentrales Adressverzeichnis. Ohne dies digitale Telefonbuch würde das Internet, wie wir es kennen, rasch zusammenbrechen, und kaum eine E-Mail würde mehr ihren korrekten Empfänger finden. Es taten sich noch mehr Widersprüche auf. Die Telearbeit zum Beispiel führte nicht zur Verödung der Innenstädte, im Gegenteil. Der Cyberspace unterstützte sogar die weitere Zentralisierung in bereits etablierten Zentren, egal ob in San Francisco, New York oder London. Und auch in Berlin saß keiner der Betreiber eines digitalen Internet-Stadtinformationsangebots am Stadtrand oder im Flächenland Brandenburg mit seinen billigen Mieten. Auch Netzbürger wählten für ihre ortslose Stadt wie selbstverständlich Büros am Potsdamer Platz, am Bahnhof Zoo oder in Kreuzberg. »Kreative Leute wollen da sein, wo die Action ist«, stellt Joel Kotkin in seinem Buch »The New Geography« fest. »Aus diesem Grund konzentrieren sich die meisten Internetfirmen – und die größte Zahl an Internetrechnern – nicht in den Vororten, sondern in städtischen Zentren.« Und das sind noch nicht alle Ungereimtheiten. Angenommen, das Internet bedeutet wirklich den Tod des Raumes: Wie ist es dann erklärlich, dass immer wieder Computerkriminelle festgenommen werden können? Wenn Datenpakete wirklich absolut ortsneutral wären, wäre die

Polizei niemals in der Lage, bis an die Haustür von Virenschreibern, Kreditkartenfälschern und digitalen Bankräubern zu gelangen. Doch genau diese Zielfahndung gelingt immer wieder. Beileibe nicht immer – die Dunkelziffern sind hoch –, aber immer öfter. Die Liste der Hacker, die der Polizei ins Netz gegangen sind, ist lang. Sie reicht vom minderjährigen Mafiaboy aus Kanada über den leicht verwirrten Eigenbrötler Kevin Mitnick aus Kalifornien bis hin zu Onel de Guzman aus Manila, der im Mai 2000 mit seinem Virenprogramm »I-Love-You« Schäden von rund 10 Milliarden Euro anrichtete. Kurz danach war er festgenommen. Dass er ohne Strafe wieder laufen gelassen wurde, lag nicht an irgendeiner Ortslosigkeit. Sondern an den unzureichenden philippinischen Gesetzen. Wenn es also selbst diesen Profis der Tarnung, Täuschung und Anonymität nicht immer gelingt, ihren physischen Ort in der Matrix zu verbergen, dann muss es sich beim Tod des Raumes entweder um ein Märchen handeln, zumindest aber um eine grobe Übertreibung. Anscheinend war dem Raum vorzeitig der Totenschein ausgestellt worden. Ein paar Spezialisten machten sich daher Mitte der neunziger Jahre an einen ersten Wiederbelebungsversuch.

Das Datenuniversum ist ein weites Feld. John Quarterman hat es kartiert. Er ist Cybergeograph der ersten Stunde. 1990 gründete der ehemalige Harvard-Student Matrix, die älteste kommerzielle Agentur für geographische Internetanalyse (www.matrix.net). »Bislang dümpeln wir noch vor der Küste eines neuen Kontinents«, sagt Quarterman. »Wir haben gerade einmal die ersten Täler und Berge dieser Terra incognita ausmachen können. Aber bald werden wir genaue Karten vom Cyberspace haben.« Ohne Digitalgeographen wie ihn wäre die Online-Welt flach wie ein Monitor. Netzplaner und Netznutzer würden orientierungslos durch den Cyberspace irren, mit nichts als ihrem blinden Vertrauen auf Mutmaßungen und Gerüchte. Wie einst die frühen Seefahrer, die sich vor den Ungeheuern am Ende der Welt fürchteten.

Im September 1998 zum Beispiel schien das Ende der Netzwelt nahe. Wie der Seefahrer Odysseus sich einst vor dem Gesang der verführerischen Sirenen fürchtete, so zitterten Netzbeobachter nun vor einer Praktikantin. Der so genannte Starr-Report sollte im Internet veröffentlicht werden, ein ausgesprochen umstrittenes Dokument voll saftiger Details über die Affäre des damaligen US-Präsidenten Bill Clinton mit der Praktikantin Monica Lewinsky. Die Veröffentlichung im Internet sollte angeblich eine derartig gigantische Mauswanderung auslösen, dass selbst das atombombensichere Netz zusammenbrechen würde. Diese apokalyptische Prognose stellten nicht nur der Fernsehsender CNN, sondern auch renommierte Presseagenturen wie Agence France-Presse. Die Warnung schien plausibel: Jeder kennt das endlose Datenwarten, das Abstürzen von Servern und ganzen Netzen, das Verschwinden von E-Mails im Niemandsland der Kabel. Vor allem aber schien die Hypothese nicht widerlegbar zu sein – bis zu ihrem Eintreten. Nur einer wie John Quarterman wusste genau, was passieren würde: nämlich nichts. Und er behielt Recht: Als der Starr-Report am 11. September um 14.30 Uhr Ostküstenzeit ins Netz ging, dauerte der Datenstau in Washington nur wenige Minuten. Denn der Skandal-Bericht wurde sofort auf zahlreiche Radio- und Zeitungs-Websites in aller Welt verteilt und von dort aus lokal angeboten. »Die Spitzenwerte im Internetverkehr fielen nur deshalb auf, weil an diesem Tag sonst eher wenig los war im Internet«, notierte Quarterman trocken.

Schon 1996 ging das Gerücht vom Zusammenbruch des Netzes um. »Netcrash« hieß diese Computerversion der Apokalypse. Ein ortsloses Gebilde wie das Internet müsse sich früher oder später auflösen wie eine Seifenblase, so mutmaßten viele. Schon damals widersprach Quarterman den Apokalyptikern. Er bewies, wie stabil es ist. Und wie eng verwoben mit dem realen Raum.

Sechs Mal am Tag schickt ein Rechner in Quartermans Büro in Austin, Texas, mit Hilfe seines Programmes Matrix IQ tausende winzige Datenpakete in alle Welt, so genannte Pings. Diese Pings funktionieren wie Bumerangs: Sobald sie das Ziel erreichen, schicken sie eine Nachricht an den Absender, wo ein Programm automatisch die Reiseroute notiert und die Zeit stoppt. Die so ermittelten Streckentests werden dann automatisch auf eine interaktive Weltkarte eingetragen. Per Mausklick lässt sie sich online drehen, wie man es von einem Globus kennt. Wenn in irgendeiner Region des Internets die Daten lange festhängen oder verloren gehen, zeigt

Quartermans Weltkarte einen lokalen »Datensturm« an, eine Schlechtwetterfront für Datenpakete (www.mids.org/weather). Mittlerweile beschäftigt er 15 Mitarbeiter. Ihr Hauptgeschäftsfeld ist die individuelle Kundenberatung. Welcher Provider bietet den schnellsten Zugang und die zuverlässigste Leistung? Wo liegen die Schlechtwetterzonen? Für Firmen, die den besten Provider suchen, ist er ein Reisebüro, für Provider, die ihre eigenen Netze genauer kennen lernen wollen, arbeitet er als Stauberater. Und für den Rest der Netzwelt ist er Reiseberichterstatter, ein Marco Polo, der von exotischen, kaum bekannten Regionen berichtet.

»Die alte Geographie der Ländergrenzen und Küstenlinien wird verdrängt von der neuen Geographie der Telefonvorwahlen, der Satelliten und der Internetadressen«, sagt Gregory Staple, ein Washingtoner Telekommunikationsanwalt, der 1993 die Firma Telegeography Incorporated gründete. Für ihn sind herkömmliche Karten Artefakte aus einer Zeit der Segelschiffe und der Dampfmaschinen. »Heute dagegen sind Fernsehen und Computer unser Kompass: Wir ordnen die geographische Lage eines Landes doch eher nach Telefonnummern und Gesprächsgebühren ein. Oder wahlweise nach dem Preis eines Flugtickets.«

Jeder Mausklick verändert die Koordinaten unserer Welt, jeder Anruf verschiebt die Kontinente. Zumindest tendenziell. Deutschlands Nachbarländer zum Beispiel heißen USA und Griechenland, Italien und Türkei. Denn gemessen an den Telefongesprächen ins Ausland zählen diese Staaten zu unseren direkten Nachbarn. Sie sind Teil des »deutschen Telekontinents«, der zwar unsichtbar ist, aber doch sehr real.

»Telesphäre« nennt Staple die Welt in den Kabeln mit mehr als einer halben Milliarde Telefonanschlüssen und doppelt so vielen Endgeräten. Dabei unterscheidet er nicht zwischen Internet und Telefonleitung. Schließlich deutet alles darauf hin, dass schon bald die Stimmübertragung nur noch einen Bruchteil der Daten in Telefonnetzen ausmacht. Staple kartiert vor allem, wem die Netze und Geräte gehören, wie sie selbst entlegenste Länder verbinden und wohin die Gebührenströme fließen. Mit rund einem Dutzend Mitarbeitern berät er Großkunden wie Telefongesellschaften oder Callcenter. Flaggschiff der Firma ist der jährliche Telegeography-Report, der in

einer exklusiven Auflage von nur 2 000 Stück verkauft wird: ein wundervolles Bilderbuch der Telesphäre, vom wirren Geflecht der Unterseekabel bis zu Weltkarten des Telefonsex. Fremd wie Phantasy-Spielewelten muten die Karten an, die statt Längen- und Breitengraden nach Telefonpreisen sortiert sind: Wunderlich verzerrte Küstenlinien schmiegen sich an Telefongebühren-Meridiane an. Amerika und Europa verschmelzen zu einem Superkontinent der Daten. Zunächst einmal klingt das wie die Vision von Pangäa, dem Superkontinent, zu dem die Welt wieder zusammenschrumpfe.
Im Gegenteil, sagt Staple, die Kabelkommunikation lasse die Welt nicht schrumpfen, sondern führe vielmehr zu einer Explosion des Raumes: »Wir erleben heute eine Renaissance der Kartographie. Jedes Telefonbuch ist eine Art Karte. Jede Datenbank, jede Linkliste auch.« Die räumliche Orientierung, wie wir sie im Alltag benutzen, sei immer noch die wichtigste Navigationshilfe des Menschen, auch und gerade in Zeiten des Internets: »Es wundert mich, dass die Suchmaschine Yahoo noch keine Benutzeroberfläche in Form einer interaktiven Weltkarte erfunden hat. Das würde doch die Suche enorm erleichtern.«

> Die alte Geographie der Ländergrenzen und Küstenlinien wird verdrängt von der neuen Geographie der Telefonvorwahlen, der Satelliten und der Internetadressen.
>
> — Gregory Staple

Nicht alle Cybergeographen teilen den Glauben an die Abbildung von Ländern und Kontinenten.
»Geographische Karten verdecken doch mehr, als sie zeigen«, sagt Bill Cheswick, Leiter der Arbeitsgruppe »Internet Mapping Project« der legendären Bell Labs. »Wenn ich zum Beispiel die Dichte der Internetprovider auf einer Weltkarte eintrage, bekomme ich einfach einen undurchschaubaren Datenwust in Europa und Nordamerika, während Regionen wie Afrika und die Weltmeere fast völlig

leer bleiben. Mit solchen Karten kann man doch nicht arbeiten!«
Cheswick will wissen, wie die Netze funktionieren, nicht, wie sie aussehen: »Ich will nur das sehen, was ein Datenpaket auch sieht.« Nicht die Geographie bestimmt derlei Karten, sondern eher das mathematische Fachgebiet der Topologie, die Lehre von der Raumverteilung von Punkten, Strecken und Netzen. Cheswicks topologische Karten sind daher für Laien kaum verständlich. Doch gerade deswegen sind sie von einer fremdartigen Schönheit, wie sie sonst nur abstrakte Gemälde haben. Eine von ihnen sieht aus wie ein globales Gehirn, mit bunt verzweigten Linien, die sich vom Zentrum aus immer feiner und feiner verästeln: ein Überblick über das Internet. Diese Karte hängt oft an den Wänden von Programmierern und hat in Computerkreisen schon fast den Status erreicht, den bislang nur die Satellitenfotos der Erde als blauer Murmel im Weltall reklamieren konnte: sie ist eine moderne Ikone. Gemeinsam mit Hal Burch, einem Studenten, entwickelte er »Skitter«, eine Software, die jeden Morgen um sieben Uhr vermisst, wie das Internet verschaltet ist: Denn es besteht aus rund 100 000 Einzelnetzen – allein der Provider AOL betreibt laut Cheswick schätzungsweise 30 regionale Netze. Wie diese in Beziehung zum Rest der Netzwelt stehen, war bislang unbekannt, denn die Recherche ist aufwendig: Weit über zehn Megabyte Daten fallen mit jedem »Netz-Scan« an. Und schon am nächsten Tag sind sie veraltet. Die Anwendungen dieser Daten sind vielfältig, aber nur, solange sie frisch sind. Kombiniert mit den Bildern des Netzwetterberichts zum Beispiel lässt sich so analysieren, welche Netze überlastet sind und Internetstürme auslösen und welche Nachbarnetze davon ebenfalls betroffen sind. Die Zukunft der Internetkarten sieht Cheswick in dreidimensionalen, interaktiven Animationen, die sowohl einen Gesamtüberblick bieten als auch die Möglichkeit, in kleinste Ausschnitte hineinzuzoomen. Demnächst will er sogar einen Film aus seinen Daten zusammenschneiden, um das Wachsen der Datenwelt zu dokumentieren: »Jeden Tag mache ich einen Scan. Pro Monat bekomme ich so genügend Einzelbilder für eine Sekunde flimmerfreien Film zusammen.« (www.cs.bell-labs.com/~ches/map)

Der Raum ist nicht tot. Er hat nur sein Aussehen verändert. Doch wie sich Raum und Internet gemeinsam abbilden lassen, ist umstritten. Die Meinungen sind unterschiedlich wie die rund 50 Cybergeographen weltweit. Die meisten von ihnen sind junge Freelancer aus Branchen wie Wirtschaftsberatung, Informatik, Jura oder sogar Design. »Die klassische Geographie hat sich viel Zeit gelassen, den Cyberspace zu entdecken«, sagt Martin Dodge, ein Geograph Anfang dreißig, der am Centre for Advanced Spatial Analysis (Casa) an der Uni London forscht. Gemeinsam mit seinem Kollegen Rob Kitchin aus Dublin hat er ein wunderbares Standardwerk mit dem Titel »Mapping Cyberspace« vorgelegt, ein fundiertes Lese-, Lehr- und Bilderbuch. »Wir warnen davor, die These von der Ortslosigkeit einfach so zu akzeptieren«, mahnen die beiden. Für sie existiert das Phänomen meist nur zeitlich begrenzt – und eben lokal. Dodge sieht die meisten Cyberkarten und Statistiken mit großer Skepsis: »Die tun so, als hätten sie zuverlässige Daten«, sagt er, »aber John Quarterman von Matrix zum Beispiel legt seine Erhebungsmethoden nicht offen.«
Dodge glaubt den Grund zu kennen für diese Geheimniskrämerei: »Die Internetstatistiken werden immer unzuverlässiger, weil Netze privatisiert werden. Das amerikanische Forschungsnetz zum Beispiel war hervorragend dokumentiert, bis es 1995 verkauft wurde. Aber kommerzielle Provider veröffentlichen ihre Daten eben äußerst ungern.« Die paradoxe Folge: »Früher wussten wir viel mehr über das Internet. Die Netzplaner müssen sich bei ihren Entscheidungen immer mehr auf reine Spekulation verlassen. Niemand weiß noch, welche Datenströme zum Beispiel zwischen England und Deutschland fließen. Je schneller das Internet wächst, desto weniger wissen wir darüber.«
Damit benennt er zwei treibende Kräfte, die wesentlich zur Märchenbildung im Internet beitragen. Erstens führt die schiere Größe des Netzes dazu, dass immer weniger fundiertes Detailwissen existiert. Und zweitens erschwert die Kommerzialisierung die Grundlagenforschung und spielt damit Spekulationen in die Hände. Und da sowohl das Wachstum als auch die Privatisierung rasant weiter anhalten, dürfte auch in Zukunft für immer neue Internetmythen der Stoff nicht ausgehen.

Hat damit die Cybergeographie ihre große Zukunft bereits hinter sich? »Möglicherweise werden wir wieder bessere Datensätze bekommen, wenn Europa die Besteuerung des E-Commerce einführt«, hofft Dodge. Ein Paragraph im Steuerrecht könnte also unser Weltbild verändern und die Erforschung der unbekannten europäischen Netzwelt beflügeln. »Bislang gibt es in Europa kaum Cybergeographen«, sagt Dodge. »Wir wissen viel mehr über die amerikanischen Netze als über die Datengeographie von England oder Deutschland.«

Großen Nachholbedarf auf diesem Gebiet attestiert auch Peter Gräf, Geographieprofessor an der RWTH Aachen, der unter anderem für den Nationalatlas Bundesrepublik Deutschland zehn Karten zu Themen wie Glasfasernetze, Mobilfunknetze und Telefongebühren zusammengestellt hat. Er kämpft mit denselben Problemen wie Dodge: »Der heftige Wettbewerb hat dazu geführt, dass alle ihre Daten wegschließen.« Dennoch beschreibt Gräf sein Fachgebiet als eine »Insel der Seligen«. Denn die neue Heimlichtuerei bedeutet auch, dass jeder Kommunikationskonzern seine eigenen Cybergeographen einstellen muss: »Meine Studenten werden mir praktisch aus den Seminaren abgeworben.«

Karten prägen unser Weltbild, und unser Weltbild prägt die Karten. Die Cybergeographie erstellt auch ein Psychogramm der neuen Online-Gesellschaft. Im Mittelalter stand stets der Glaube im Zentrum und damit Jerusalem. Für die Cyberkarten dagegen steht das Prinzip des Schneller-Billiger-Größer im Mittelpunkt und damit die Rechenzentren der USA. Europa rutscht an den Kartenrand und ist meist nur in Umrissen erkennbar. Und Schwarzafrika bleibt meist ein weißer Fleck. »Die Cybergeographie ist heute genau an dem Punkt wie die Entdecker im 15. Jahrhundert«, sagt Martin Dodge. »Wir stehen vor dem Durchbruch. Aber ein Kartograph wie Gerhard Mercator ist ehrlich gesagt noch nicht in Sicht.«

Der Wettstreit um die besten Karten ist nicht neu. Seit je stand die Geographie im Dienste strategischer Machtinteressen. Vor zwei Jahrtausenden eröffnete der Naturforscher Claudius Ptolemäus von Alexandria um das Jahr 140 n. Chr. durch die Angabe von Längen- und Breitengraden für 350 verschiedene Orte auf seinen Karten neue Handelsrouten. Und Gerhard Kremer, genannt Mercator, ebnete 1569 mit seiner neuartigen Weltkarte Kolonialmächten den Weg nach Indien und Amerika. Nun flammt ein neuerlicher Wettbewerb um die Eroberung eines unbekannten Territoriums auf. Es gilt, den siebten Kontinent zu besiedeln, die Sphäre der Telekommunikation. Und dieses Terrain wird neuerdings ganz traditionell erobert: mit Umweg über den physischen Raum.

Die Wiederentdeckung des Raumes als digitales Nest

Und siehe, es geschah um den Jahrtausendwechsel herum, dass der Cyberspace eine wundersame Wandlung durchmachte, fast so wie der Froschkönig im Märchen, der plötzlich seine alte Hülle abwirft und ein ganz anderer wird. In der neuen Variante des Märchens gilt der Cyberspace plötzlich nicht mehr als ortsloses Reich der Freiheit, sondern als das genaue Gegenteil: ein weltumspannendes Gitternetz, in dem sich jeder Nutzer präzise verorten lässt, präziser als je zuvor in der Geschichte der Menschheit. Fortan soll sich niemand mehr je verlaufen können, denn allüberall wacht die Matrix wie eine resolute Mutter über jeden Schritt der Nutzer.

Hunderte von Entwicklungsbüros arbeiten fieberhaft daran, Ortsinformationen zu versilbern. Nie zuvor war der Raum wertvoller als heute. Wirtschaftsauguren sagen dem Markt der so genannten »Ortsbezogenen Dienste« (Location-Based Services – LBS) traumhafte Wachstumsraten voraus. Über 90 Milliarden Euro Umsatz prophezeit zum Beispiel die Strategis Group dem Marktsegment für das Jahr 2005 allein in Westeuropa. »Information at your Fingertips«, warb Microsoft eine Zeit lang. Nun müsste es heißen: »Information an Ihren Fußspitzen«, denn die reale Welt soll umgebaut werden zu einer unsichtbaren, begehbaren Datenbank, in der man nicht mehr per Mausklick navigiert, sondern mit dem eigenen Körper.

Der Durchbruch dieser Suchmaschinen für den physischen Raum ereignete sich irgendwann um das Jahr 2000 herum.

Seitdem sind die Anwendungen vielfältig: Autonavigationssysteme messen per Satellit, wo sich das Fahrzeug befindet. Eine Computerstimme macht Routenvorschläge während der Fahrt und warnt vor Stau und Baustellen. Die gesamte Autobranche rüstet auf mit Telematikdiensten. DaimlerChrysler zum Beispiel will seine Autos zu »rollenden Internetportalen« umrüsten. Die Firma Onstar kann im Notfall von ihren Notrufzentralen aus die Position eines Autos orten, wenn der Fahrer einen Alarm-Knopf gedrückt hat, und einen Krankenwagen oder einen Pannenservice vorbeischicken. Das Auto wurde also nicht, wie vorhergesagt, ersetzt durch Telearbeit und Videokonferenzen. Im Gegenteil: Autonavigationssysteme sind Einfallstor und Ankerpunkt zwischen Datenwelt und realem Raum.

Seit dem Mai 2000 ist die globale Satellitenpeilung mit einem Schlag rund zehn Mal so genau wie bislang. Präsident Clinton ließ einfach das militärische Störsignal abschalten, das bislang die Daten »verunreinigt« hatte, die von den 27 Satelliten des amerikanischen Global Positioning System (GPS) zur Erde gefunkt werden.

Auch für die Überwachung sind die neuen Lokalisierungsdienste bestens geeignet. Besonderes Aufsehen erregte im Mai 2000 der Versuch mit 25 so genannten elektronischen Fußfesseln in Hessen. Jede beliebige Wohnung lässt sich seitdem in wenigen Minuten in eine Art Gefängnis verwandeln. Das Prinzip ist einfach und geradezu altmodisch: Wer auf Bewährung aus dem Knast entlassen wird, bekommt einen Minisender am Bein befestigt. Regelmäßig meldet sich der sendende Klotz am Bein an einer so genannten »Databox«, die sich wiederum per Telefonnetz im Zentralrechner der zuständigen Behörde meldet. Wer morgens nicht zur Arbeit das Haus verlässt und abends zu spät heimkommt, löst einen Alarm aus und bekommt es mit den Bewährungshelfern zu tun. Dennoch: Die Fußfessel verspricht letztendlich mehr Freiheit. Und die ist bekanntlich relativ.

Technik und Nutzen all dieser Anwendungen ist relativ banal und leicht nachzuvollziehen. Doch im Sommer 2000 entzündete sich die technische Fantasie am Thema UMTS und brennt seitdem lichterloh. Das hässliche Kürzel steht für Universal Mobile Telecommunications System und bedeutet: Eine neue

Generation von Mobiltelefonen soll in ein paar Jahren von unterwegs aus den Zugriff aufs gesamte Web ermöglichen. Die Datenübertragung soll angeblich gigantisch sein mit zwei Megabit pro Sekunde. Neuere Tests dagegen lassen eher eine zehn Mal niedrigere Geschwindigkeit erwarten. Sogar Videokonferenzen sollen sich so bewerkstelligen lassen, zwischen zwei beliebigen Mobiltelefonen. Der Cyberspace soll also in die Hosentasche passen. Soll, soll, soll. Was davon realistisch ist, bleibt offen. Diese Wunschvorstellungen haben jedoch einen leicht hysterischen Unterton, seit jenen schicksalhaften Wochen im August 2000. In einem ehemaligen Kasernengelände in Mainz lieferten sich viele europäische Netzbetreiber eine erbitterte Schlacht, als die deutsche Regulierungsbehörde für Telekommunikation und Post die notwendigen Frequenzen für die neue Technik versteigerte. Immer höher schraubten sich die Erwartungen und die Gebote, bis schließlich insgesamt rund 50 Milliarden Euro gezahlt wurden. Seitdem verbreiten die beteiligten Bieterfirmen fieberhaft die Botschaft von der Wiederentdeckung des Raumes als Erlebnispark für Kunden und als Gelddruckmaschine für die Anbieter neuer Dienste. Denn sie sind teilweise tief verschuldet und müssen unbedingt ihr Geld wieder hereinholen. Ihr 50 Milliarden-Märchen geht so: Es wird einmal ab dem Jahr 2002, spätestens aber 2005, das Handynetz digitales Nest, das die Nutzer überallhin begleitet und umsorgt wie eine betuliche Mutter – eine Matrix im Wortsinn. Per Mobiltelefon werden Termine verwaltet, Nachrichten gesehen, Videokonferenzen abgehalten und fremde Städte erkundet, indem man sich vom Handy an der Hand nehmen und durch die Straßen führen lässt wie von einem geschwätzigen Reiseführer. Dies Märchen ist direkt anschlussfähig an die Fantasie von der besseren virtuellen Realität und spinnt sie fort. Aus dem Cyberspace wird nun der Cellspace, der begehbare Raum zwischen den Sendezellen der Mobilfunkanbieter.
Für Jaron Lanier ist die physische Wirklichkeit tragisch, weil sie Pflicht ist und sich nicht wegzappen lässt. Und genau diese Funktion versprechen nun die ortsbasierten Dienste: die Verankerung im Raum und gleichzeitig die Option, sich an einen anderen Ort zu zappen. »Es gibt dort kein Dort«, hieß es im Cyberspace. »Es gibt dort hunderte von Dorts«,

versprechen die UMTS-Märchenonkels. Der physische Raum wird eine von vielen Optionen in diesem Menü.

Das Märchen von der ortslosen Freiheit im Netz kippt um in die unendliche Faulheit im Nest, in eine kindliche Regressionsfantasie, permanent bemuttert zu werden. Je nachdem, an welcher Straßenecke per Mobiltelefon nach einem Sushi-Restaurant gefahndet wird, spuckt die begehbare Matrix das jeweils nächste Restaurant aus. »Das angeklickte Restaurant zeigt nicht nur die bunten Bilder, sondern die Speisekarte, die Preise und unter Umständen auch über die Webkamera einen Blick in die Küche«, verspricht »Bissy«, ein in Entwicklung befindliches Navigationssystem für Berlin, das für »mobile Bürger« über »Shopping-, Speise- oder Erlebnismöglichkeiten« informieren soll.

Ein erfolgreiches Märchen muss sich wie ein Vexierbild immer von zwei Seiten betrachten lassen. Wird der Cellspace den Kunden als ein gemütliches digitales Nest beschrieben, so erscheint das Märchen von der Anbieterseite her wie der feuchte Traum der Werbewirtschaft. »Mach mal wieder Pause«, erscheint bei ausgewählten Kunden schon heute als elektronische Kurznachricht (SMS) auf dem Handydisplay, wenn sie in der Nähe eines Cafés des Franchisekonzerns Starbucks um die Ecke biegen. Als zusätzlicher Anreiz, kurz entschlossen einzukehren, wird ein Rabatt angeboten. Ob dies Szenario als Verheißung oder Horror wahrgenommen wird, hängt davon ab, von welcher Seite des digitalen Nestes aus man es betrachtet.

Das 50 Milliarden Euro schwere Märchen vom digitalen Nest ist möglicherweise eine direkte und kausale Antwort auf die Mär von der absoluten Ortslosigkeit. Denn die Fantasie von der geheimnisvollen Anderswelt zwischen überall und nirgendwo hat viele Kunden zutiefst verunsichert, nicht nur in Deutschland. Sie trauten sich nicht, im orts- und rechtlosen Cyberspace einzukaufen, und unter anderem dadurch fiel die überbewertete E-Commerce-Welle am Neuen Markt in sich zusammen, Börsenkurse purzelten, weitere Verunsicherung folgte. Nun steuert die Branche also gegen, indem sie eine neue Prophezeiung aus dem Hut zaubert: Wenn Internet und Mobiltelefon verschmelzen, entstehe ein lückenlos dichtes Geflecht von ortsbezogenen Informationen und jeder

Geschäftspartner könne genau herausfinden, wo sich das Gegenüber befindet. »Viele Träume im E-Commerce werden sich nicht erfüllen, bis es ortsabhängige Angebote gibt«, glaubt Bob Egan, Analyst bei der amerikanischen Gartner Group. Sogar der Cyberspace selbst wird neuerdings genauestens vermessen. Nicht von unabhängigen Forschern, sondern von kommerziellen Firmen, die so genannte »Geolocation-Services« anbieten. Firmen wie Quova oder Virtgame.com versprechen, dass sie herausfinden können, von woher die Besucher eine Website abrufen. Die Firma Digital Island kann angeblich mit ihrer Software Traceware das Herkunftsland von Besuchern auf einer beliebigen Website zu 96 Prozent korrekt bestimmen. Denn für derlei Dienste gibt es neuerdings eine rege Nachfrage, um zum Beispiel Internetangebote den jeweiligen Landessprachen und Landessitten anzupassen. Und auch die Steuerbehörden wüssten allzu gerne, wohin welche Waren genau geliefert werden.

Noch stecken die meisten derartigen Mobiltelefontechniken tief in Kinderschuhen und Kinderkrankheiten. Doch erste Anzeichen sprechen dagegen, dass der Traum vom Digitalen Nest im Cellspace ein Allheilmittel für den kränkelnden E-Commerce und die verschuldete UMTS-Branche ist.

> I can predict the future by assuming that money and male hormones are the driving forces for new technology. Therefore, when virtual reality gets cheaper than dating, society is doomed.
>
> – Dogbert

Schon heute bietet der Telefonkonzern Viag Interkom verschusselten Kunden an, herauszufinden, wo sie ihr Handy verbummelt haben. Auf einer Internetkarte wird der Ort angezeigt, an dem es liegt – sofern es eingeschaltet ist. Leider noch nicht allzu genau und vor allem erst nach Eingabe eines Passwortes. Doch wie man das nun wieder findet, wenn man es verschlampt hat, bleibt unbeantwortet.

Ein anderes Beispiel: »FriendZone« heißt ein Service der Swisscom, der es erlaubt, den aktuellen Standort von Freunden anzupeilen per SMS. Der Bedarf scheint da zu sein. »Hallo – wo bist du?«, lautet die Begrüßung im Handyzeitalter, während es bei Telefonaten zwischen Festnetztelefonen früher eher hieß: »Hallo – wie geht's?« Doch in der Praxis bringt dann die FriendZone doch wenig Vorteile. »Am Anfang war das ganz nett«, berichtet Giuseppe Massaro, von Beruf aus Elektromonteur in Zürich und Kunde des neuen Dienstes. »Da habe ich den Code eingegeben und wusste: Mein Freund Scooby ist am Paradeplatz.« Wie schön. So führen also die Neuen Medien die Menschen zusammen und sorgen so vielleicht tatsächlich für Verständnis und Harmonie, wie es Lanier sich erträumt. Ein zweiter Blick auf die Praxis ist hier hilfreich. »Aber jetzt benutze ich die FriendZone kaum noch. Wenn ich Scooby einfach anrufe, kann ich mich doch viel schneller mit ihm verabreden, als wenn ich erst umständlich seine Position abfrage.«

Ob das Märchen von der Information an der Fußspitze wahr wird, bleibt derzeit offen, denn niemand weiß, wie viel die Kunden zu zahlen bereit sind, um die Realität, die bislang kostenfrei war, für teures Geld mit irgendwelchen Informationshappen aufhübschen zu lassen. Vor allem aber ändern sich die Daten aus dem Real Life permanent, Restaurants werden geschlossen oder umbenannt, Preise ändern sich, die Pflege der Welt als Datenbank ist ausgesprochen aufwendig. Und die Fallstricke liegen bereits aus: Das neue Horrorszenario heißt nicht mehr *Lost in Cyberspace*, sondern eher *Der gläserne Kunde*. Bewegungsprofile könnten offen legen, dass zum Beispiel der Ehemann am Abend eben nicht bei der Konferenz war, sondern im Rotlichtviertel, oder dass der Mitarbeiter einer Bank in der Mittagspause in der Zentrale der Konkurrenz war. In Japan sind derlei Überwachungsdienste bereits bei eifersüchtigen Ehepartnern beliebt.Das Handy mutiert zur elektronischen Handfessel.

Unterdessen schmücken immer mehr Firmen ihre Produktfantasien mit dem Märchen von der Präzisionsortung aus. Nur eine sei hier genannt, einfach weil ihr Produkt gar zu drollig ist: eine Suchmaschine für verlorene Aktenordner.

Law und Ordner

Thorsten Bartsch ist Akten-Ordner. Denn die Welt tendiert zu Entropie und Unordnung, und dem will er entgegenwirken. »In jedem größeren Büro wird jede Woche ein Vermögen vernichtet, weil Unterlagen gesucht werden müssen. Damit ist jetzt Schluss«, sagt er über sein System namens Findentity, das er im Büro seines Vaters installiert hat – einer Anwaltskanzlei unweit des Berliner Messegeländes. »In der Kanzlei meines Vaters sind zwischen 1 000 und 2 000 Akten in Umlauf«, sagt Bartsch, der mit Brille, Hemd und Krawatte so überkorrekt anmutet wie der Traum einer Schwiegermutter oder eines Behördenleiters. Er setzt sich an seinen Rechner. »Nur: Welcher Mitarbeiter gerade welche Akte bearbeitet, wusste man bislang nicht.« Triumphal gibt er ein Aktenzeichen ein, und schon erscheint der Grundriss der Kanzlei auf dem Bildschirm mit einem blinkenden roten Kreis dort, wo die Akte liegt: Direkt neben ihm. Sie ist es tatsächlich. Aktenzeichen XY gelöst.

»Sie können das auch übers Internet machen, dann wissen Sie immer, in welcher Filiale und bei welchem Mitarbeiter sich die Arbeit staut.« Der Trick: In jeder Ecke des Büros sind kleine Peilsender positioniert, auf jedem Aktenordner klebt eine kleine batterielose Miniaturantenne, Transponder genannt, flach wie eine Visitenkarte und ähnlich wie die Aufkleber, die in Warenhäusern zur Diebstahlsicherung verwendet werden.

Marc Bartsch betritt das Büro, ein überkorrekt aussehender junger Mann mit Brille, und auch wieder der Traum eines jeden Behördenleiters – der Zwillingsbruder von Thorsten. Allein schon, um die beiden auseinander halten zu können, müsste man das Findentity-System einsetzen. Gemeinsam mit ihrem Vater Axel tingeln sie von Messe zu Messe und erzählen dort ihr Anwaltsmärchen vom technisch hochgerüsteten Ortungsfetischismus. Der Preis allerdings schreckt die Kunden bisweilen noch ab: Pro Arbeitsplatz fallen leicht 500 Euro an, pro Transponder dann noch einmal 1,5 Euro. »Das klingt wie eine Menge ...«, sagt Axel. »... aber durch die eingesparte Zeit bei der Aktensuche amortisiert sich das schnell«, sagt Marc. Das Prinzip der Antennen selber ist dabei nicht einmal sonderlich neu, sondern nur seine Anwendung. In den sechziger Jahren schon waren die batterielosen Antennen erfunden worden. Durchgesetzt haben sie sich unter anderem in der Landwirtschaft: Wenn ihnen ein Sender unters Fell implantiert ist, lassen sich Kühe im Stall besser überwachen. Im Mai 2000 gewannen sie bereits beim so genannten Start-up-Wettbewerb, denn ihre Idee liegt voll im Trend: Lokalisierung statt Entgrenzung, Pedanterie statt Eskapismus. Man könnte sich kaum einen größeren Kontrast vorstellen zu den erhabenen Fantasien vom Tod des Raums im körperlosen Cyberspace: Kuhstallsensoren, die helfen sollen, verlorene Gerichtsakten wieder zu finden. Zwei Hightechmärchen, die sich perfekt ergänzen in ihrer skurrilen Schönheit.

05_BETRIEBSSYSTEMKRITIK

Software: Das Märchen von Linux als Betriebssystem für Jedermann

Wie ein Betriebssystem als heiliger Text gefeiert wird. Warum Linux die Schreibtische und Herzen von Otto Normaluser nicht erreicht. Wie das Märchen von David gegen Goliath die Linux-Gemeinde motiviert. Und andererseits in die Irre leitet und Geld und Talent verschwenden lässt für sinnlose Entwicklungsarbeit. Und warum die eigentliche Stärke von Linux in seiner Schwäche liegt: in tausenden von Programmierfehlern.

Es waren Partys der anderen Art, geprägt von Ernst und Arbeit. »Linux-Install-Partys« fanden eine Weile lang um die Jahrtausendwende landauf, landab statt: In Uni-Rechenzentren und Jugendzentren laden junge, ernste Männer die Öffentlichkeit ein, ihre Festplatten von Microsoft-Programmen in einem aufwendigen Ritual zu reinigen und stattdessen Linux zu installieren. Party ist vielleicht das falsche Wort, denn es gibt lediglich schalen Filterkaffee und ein paar Kekse – und Frauen fehlen ganz. Die Vorhänge sind zugezogen, damit die Bildschirme heller strahlen. Die klösterliche Ruhe wird nur unterbrochen vom Klicken der Tastaturen. Hier sind Computer noch nicht und nicht mehr die Ablenkungsmaschinen der Spieleindustrie, sondern Konzentrationsapparate und politisches Programm.

Linux ist ein Betriebssystem, das im Internet kostenlos erhältlich ist. Nachdem sein Namensgeber Linus Torvalds vor zehn Jahren mit der Arbeit begann, wurde und wird es gemeinsam von tausenden von begabten Programmierern aus aller Welt per Internet weiter zusammengeschustert. Ein Unterfangen, so Erfolg versprechend wie der Turmbau zu Babel, könnte man denken. Doch wundersamerweise funktioniert das Betriebssystem erstaunlich gut.

Man duzt sich, auch Neulinge werden sogleich aufgenommen in die verschworene Gemeinschaft. Dietmar zum Beispiel, ein Medizintechniker Mitte vierzig, trägt schwer an seiner Bekehrung: Tower, Monitor, zwei Festplatten, Modem hat er von zu Hause aus hergeschleppt, um seinen Rechner vom falschen Leben ins richtige zu holen. Zehn Kilo guter Wille. Nun sitzt er vor seinem Gerät und lässt sich von den

Studenten aufklären. Wo er mühsam mit einzelnen Fingern tippt, streicheln sie ein Solo auf die Tastatur, elegant wie Pianovirtuosen. Auf seinem linken Knie lastet die über 1 000 Seiten starke »Linux-Bibel«, das »Neulinge-Testament«, wie er es nennt, auf dem rechten ein Schreibblock mit Einträgen wie »DF6KC:~#cat/dev/soundstat«. Dietmar stöhnt darüber, wie hart doch die Arbeit so dicht am Code ist. Aber auch irgendwie befriedigend. Kein billiger Schnickschnack wie Windows-Dialoge betrügen ihn hier um seine eisern erkämpfte Souveränität. Hier muss er sich selbst beweisen, gelehrig und geduldig sein.

Warum eine Installationsparty? Und warum öffentlich? »Das ist die Philosophie der freien Software«, sagt Matthias, ein Pädagogikstudent, während einer Raucherpause auf dem Flur. »Ich bekomme die Software kostenlos und gebe dafür kostenlos etwas an andere weiter. Hoffentlich tragen die Neu-User diese Philosophie weiter.« Linux ist mehr als ein Betriebssystem. Es ist eine Einstellung, ein Ideal.

Das Märchen von der Betriebssystemkritik für alle

Und siehe, es wird einmal, in gar nicht allzu ferner Zeit die Welt befreit aus den Fesseln des bösartigen Microsoft-Monopols durch die wundersame Kraft des Guten Codes von Linux. Dies Credo wird gerne, häufig und im Brustton tiefster Überzeugung von den Anhängern des Betriebssystems Linux vorgetragen. Linuxianer sind keine Erzählgemeinschaft wie jede andere, wie die Marsmärchenonkels, die Start-up-Unternehmer oder die Esoteriker des Weltgedächtnisses. Linux-Jünger pflegen ein fast religiöses Verhältnis zu der Software, für die sie kämpfen, und sie tragen ihr Märchen meist im Predigtton vor und mit gehörigem Weltverbesserungspathos: Es begab sich aber, dass Bill Gates groß und mächtig wie der Pharao selbst geworden war und die Welt unterjochte mit hohen Abgaben und niederträchtig schlechten Programmen. Im ganzen Reich fand sich niemand, der es wagte, aufzubegehren gegen den Code der Sklaverei. Bis eines Tages eine Gruppe von Schriftkundigen sich zusammenfand, um eine Art David zu programmieren, der es mit dem Goliath Gates aufnehmen könnte. Sie nannten ihr Kampfprogramm »Linux«. Wo Gates gierig ist, da ist Linux großzügig, wo Gates schlampt, da ist Linux zuverlässig, wo Gates Geheimnisse hat, steht Linux für Offenheit. Und es wird kommen der Tag, da Linux den Sieg davonträgt und alle Festplatten gesäubert sind von der Verunreinigung durch die Gates-Produkte. Doch dafür braucht es einen starken Glauben. Die Ungläubigen aber verdienen die ewige Verachtung der Rechtgläubigen. Denn mit etwas Geduld und gutem Willen könnte jeder Computernutzer Linux auf seinem Rechner installieren und so das weltumspannende Quasimonopol von Bill Gates brechen. Soweit das Märchen. Prinzipiell hat es einen wahren Kern. Aber in der Praxis ist es weltfremdes Cyblabla und Digidada, das schon einige Firmen in den Ruin getrieben hat. Warum, das zeigt der Besuch beim exotischen Stamm der Linux-Freunde.

Nachhilfestunde in Sachen Computermoral

»Mann, das ist fast so, als ob du eine neue Sprache lernst«, flüstert Ingbert, ein neuer Teilnehmer der Installationsparty. Eigentlich ist er Koch in einer Großküche. Heute hat er den Kochlöffel früher abgegeben, sein Notebook in die Ledertasche gepackt und ist durch die halbe Stadt hergefahren. Seit zwei Stunden sitzt er am Rechner und büffelt Linux, dekliniert Promptzeichen, konjugiert Schnittstellen. Es ist eine Nachhilfestunde im Pflichtfach Computermoral. Was macht ein Koch in diesem Glaubenskrieg, warum tut er sich das an? »Ich bin seit sieben Jahren Windows-Geschädigter«, sagt Ingbert. Ständig stürzte sein Rechner ab. Das Übliche eben. Durch einen jubelnden Artikel in einem Computermagazin stieß er auf Linux und entschloss sich daraufhin, auf das alternative Betriebssystem umzusteigen. Aber daheim und alleine ist es ihm nicht gelungen. Er braucht Hilfe, darum ist er hier. Aber wozu braucht man überhaupt einen Computer in der Küche? »Ich muss über alles Buch führen«, sagt Ingbert und kramt einen großen roten Ordner mit der EU-Lebensmittelhygienerichtlinie hervor. »Hier: Garzeiten, Haltbarkeitsdaten, Gesetze. Dagegen ist ein Linux-Handbuch gar nichts.« Glaubt er.

Doch die Installation nach Rezept wird nur halb gar: Textverarbeitung, Tabellenkalkulation und T-Online-Zugang laufen nicht, und der Monitor will auch nicht. »Die grafische Oberfläche funktioniert nicht, weil du einen SiS-Grafik-Chip hast«, tröstet ihn ein junger Mann im Jeanshemd, der dazugetreten ist. Zeile für Zeile geht er den Code durch, ändert Parameter in mühevoller Handarbeit, bis schließlich der Monitor läuft. Ohne dies Geheimwissen und seine unentgeltliche Weitergabe wäre unser Koch heillos gescheitert.
Die Installationspartys setzen eine Tradition der Computersubkultur fort: In den 80ern trafen sich Technikfreaks, um mit noch illegalen Modems Datenbanken von Großkonzernen und Staaten zu erkunden: Rechner als Enthüllungsmaschine, um politische Programme des großen, bösen Bruders zu entlarven. Spionage für alle! Anfang der 90er entdeckte eine neue Generation die PC als Lustmaschinen und tauschte in speziellen Mailboxsystemen oder auf Partys die neuesten Spiele aus. Für sie waren die Rechner Lifestylegeräte. Spiele für alle! 1998 dann begann der große Hype um Linux, angeblich die Wunderwaffe im Guerillakrieg gegen Bill Gates, der als der große Feind gilt, gleichsam der Anti-Linus. Ziel: Marktanteile zu erobern und das Microsoft-Monopol zu brechen: Betriebssystemkritik für alle!

> Weil es zwischen dir und dem Computer keine Abstraktionsschicht gibt, kommst du ziemlich nahe an ihn heran. So ist es, wenn man mit einer Maschine intim ist.
> — Linus Torvalds

Tatsächlich hat heute fast jeder mit Linux zu tun, selbst wenn er den Namen noch nie gehört hat. Wer online eine Bahnkarte reserviert, nutzt einen von über 200 Linux-Servern, ebenso jeder, der einen Mietwagen bei Sixt ordert. Kaum eine Boeing würde ohne Linux abheben, kaum eine E-Mail verschickt werden, und nicht einmal die Steuerung des ferngelenkten Marsmobils »Sojourner« wäre ohne das Betriebssystem gelaufen. Es kann zu Recht als eine der größten

Multikulti-Ingenieursleistungen gelten seit dem Turmbau zu Babel – bloß weitaus erfolgreicher. In nur zehn Jahren ist das selbst gebastelte Programm eines finnischen Studenten eine wichtige Säule des Internets geworden, das fast jeden dritten Internetserver zum Laufen bringt.

Begonnen hat alles ganz unscheinbar. Linus Benedict Torvalds hatte einfach keine Lust mehr, Schlange zu stehen, um an die wenigen Unix-Terminals an der Universität von Helsinki zu dürfen, so der Gründungsmythos, den der junge Mann gerade in seiner lähmend langweiligen Autobiographie vorgelegt hat – mit Anfang dreißig. Also setzte er sich hin und strickte sich ein eigenes Betriebssystem, beginnend mit dem Kernel (sprich Körnel), dem Innersten des Innersten eines jeden Computers. Dabei orientierte er sich an der Struktur des Lernprogrammes Minix, das wie fast alle auf – »x« endenden Programme zur großen Familie der Unix-Systeme gehört. Stolz taufte Linus diesen Kernel »Linux«, wie man es eben bei Erstgeborenen tut. Das war im Herbst 1991. Torvalds war 21 Jahre jung. Er veröffentlichte seine Bastelei in einer Newsgroup im Internet, und schnell entwickelte sich das System zum Geheimtipp für die Edelfedern unter den Programmierern. Durch die internationale Vernetzung konnten die Besten von ihnen über Jahre hinweg zusammenarbeiten.

Das Betriebssystem sei »nicht so sehr ein Produkt als vielmehr eine mühsam zusammengestellte Oral History der Hacker-Subkultur«, schreibt der Science-Fiction-Autor Neal Stephenson, der neben Romanen wie Snow Crash auch das wunderbar unterhaltsame Büchlein »In the Beginning was the Command Line« veröffentlicht hat, in dem er im Plauderton über seine eigenen Erlebnisse beim Programmieren erzählt. Das Programm Unix, dem Linux nah verwandt ist, sei »unser Gilgamesch-Epos«, schreibt Stephenson. »Was alte Epen wie das Gilgamesch-Epos so erfolgreich gemacht hat, war, dass es sich dabei um lebendige Erzählsammlungen gehandelt hat, welche die Leute auswendig wussten und immer wieder und wieder erzählt haben. Dabei haben sie Schlenker und Verzierungen hinzugefügt, wenn sie Lust dazu hatten. Die schlechten Verzierungen wurden schnell wieder

fallen gelassen, die guten dagegen wurden aufgenommen, weiterpoliert und nach und nach in die Story integriert.«
Linux ist die vielleicht einzige Software, die selber so dezentral, geheimnisvoll und kollektiv entsteht, wie es auch die Hightechmärchen selber tun.
Das Ergebnis dieses Experiments in Sachen Vertrauen und Kooperation ist wahrhaft märchenhaft: das wohl am stabilsten laufende Betriebssystem der Welt. Denn nicht Eitelkeit oder Besitzrechte zählen, sondern einzig die Funktionalität. Das honoriert auch die Industrie. Großkonzerne wie SAP und IBM investieren in Linux. Und etliche kommerzielle Firmen haben ein Geschäftsmodell daraus gebastelt, Kunden gegen Geld mit Linux-Komplettbausätzen zu versorgen, liebevoll auf CD gebrannt und in ausführlichen Handbüchern erläutert. Linux-Vertreiber wie RedHat sind sogar bereits an die Börse gegangen.

David gegen den falschen Goliath

Doch mit den Nuller Jahren ist die Linux-Branche in eine Krise geschlittert. Linux-Firmen wie die Firma Eazel oder VA Linux schreiben rote Zahlen oder sind bankrott. Das hat einen einfachen Grund: David kämpft gegen den falschen Goliath. Linux hat auf den Festplatten von Privatnutzern nichts verloren. Es ist widerspenstig und unnachgiebig. Linux ist eine Insel der Seligen geblieben, in stolzer Isolation vom Computerkontinent. Weder das Mailprogramm Eudora noch das Bildbearbeitungsprogramm Photoshop laufen unter Linux. Auch CD-Brenner und andere Geräte lassen sich oft nicht ohne Probleme anschließen, weil die Treiber fehlen.
Derlei kleingeistige Beschwerden ziehen den Zorn der Gerechten auf sich. Ich sollte schon einmal meine gelbe Plastikkiste bereitstellen, um tausende von entrüsteten E-Mails auszudrucken und ungelesen zu entsorgen. Wer am Sinn der gemeinsamen Volksaufklärung zweifelt, wird leicht mit dem Bannfluch belegt und in Netzlisten angeschwärzt als Verräter und Reaktionär.
Schließlich polemisiert auch der angebliche Feind, die Firma Microsoft selbst, immer wieder offiziell gegen Linux. Unter

dem Titel »Linux Myths« veröffentlichte Microsoft eine Liste mit Kritikpunkten, zu denen es mittlerweile etliche schäumende Stellungnahmen von Unterstützern der Hobbysoftware gibt. Nach wenigen Sätzen verfahren sich derlei Diskussionen meist in extrem zähe technische Details, was für Außenstehende ungefähr so spannend ist wie ein Expertenhearing zum Thema Materialforschung in der Graubündner Papierindustrie.

> Um eines allerdings machte ich mir Sorgen, als er größer wurde: Wie um alles in der Welt sollte er auf diese Weise jemals nette Mädchen kennen lernen?
> — Anna Torvalds

Eric Raymond gilt als Chefideologe der gesamten Open-Source-Bewegung, zu der auch Linux gehört. Er besteht vehement auf der moralischen Verpflichtung, gegen Finsterlinge wie Gates einen heiligen Krieg ums Überleben zu führen: »Es ist wichtig, dass das Geld und die Macht und die Marktanteile sich nicht in den Händen von Gruppen wie Microsoft befinden, die uns einfach zerstören würden.« Stattdessen ruft Raymond zum weiteren Sturm auf den Desktop-Markt auf: »Wir haben viel Zeit darauf verwendet, Linux angenehm für die Technikfreaks zu machen, also konfigurierbar und leistungsstark. Aber nicht genug Zeit, um es auch angenehm für Tante Emma zu machen.« Seine Begründung: »Denn damit lässt sich Geld machen.«
Genau das Gegenteil dürfte stimmen. Bislang wurde mit Linux im privaten Rechnermarkt immer nur Geld und Zeit verloren. Während Linux im Bereich der professionellen Datenbanken und Internetrechner wie von selbst gigantische Marktanteile erobert hat. Raymond und seine Gemeinde gläubiger Linuxianer sind ihrem eigenen Propagandamärchen aufgesessen. David kämpft gegen den falschen Goliath. Die eigentliche Konkurrenz sind Netzwerkfirmen wie Sun. Doch gegen die lässt sich nicht so trefflich polemisieren. »Die Anti-Microsoft-Rhetorik ist natürlich nahe liegend, aber es lenkt viele

Unterstützer davon ab, wer der wirkliche Feind ist«, sagt Matthew Butterick, ein ehemaliger Manager bei RedHat. Die Stärke von Linux liege eben nicht bei den Endkunden, sondern im Servermarkt, der von Firmen wie Sun dominiert wird. Anstatt das Betriebssystem weiterzuentwickeln, damit es gegen die Konkurrenz der professionellen Unix-Produkte besteht, versuchen dogmatische Teile der Linux-Gemeinde mit verbortem Aktionismus, Endanwender-Software zu kopieren. Für Ethnologen sicher ein interessantes Ritual; für Ökonomen einfach nur Verschwendung von Talent und Zeit. Sicher, Linux hat viele Vorzüge, läuft stabil, ist kostenlos und so weiter. Aber leichte Benutzbarkeit gehört sicher nicht dazu. Linux ist viel zu anspruchsvoll und kompliziert für den Massenmarkt, es richtet sich nicht an faule Mauspotatoes, also 99 Prozent aller Computernutzer, die einfach nur mal surfen wollen oder einen Text eingeben, und fertig. Linux ist Lebensstil, Dauerhobby und hervorragendes Werkzeug für Profis. Und dabei bleibt es in absehbarer Zeit auch.

> Betriebssysteme für Geld verkaufen zu wollen ist eigentlich eine unhaltbare Position.
>
> — Neal Stephenson

Das Märchen von David Linux gegen Goliath Gates ist gefährlich verführerisch. Immer mehr Insider warnen vor dem lähmenden Effekt dieses Märchens. »Es ist fast wie bei den japanischen Soldaten auf Guadalcanal, die sich weigerten aufzugeben, obwohl die Bombe schon längst den Zweiten Weltkrieg beendet hatte«, warnt Russ Mitchell, ein ehemaliger Mitarbeiter bei der Linux-Firma RedHat. »So ähnlich sind nach wie vor einige Linux-Eiferer davon besessen, Microsoft auf dem Gebiet der Desktop-Rechner zu besiegen. Haben die etwas verpasst? Der Krieg ist vorbei. Microsoft hat gewonnen.« Das Märchen, das ursprünglich Energien mobilisiert, frisst sie nun wieder auf: »Der Desktop-Markt bekommt unangemessen viel Aufmerksamkeit in der Linux-Gemeinde«, so Mitchell, »in der Form von Anti-Microsoft-Blabla, fehlgeleiteten Predigten, einer Verschwendung von

geistiger Energie, und – das ist am schlimmsten – unnützen Überstunden von Programmierern.«
Doch fast scheint es so, als hätte sich die Linux-Gemeinde so fest in ihrem David-gegen-Gates-Märchen versponnen, dass ein Umsteuern auf ein neues Ziel unmöglich ist. Manch ein Linuxianer erhofft sich von den Nullen und Einsen gar eine veritable Revolution auch außerhalb der Rechnergehäuse. »Die freie Gesellschaft erfinden! Von der Freien Software zur Freien Welt« war etwa das Motto der Oekonux-Konferenz in Dortmund im April 2001. Oekonux – das steht für Ökonomie und Linux (www.oekonux.de). »Die Existenz freier Software widerlegt eine Grundannahme dieses Wirtschaftssystems: dass Menschen nur unter Zwang arbeiten«, sagte ein Teilnehmer, »Lustprinzip statt schuften!« Bei Wortmeldungen im Internet wird das Grundprinzip der Open-Source-Bewegung als »Keimform einer postproprietären Weltordnung« gepriesen, die »Abkehr vom Prinzip der Gewinnmaximierung um jeden Preis; gerechte Neuverteilung bestehender ökonomischer, ökologischer und intellektueller Ressourcen; Ächtung aller psychisch kontraproduktiver und Angst verursachender sozialer wie wirtschaftlicher Abläufe, völlig neue Wege beim Schutz geistigen Eigentums sowie Schaffung sicherer und interessanter Arbeitsplätze – nicht durch Planwirtschaft und dergleichen, sondern durch von der Allmende interaktiv erarbeitete Visionen, die es gemeinsam zu realisieren gilt.« Für den Anfang genügt das ja als Aufforderung an ein paar Zeilen Code.
Während Microsoft auf dem Endkundenmarkt für Betriebssysteme ein Monopol hat, so verfügt Linux derzeit über die moralische Lufthoheit und gilt außerdem als cool und fortschrittlich. Das ist nicht so schwer, denn auf dem Markt der Ideale ist derzeit wenig Konkurrenz in Sicht.

Betriebssystemkritik

Der programmatische Urtext der Kritik an den Verhältnissen im Digitalkapitalismus stammt nicht von Karl Marx oder Naomi Klein. Sondern von einem anonymen Autorenkollektiv, dessen tausende von Mitgliedern auf der ganzen Welt verstreut wohnen und vor allem durch eines zusammengehalten werden: ihren Internetanschluss. Linux ist die wohl schwerverdaulichste Systemkritik, seit es Marxismus-Leninismus gibt. Je nach Betrachterstandpunkt erfüllt Linux unterschiedlichste Bedürfnisse. Das sichert dem Betriebssystem einen festen Platz auf den Festplatten und in den Herzen und Köpfen der digitalen Hochkulturschickeria. Die Ars Electronica etwa, Europas wichtigstes Medienkunstfestival, vergab 1999 in der Kategorie ».net« den renommierten Preis namens Goldene Nica nicht an einen Science-Fiction-Autor, nicht an einen Theoretiker, sondern an das Betriebssystem Linux und seine Schöpfer. An Einsen und Nullen, an tausende von Zeilen von trockenem Kauderwelsch, das sich der sinnlichen Erfahrung stärker entzieht, als das selbst den blutleersten Theoretikern bisher gelingen wollte. Die Jury war schwer beeindruckt. Es war wohl das erste Mal, dass die Kulturelite ein Computerprogramm als ihr Vorbild feiert. Auch das Zentrum für Kunst und Medientechnologie (ZKM) in Karlsruhe, Deutschlands wichtigstes Medienmuseum, schwimmt auf der Linux-Welle mit und trat im Sommer 1999 als Mitveranstalter der Linux-Konferenz »Wizards of OS« auf – wobei OS für Operating System steht, Betriebssystem also. Wie wichtig Linux für das Selbstverständnis der kulturellen Elite geworden ist, zeigte die Begrüßungsrede von Peter Weibel, Vorstand des ZKM: »Open Source ist die demokratische Antwort auf die feudalistische Struktur der Computerindustrie … Wir leben bekanntlich in einer Art konstitutionellen Medienmonarchie, mit einer feudalistisch strukturierten Computerindustrie. Das offensichtliche Bestreben der Computerfirmen, Betriebssysteme im Maße ihrer Profitgier zu schützen und bedienungsumständlich zu machen, widerspricht jeglicher demokratischer Nutzung von Computernetzen.« Und so weiter. Und plötzlich wird es uns ganz heimatlich ums Herz, und gerührt erkennen wir Theodor Wiesengrund Adornos Tonfall der Entrüstung über die »Aufklärung als Massenbetrug« wieder. Ja, Theodor Wiesengrund Weibel, möchten wir jauchzen, genau so ist es! *Immer während betrügt Microsoft seine Konsumenten um das, was es immer während verspricht! Alle Massenkultur unterm Monopol ist identisch!*

Linux verbindet die Kulturkritiker aller Länder in ihrem beschwerlichen Stellungskampf gegen eine immaterielle Bewusstseinsindustrie, die all die Märchen der Freiheit und Fantasie, der Utopie und der Revolution für sich beansprucht, die früher von Dichtern, Denkern, Politikern reklamiert wurden. Diese Ideologie von der permanenten postindustriellen Revolution trifft heute vor allem auf eine Form des zeitgemäßen Widerstands: auf die Praxis des Programmierens. Die digitale Kulturelite klammert sich an Linux wie an die letzte Planke des untergegangenen Tankers namens Kulturkritik. In den Tiefen des Programmcodes überwintert die kritische Theorie.

> Ein Programmierer in unserem Büro hat einen hölzernen Kopf auf seinem Monitor stehen. Das ist der Gott der Fehlersuche. Täglich opfert er diesem Gott.
>
> — Maurice Doucet, damals Director of Engineering bei der Softwarefirma Metacreations

Auf Linux-Partys wird Exegese hart am Urtext betrieben, und die digitale Kulturkritik ist ganz bei sich. Linuxpartys sind einer der letzten Horte der Systemkritik in Zeiten der globalen Aufmerksamkeitsökonomie, in der jede Form der verbalen Kritik sofort als News und Attraktion ins System selber eingespeist und in Cybercash und Börsenkurse transformiert wird. Doch hier im dämmerhohen Raum des Uni-Rechenzentrums Bonn greifen die Regeln von Microsoft und AOL nicht mehr, denn diese jungen, ernsten Männer installieren ein Betriebssystem, das für alles steht, an das sie glauben. Das System und seine Kritik, die Kulturindustrie und ihre Verneinung. In seiner Unbestechlichkeit ergreift Linux für uns alle das Wort, für die schweigende Mehrheit der DAUs, der Dümmsten Anzunehmenden User. Und selbst von den illustren Veranstaltern der Ars Electronica würde niemand ernsthaft verlangen wollen, dass sie nun ausschließlich die von ihnen ausgezeichnete Software benutzen dürfen. Und Peter Weibel sich sonntagnachmittagelang zu Ingbert dem Koch und anderen Softwarestrebern setzt, um Sourcecode zu büffeln. Das ist ja das Schöne. Linux lässt sich leicht delegieren. Solange Linux auf einem Teil der professionell gewarteten Internetserver läuft, ist jede E-Mail potenziell ein vollautomatischer Bekennerbrief für Linux. Linux läuft Tag und Nacht, automatisch wie eine tibetanische Gebetsmühle, kollektiv, anonym, mystisch. Linux ist Kulturkritik im Softwareformat, ein aktuelles Update sowohl der Kulturindustrie als auch ihrer Kritiker, Sinnbild der Konvergenz von Kultur und Industrie und Ausdruck unserer hochgradig arbeitsteiligen Gesellschaft, die viele anstrengenden Aufgaben an Maschinen delegiert – sogar die Kulturkritik. Hardcorekulturkritiker freilich sähen dies als ultimative Antiquiertheit des Menschenen: dass nun schon die Maschinen den Menschen aus dem Genre der Kulturkritik verdrängen.

It's not a Bug, it's a Feature

Das alles ist schön und gut und wunderbar zur Entlastung des Softwaregewissens und für Smalltalk auf irgendwelchen pseudoradikalen Akademikerpartys geeignet. Aber diese Form der antikapitalistischen Mythologisierung eines Computerprogramms ist möglicherweise auch einer der Gründe für die geringe Verbreitung auf Privat-PC: Die Software ist einfach überinterpretiert. Wer will schon ein Parteiprogramm auf seinem Rechner laufen haben?

Wie viele Menschen wären bereit, tagelang Handbücher zu wälzen, nur um ihr Telefon auf ein neues Betriebssystem umzurüsten oder ihren Kühlschrank mit einer anderen Beleuchtung auszustatten? Dafür sind die meisten Nutzer zu faul, und das ist gut so. Er habe das Programm nur geschrieben, weil er faul sei, sagte auch Torvalds selbst einmal. Doch dieser pragmatische Glaubensgrundsatz hat sich bei Linux-Dogmatikern noch nicht herumgesprochen.

Die moderne Gesellschaft ist deshalb modern und wohlhabend, weil sie auf Arbeitsteilung setzt. Und das Thema

Betriebssysteme wohl am besten in den Händen von Spezialisten aufgehoben. Eine derartige Arbeitsteilung widerspricht nicht einmal dem Märchen vom Erlösungsprogramm für alle. Denn Erlösungsfantasien leben vom Prinzip des Auserwähltseins. Wenn jeder im Supermarkt Erlösung kaufen kann, wird sie wertlos. Die Exklusivität dürfte vielen Linux-Eingeweihten also sehr recht sein. Die ehrenamtlich arbeitende Linux-Gemeinde trägt nach einer Linux-Install-Party zusätzlich zu ihren Rechnern einen dreifach süßen Lohn nach Hause: Der elitäre Linux-Stammtisch bleibt weiter unter sich; die Fragen der gequälten Neulinge haben die eigene technische Überlegenheit bestätigt; und wer sich dem aufwendigen Aufnahmeritual verweigert, die überwältigende Mehrheit der Computernutzer also, kann als moralischer Versager gelten, der zu Recht von Bill Gates mit Lizenzen und überzogenen Preisen geknechtet wird. Linux ist eine soziale und moralische Instanz. Nur so lassen sich die eigenartigen Linux-Install-Partys verstehen: als Initiationsrituale des Gutmenschentums, vergleichbar einem protestantischen Kirchentag. Das Scheitern von Linux auf dem freien Softwaremarkt ist daher in das soziale System der Linuxianer eingebaut. Denn die Strafpredigten der Linux-Apostel funktionieren nur so lange, die freiwillige Arbeit von tausenden von Programmierern wird nur so lange freudig erbracht, solange das gemeinsame Projekt elitär und exklusiv bleibt. Sobald der Stallgeruch der verschworenen Bruderschaft durch einen auf- und abgeklärteren Umgang verdünnt wird, verfliegt der Zauber des Märchens und niemand hätte mehr Lust, nächtelang für die gemeinsame Sache zu arbeiten, und Linux wäre mausetot. Das irrige Hightechmärchen von der Eroberung des Endverbrauchermarktes treibt Linux also an – und bremst es aus. Dies paradoxe Schicksal teilt Linux mit vielen Hightechmärchen.

Bei diesem Kampf gegen Windmühlenflügel gerät die vielleicht wichtigste Errungenschaft des Linux-Systems fast aus dem Blick: Linux verfügt über die wohl umfangreichste öffentliche Auflistung an Softwarefehlern weltweit. Linux ist völlig fehlerverseucht, wie jedes Programm ab einer bestimmten Größe. Der Unterschied ist nur, dass die Linux-Gemeinde diese Fehler öffentlich macht – in der Hoffnung, dass sie so schneller beseitigt werden. Tausende von Linux-»Bugs« sind allein auf der Internet-Site von »Debian« verzeichnet (www.debian.org/Bugs), einer Art interaktivem Reiseführer in die Daten-Apokalypse. Die Fehler sind sauber in Kategorien einsortiert, von »behoben« über »leicht« bis hin zu »ernst« und »kritisch«. Diese Liste durchzugehen, während man an einem Linux-Rechner sitzt, ist wahrhaft gruselig. Plötzlich wird spürbar, wie dünn das Eis der Planbarkeit und Rationalität ist, auf dem man sich als Computernutzer bewegt. Eine kalte Faust ballt sich im Magen zusammen. Wie wenn man aus Langeweile den Beipackzettel eines harmlosen Medikaments etwas zu genau durchliest. Linux verdankt seinen Erfolg vor allem dieser Offenheit, diesem unverstellten Blick auf das brodelnde Chaos unter der trügerisch glatten Benutzeroberfläche. Denn nur, wenn Fehler dokumentiert werden, können sie rasch und zuverlässig behoben oder umschifft werden – ein bisschen so wie verborgene Felsen neben einer Schifffahrtsroute. Oder wie die im Orbit umherschwirrenden Atomreaktoren ausgemusterter Satelliten. Es gibt eben keine fehlerfreie Software, es gibt kein absolut absturzsicheres System. Auch Linux oder Unix oder BeOS oder Mac OS sind nicht vor Fehlern gefeit, sondern voll von ihnen. Und täglich tauchen neue auf.

Erst wenn der fundamentalistische Mythos verflogen ist, der Linux wie eine Wolke von schwerem Salonkommunisten-Parfüm umweht, wird seine eigentliche Stärke erkennbar: Seine Schwächen – und vor allem der Umgang mit ihnen. Fehler zuzugeben ist kein Fehler. Die Welt der Computer ist eben nicht jene reine Sphäre der Vernunft und Effizienz, der Ideale und Logik, welche die Softwarekonzerne in ihren Anzeigen gerne vorgaukeln. Ab einer gewissen Größe mutiert Software unweigerlich zu einem Dschungel aus Zeichen, der zwar von Menschen geschaffen wurde, aber von ihnen nicht mehr ohne weiteres navigierbar und planbar ist. Das System wird plötzlich zur Umwelt, die eigenen Gesetzen und Störmechanismen unterliegt.

Neue Märchen braucht das Morgen-Land

Allmählich formiert sich eine neue Fraktion der computerkundigen Mythologen, die sich weder an den Euphoriker-Märchen von Microsoft und Co. beteiligt noch an den Fundamentalistenträumen der Linuxianersekte. Sondern an einem neuen Erzählmodell, das die Fehlerhaftigkeit von Softwaresystemen als mythische Grundlage akzeptiert.
Der Romanautor Neal Stephenson und seine Auffassung von Unix als einer Art verschlungenem Gilgamesch-Epos verkörpern eine solche realistische Fantasiearbeit. Auch Ellen Ullman, eine Programmiererin aus San Francisco, betätigt sich als eine Art Schwester Grimm, um die Alltagsmärchen aus der Programmiererszene einzufangen. Der Jahrtausendwechsel war in ihren Augen ein technischer Wendepunkt. Denn damals rückte der so genannte Jahr-2000-Fehler ins öffentliche Bewusstsein, dass ein einfacher Datumswechsel viele ältere Computersysteme überfordern könnte. »Der Y2K-Fehler hat einen fast schon religiösen Glauben an die Technik untergraben«, schreibt Ullman in ihrem wunderbaren Aufsatz »The Myth of Order«. »Fehler, Reparaturen, Abstürze – all das gehört genauso untrennbar zur Erschaffung eines intelligenten elektronischen Systems wie die Schönheit.« Die Programmierarbeit selber sei ein irrationaler Prozess, schreibt Ullman. Dazu komme der Zeitdruck, denn die Kunden und Marketingabteilungen drängen auf neue Software. Alte Software müsse ständig durch einen neuen Code ergänzt werden, bis die Innereien eines Programms aussehen wie eine zusammengeschusterte Barackensiedlung in Neu-Delhi. »Man wird wahnsinnig, wenn man sich vorstellt, was alles schief gehen kann«, so Ullman. »Deshalb haben Technikkundige, die natürlich Bescheid wissen über die Verletzlichkeit von Systemen, sich damit arrangiert. Sie haben einen normalen Umgang mit dem Scheitern entwickelt, ein alltägliches Verhältnis zum Desaster.«
Diese Einsicht ist keine gute Grundlage für eine Software-Revolution. Aber für packende Abenteuergeschichten aus der Realität des Computeralltags. Und diese realen Hightechstorys wären eine hervorragende Grundlage für den Verbraucherschutz. Jedes Programm, jedes Gerät müsste von

einem Beipackzettel begleitet werden, auf dem alle bekannten Fehler von den Nutzern selber zusammengetragen und eingesehen werden können, so wie es das Debian-Projekt mit seiner Online-Sammlung von Risiken und Nebenwirkungen vormacht. Das mag langweilig und kleingeistig klingen. Und es wäre keine Revolution, im Gegenteil; es wäre ein großer Fortschritt.

06_DIE @-BOMBE

Sicherheitstechnik: Das Schauermärchen vom bösen Genie hinter dem apokalyptischen Computervirus

Wie Computerviren zur schicksalhaften Bedrohung aus dem Cyberspace aufgebauscht wurden. Warum die jugendlichen Kleinkriminellen, die sie schreiben, als böse Genies gelten. Wie eine halbseidene und milliardenschwere Software-industrie von der Dämonisierung des groben Unfugs profitiert und die Virenpanik aus wirtschaftlichem Kalkül schürt. Und wie die Mär vom genialen Killervirus zu Abstumpfung, Vertuschung und Fehlinvestitionen führt.

Virenalarm. Wieder einmal. Eine Lawine infizierter E-Mails wälzte sich am 12. Februar 2001 durchs Internet. Mehrere Millionen Computer wurden angesteckt. Und alles nur wegen Anna Kurnikowa. Das Computervirus gleichen Namens verführte die Nutzer mit einem angeblichen Digitalbild der russischen Tennisspielerin. An die zerstörerische Botschaft war eine Datei mit dem viel versprechenden Namen »Anna-Kurnikova.jpg.vbs« angehängt. Ein Pin-up-Foto? Ein peinlicher Schnappschuss unterhalb der Gürtellinie? Viele Empfänger konnten der E-Mail-Versuchung nicht widerstehen. Mit einem Doppelklick versuchten sie, die Bilddatei zu öffnen. Doch kein Kurnikowa-Foto, nirgends. Stattdessen erwachte unbemerkt eine zerstörerische Kraft zum Leben. »Wurm« nennen Spezialisten den bösartigen Code. Denn anders als gewöhnliche Computerviren reiste er nicht als blinder Passagier mit einer anderen Datei, sondern wand sich selbständig durch die Netze. Der Kurnikowa-Wurm durchstöberte die Festplatte des Nutzers und verschickte Kopien von sich selbst an Empfänger im Adressbuch des E-Mail-Programms Outlook von Microsoft.
Internet-Epidemien breiten sich meist mit der Morgensonne aus und reisen um den Erdball wie eine rabenschwarze Aurora. Als in den USA die Büroangestellten ihre Rechner starteten, fanden viele von ihnen den Kurnikowa-Wurm in ihrem Mailkonto – und traten dann eine Lawine sinnloser Massenmails los, die weltweit die Firmennetze überfluteten und einige E-Mail-Server lahm legten. Der Schaden betrug nach Schätzungen des FBI allein bei 55 gemeldeten Opfern über 160 000 Dollar. Einen genauen Beleg lieferten die Ermittler dafür nicht.

Sie verließen sich auf die vagen und möglicherweise übertriebenen Angaben der Geschädigten. Vieles beruht beim Thema Computerschädlinge auf Hörensagen. Der Topos des Datenterrors ist einer der mythischen Orte der Informationsgesellschaft, ein wahres Horrormärchenland.

Das Märchen vom finalen Killervirus

Es wird einmal, vielleicht schon morgen früh am Bürorechner, zur großen Entscheidungsschlacht kommen zwischen den Mächten der Finsternis und den Kräften des Lichts. So will es das Märchen vom finalen Killervirus. Die Rolle des Bösen übernehmen in diesem Moralstück die Virenprogrammierer, namenlose Heerscharen von hoch begabten »Darkside-Hackern«, die in schwarzen Messen der Programmierkunst digitale Monstren erschaffen. Ihre Pseudonyme erinnern an die Bösewichter in Fantasy-Comics: »Dark Avenger«, »Dark Angel«, »Rigor Mortis« oder »Nowhere Man«. Ihre Symbole sind düster und stammen aus der Welt der andernorts längst ausgestorbenen Deathmetal-Szene: Totenköpfe, tropfende Blutspritzen, Giftzeichen. Ihre Unheil bringenden Armeen sind tot und lebendig zugleich: Ketten aus Nullen und Einsen, die wie Zombies zum Leben erwachen, wenn sie das Signal zum Angriff erhalten. Oder wie Frankensteins Monster, hinter dem, so will es schon die Romanvorlage von 1818, eben ein hoch begabtes, aber moralisch unterentwickeltes Genie steht. Virenprogramme vermehren sich wie elektronische Lebewesen, das macht ihre Magie aus. Virenprogramme brechen in den geregelten Büroalltag ein wie ein böser Spuk. Sie toben durch die kollektive Fantasie wie Poltergeister – die Rache des Unterbewussten an den Weltbeherrschungsfantasien, die sich um die Effizienzmaschine Computer ranken. Ein falscher Klick genügt, schon ist die Arbeit von Monaten vernichtet, und der teure Hightechrechner ist nur noch ein Haufen Sondermüll.
Dies Schauermärchen gehört zum Genre der Weltuntergangsfantasie. Mal angenommen, ein Amazonas-Indianer würde als Ethnologe die Informationsgesellschaft erforschen: Er würde im Mythenkranz vom Killervirus, der bei den Stäm-

men der Dotcom und der Digerati kursiert, unweigerlich das Wilde Denken seiner Heimat wieder erkennen.
Jahrelang zählten Computerviren zum Geheimwissen weniger Eingeweihter. Doch im ersten Frühling des neuen Jahrtausends verbreitete sich das Hightechmärchen vom Killervirus in Form eins vergifteten Liebesbriefs bis in die entlegensten Teile der vernetzten Weltbewölkerung. »I love you« stand in der Betreffzeile der E-Mail, die sich von den Philippinen über Hongkong nach Europa und Amerika verbreitete, ein »Teufelsding« aus der »Neuen Unterwelt«, eine »@-Bombe«, die sich mit Hilfe des Microsoft-Programms Outlook ihre Opfer suchte. Durch die Flut von E-Mails wurden etliche Firmennetze überlastet, auch die von Ford und Siemens und angeblich 80 Prozent der amerikanischen Regierungsbehörden. Die Mittelbayrische Zeitung musste als Notausgabe erscheinen, und etliche Geldautomaten spielten verrückt. Der Schaden wurde auf 10 Milliarden Euro geschätzt. Und alles nur durch die vage Verlockung, einen Liebesbrief lesen zu dürfen.

Language is a Virus.
— William S. Burroughs

Doch wo das Bedrohliche wuchert, wächst das Rettende auch, das ist die kathartische Grundaussage dieses Moralstücks, das jeden PC zu einer potenziellen Bühne für tragische Datenverluste und dramatische Rettungsversuche macht. Den bösartigen Doktor-Frankensteins steht eine Allianz aus Göttern in Weiß gegenüber. Tag und Nacht wachen die brillanten PC-Doktoren mit Vertrauen erweckenden Namen wie »Dr. Solomon« oder »PC-Doctor« über die Unversehrtheit ihrer zahlenden Kunden und wehren den Bannfluch der Bösewichter mit ihren »Gegenmitteln« (»antidotes«) ab. Ihr Vokabular ist der Medizin entliehen, sie »impfen« mit »digitalen Immunsystemen« und »Gegenmitteln« gegen die tödlichen »Infektionen«. John McAfee, Gründer der gleichnamigen AV-Firma, lässt sich bisweilen sogar gerne mit Stethoskop ablichten. Die PC-Doktoren, so will es das Hightech-Gruselmärchen, sind mindestens genauso genial wie die Heerscharen der Nacht, sie kennen alle Tricks und Kniffe der finsteren

Mächte und warnen die Öffentlichkeit ständig und inständig davor, den Versuchungen zu erliegen, die in Form von Kurnikowa-Fotos und Liebesbriefen im Netz unterwegs sind. Die Antivirenindustrie lebt sehr gut von der permanenten Bedrohung aus dem Cyberspace. Als das Liebesvirus durchs Internet geisterte, schnellte der Kurs des Antivirenherstellers McAfee um vierzig Prozent in die Höhe. Gräuelmärchen sind bares Geld wert. Daher wird die Branche nicht müde, sich als moralische Instanz zu inszenieren. Penetrant wie puritanische Prediger warnen die Virendoktoren vor der Verunreinigung der Datennetze durch die »Teufelsdinger«. So kämpfen die bösen Virengenies und die guten Antivirendoktoren um die wankelmütige Seele des überforderten Märchenhelden namens Ich. Soweit das Horrormärchen.
Doch wer steckt wirklich hinter den apokalyptischen Teufelsdingern, die den Computeralltag zur Hölle zu machen drohen? Der Mythos vom bösen Virengenie hat einen wahren Kern, der weitaus spannender ist als die folkloristische Fiktion.

Der Zauberlehrling oder die Geburt der Viren aus dem Geist der Effizienz

Das Furcht erregende Genie, das hinter Computerviren steckt, heißt Neumann. John von Neumann, geboren 1903 in Budapest, ging 1930 von Berlin nach Princeton in die USA. Von Neumann war einer der begabtesten Mathematiker des 20. Jahrhunderts, der Inbegriff des rationalen Denkers. Neben Ungarisch, Deutsch und Englisch sprach er vor allem »Mathematisch«: Alles, was er betrachtete, wurde ihm zur Formel. Bei Partys zog er sich manchmal in ein stilles Zimmer zurück, um ein paar Gleichungen durchzurechnen. Das Drama der Weltwirtschaft interpretierte er mit den Formeln seiner »Spieltheorie«. Die Welt galt ihm grundsätzlich als berechenbar. Für die Hiroshimabombe berechnete er, wie sie am meisten Schaden anrichten würde. Derlei Gleichungen erforderten leistungsstarke Computer, doch die existierenden Maschinen kamen von Neumann furchtbar unpraktisch vor. Eniac zum Beispiel war ein kantinengroßes Ungetüm, das weniger als 400 Rechenschritte pro Sekunde schaffte – heutige

Aldi-Rechner sind millionenfach schneller. Immer, wenn damals eine neue Formel durchgerechnet werden sollte, musste das schwitzende Bedienungspersonal per Hand allerlei Kabel umstöpseln. Von Neumann entwickelte eine fundamental neue Architektur: die Aufteilung in Hardware und Software. 1945 stellte er diese Idee in seinem »First Draft«, einem ersten Entwurf vor. Alle nachfolgenden Rechnergenerationen basieren auf diesem Prinzip der so genannten »Von-Neumann-Architektur«, auch Handys und Digitalkameras.

> Dieser Virus funktioniert auf Vertrauensbasis. Schicken Sie diese Botschaft an jeden, den Sie kennen, und löschen Sie dann alle Dateien auf Ihrer Festplatte. Vielen Dank für Ihre Mithilfe.
>
> — Honor System Virus

Rechner waren für von Neumann ein Abbild des menschlichen Gehirns, die den »Neuronen im menschlichen Nervensystem« entsprechen, Ein- und Ausgabeschnittstellen beschrieb er als »Organe«. Durch seine Trennung von Software und Hardware wurden die Programme frei wie Gedanken, um von einem Elektronenhirn auf ein anderes übertragen zu werden. Das bedeutete eine riesige Arbeitsersparnis.
In diesem Traum von unbegrenzter Effizienz schlummert auch der Kern des Albtraums vom Killervirus, der das Siliziumhirn in den Wahnsinn treibt. Die Effizienz der Elektronenhirne ließe sich sogar noch steigern, wenn »künstliche komplexe Automaten« in der Lage wären, sich selbst fortzupflanzen, so spekulierte von Neumann schon 1949. Mit diesem Prinzip der »Selbstvervielfältigung« hatte von Neumann das Computervirus erfunden – zumindest als theoretische Möglichkeit. Angeblich sollten sich diese »komplizierten Automaten« wie biologische Organismen verhalten. Lebewesen wie Tiere, Bakterien oder Menschen beschrieb von Neumann in derselben Diktion als »natürliche komplizierte Automaten«. In dieser Welt der Abstraktion fühlt sich der Programmierer als

Schöpfer von künstlichem Leben. Der Mensch erschafft das Virus nach seinem Bilde.

Gedacht, getan. Bald wurde den digitalen Abziehbildern des Menschen digitales Leben eingehaucht – zunächst hinter den verschlossenen Türen von Elfenbeintürmen. In den sechziger Jahren spielten Entwickler an den weltberühmten Bell Labs »Core Wars«, indem sie kleine Digitalschädlinge auf den Kern des gegnerischen Rechners losließen, um die Kontrolle über das Gerät zu erlangen. Ein anderes Spiel nannte sich »Game of Life«. Die Maschine erwacht zum Leben – das ist Stoff, wie gemacht für Romanautoren. Der Science-Fiction-Schreiber John Brunner spann 1975 in seinem Roman »The Shockwave Rider« die Evolution der Digitalorganismen fort. In seinem Szenario frisst sich ein unsterblicher digitaler »Bandwurm« als »Nemesis« durch die Datenbestände einer Orwell-ähnlichen totalitären Gesellschaft und befreit Daten und Menschen. Fortan nannten die Akademiker Programme, die sich nicht nur selbst kopieren, sondern sich obendrein noch von alleine von Maschine zu Maschine bewegen »Wurm«.

Würmer galten zunächst als domestizierte Arbeitstiere. 1982 stand zwei Forschern am renommierten Xerox Research Center in Palo Alto eine ebenso mühsame wie langweilige Arbeit bevor: Sie mussten eine neue Software auf allen 100 Rechnern ihres Netzwerkes installieren. John Shoch und Jon Hupp ließen sich von der Romanfantasie inspirieren, bepackten einen »Wurm« mit dem Programm und schickten ihn auf die Reise durchs Netz, damit er für sie die Installation verrichten würde. Es ist eine alte Geschichte, doch bleibt sie ewig neu: Den beiden erging es wie dem faulen Zauberlehrling in Goethes gleichnamigem Gedicht, der seine automatischen Besen losschickt zum Wasserholen, aber die Kontrolle über die dienstbaren Geister verliert.

Der Xeroxwurm pflanzte sich zwar fleißig von Rechner zu Rechner fort. Aber sobald er sich eingenistet hatte, brachte er das jeweilige Gerät zum Absturz. Die beiden Forscher bezogen sich allerdings auf eine neuere Variante des Zauberlehrling-Themas und zitieren in einem Fachaufsatz im renommierten Magazin Communications of the ACM ausführlich aus dem Science-Fiction-Roman »The Shockwave Rider«.

Der Wurm hatte nicht nur Rechner, sondern auch ihre Fantasie angesteckt: »An diesem Punkt möchte man sich eine Szene vorstellen, die direkt aus John Brunners Roman stammen könnte«, schreiben sie. »Mitarbeiter, die durch das Gebäude rennen und vergeblich versuchen, den Wurm zu fangen und zu stoppen, bevor er weiterwandert.« Fazit: »Leider war das peinliche Resultat für alle klar sichtbar: 100 tote Maschinen über das gesamte Gebäude verteilt.«

Verirrt im eigenen Gruselmärchen: Die Höllenfahrt des Doktor Joseph Popp

Fast schien es, als hätten die Geister, die von Neumann im Namen der Effizienz und Rationalisierung gerufen hatte, tatsächlich eine Art Eigenleben entwickelt. Die Ähnlichkeit mit biologischen Erregern wurde unübersehbar. 1986 gab der amerikanische Informatiker Fred Cohen den schwer zu bändigenden Hilfsprogrammen in seiner Doktorarbeit ihren Namen und die noch heute gültige Definition: »Ein Computervirus ist ein Programm, das andere infizieren und verändern kann, um ihm Versionen von sich selbst, die auch verändert sein können, hinzuzufügen.« Damit waren alle Zutaten für das Gräuelmärchen beisammen: neunmalkluge Doktoren, die hinter den verschlossenen Türen ihrer Labors künstliche Lebewesen erschaffen, die sich jedoch gegen sie wenden und in einem wütenden Vernichtungsfeldzug die Welt terrorisieren. Schnell mutierten die Viren von rein akademischen Gedankenspielen zu kleinkriminellen Tatwaffen. Das »Brain«- oder »Pakistani-Virus« verbreitete sich um das Jahr 1986 herum auf möglicherweise über 100 000 Disketten weltweit. Damals waren Disketten mit raubkopierter Software ein beliebtes Mitbringsel aus Drittweltstaaten. Zwei pakistanische Brüder, die in Lahore ein blühendes Raubkopiergeschäft betrieben, waren angeblich einfach neugierig, den Weg ihrer Konterbande über die Welt zu verfolgen, und setzten daher den neuartigen Virus aus als eine Form der automatisierten Marktforschung. Sie hinterließen sogar ihre Telefonnumer im Virencode. Doch der eigentliche Markt, das stellte sich schnell heraus, lag woanders: nicht im Konsum, sondern im Terror. Besonderen ders Aufsehen erregend war die Erpressungskampagne eines Programmierers namens Dr. Joseph Popp, der 1989 vom amerikanischen Cleveland aus 20 000 Disketten mit dem »Aids-Virus« per Post an Computernutzer in Europa verschickte. Die Diskette versprach Informationen zum Thema Aids, aber sobald das Programm lief, verschlüsselte es alle Dateien auf dem Rechner des Opfers und forderte dazu auf, 200 Dollar auf ein Konto in Panama zu überweisen, um den Code zur Freischaltung der eigenen Daten zu erhalten. Doch am Tag, als die ersten Disketten ihre Opfer erreichten, marschierte zufällig ein Großaufgebot der US-Armee in Panama ein und das Computer-Kidnapping floppte. Dr. Popp wurde nach England ausgeliefert. Die Idiotie, die ihn vor den Kadi gebracht hatte, rettete ihn auch. Der Prozess wurde zur Farce und endete ohne Gefängnisstrafe, weil Dr. Popp überzeugend den globalen Dorfdepp mimte und sich bei Gerichtsterminen einen Pappkarton über den Kopf zog.

Derlei grober Unfug, die »Popp«-Kultur sozusagen, zog immer weitere Kreise, die Koevolution von Elektronenhirnen und Elektronenviren vollzog sich mit rasanten Sprüngen. Und stolperte dabei immer wieder über die eigene Wichtigtuerei. In Dutzenden von privaten Mailboxsystemen tauschten Anfang der Neunziger Computerfreaks ihre digitalen Schädlinge aus. Virenschreiber heucheln gern akademisches Interesse vor, um sich vor den Ermittlungsbehörden zu schützen. Sie alle haben eines gemeinsam: Sie sind männlich, zwischen 12 und 30 und arg pubertär. Den Plural von Virus nennen sie »Virii«, was wohl Intelligenz vortäuschen soll. Paskell Paris zum Beispiel, ein Krankenpfleger aus Oklahoma, nannte seine Viren-Mailbox wahlweise ganz seriös »The Oklahoma Institute of Virus Research«, in der Szene dagegen firmierte sein digitaler Giftschrank als »The Vortex« – der Strudel. »Es gibt viele Wege, Gottgleichheit zu erlangen«, versprach der Krankenpfleger in seinem Forum, »wenn du es schaffst, die falschen weltlichen Hemmungen von Ethik und Moral hinter dir zu lassen ... etwas zu erschaffen ist immer nett, aber die wahre Macht liegt in der Kraft zu zerstören.« Virenschreiber imaginieren ihre Rechner als Transportmittel ins eigene Herz der Finsternis – und landen dabei meist doch nur wie Dr. Joseph Popp im Innern eines Pappkartons, einer Blackbox, aus dem ihre Beschwörungen hohl hervortönen.

> Prinzipiell müssen wir uns damit abfinden, dass wir das Problem nicht in den Griff bekommen.
>
> — Werner Paul, Spezialist für Computerviren und Computerkriminalität

Die Virenschreiber bilden eine Erzählgemeinschaft, deren wichtigste Kommunikationsform die »Kommentarzeilen« sind, die sich inmitten des Virencodes befinden. Normalerweise sollen Kommentarzeilen erläutern, was ein bestimmter Programmabschnitt tut. Virenschreiber dagegen verwenden Kommentarzeilen als Flaschenpost, die fast immer von ihren drei Lieblingsthemen handelt: Ich, ich und nochmals ich. Im zerstörerischen »I Love You«-Virus zum Beispiel fand sich das rührende Gestammel: »I hate go school« und »Manila«. Tatsächlich kam der Schreiber Onel de Guzman aus der philippinischen Hauptstadt. Sein vermeintlicher Mittäter setzte in eines seiner Frühwerke mal die Drohung ein, ein noch gefährlicheres Virus auszusetzen, »wenn ich bis Ende des Monats nicht einen festen Job habe«. In einem anderen Virus durften Schriftkundige folgende altkluge Konfirmandenweisheit zwischen den Zeilen lesen, verfasst in holprigem Englisch: »Watch your thoughts, it becomes word / Watch your words, it becomes actions / Watch your actions, it be-comes your habit / Watch your habit, it becomes your character / Watch your character, it becomes your Destiny«. Amen. Gerne und ausführlich wird in Zeitungsmeldungen darüber spekuliert, was diese Digitalgraffiti zu bedeuten haben. Und häufig lässt die Prahlerei im Programmcode ihren Autoren tatsächlich poetische Gerechtigkeit widerfahren – oft führen verräterische Hinweise zur Ergreifung der Täter.
Der Virenschreiber von heute zehrt zwar vom Mythos des großen John von Neumann, ähnelt selber aber eher seinem Namensvetter Alfred E. Neumann, der Karikatur eines kin-

dischen Kotzbrockens im Comicheft »Mad.« Deshalb verhalten sich manche Virenforscher auch eher wie Sozialarbeiter, die Problemkids bemuttern. Sarah Gordon ist so eine Virenmutti – der einzige weibliche Star der globalen Popp-Kultur. Gordon, die durch ihren sozialpsychologischen Aufsatz »The Generic Virus Writer« bekannt geworden ist, war früher tatsächlich Sozialarbeiterin. Heute ist sie angeblich täglich 10 bis 12 Stunden online, um sich in Virenchats herumzutreiben und mit den Kids zu plaudern. Den typischen, »generischen« Virenschreiber gebe es nicht, sagt sie. Doch alle haben eines gemeinsam: Sie genießen die Aufmerksamkeit. An dieser Profilneurose könnte eine neue, ganzheitliche Virentherapie ansetzen, sagt Gordon sinngemäß. Das Image der Virenschreiber müsste von »cool« zu »uncool« umgeformt werden. Das sei nicht schwer, so die virtuelle Sozialarbeiterin weiter, denn Virenschreiben erfordere keine besonderen Fähigkeiten. »Virenschreiber sind nicht zufällig ganz unten in der Hackordnung der Hacker- und Cracker-Subkultur«, so Gordon. Wie Recht sie mit ihrer respektlosen Einschätzung hat, zeigt schon ein flüchtiger Blick hinter die alberne Drohkulisse all der größenwahnsinnigen kleinen Möchtegern-von-Neumännlein.

Ein Digitaldepp vor Gericht

September 2001. Der Urheber des Kurnikowa-Wurms steht vor Gericht. Es ist das wohl erste Mal, dass ein Virenautor angeklagt wird, der gar nicht programmieren kann. Vierzig Beobachter und Neugierige verfolgen den Prozess. Ein seltener Ansturm in Leeuwarden, der Provinzhauptstadt von Friesland hoch oben im Norden der Niederlande, wo schwerer Güllegeruch von satten Kuhweiden herüberzieht.
Wer allerdings ein böses Genie erwartet, wird gründlich enttäuscht. Jan de W. ist ein kräftiger Bursche in T-Shirt, schwarzen Jeans und Turnschuhen. Dieser Tage feierte er seinen 21. Geburtstag. »Reden Sie lauter«, muss der Vorsitzende Richter ihn immer wieder auffordern, oder auch: »Haben Sie die Frage verstanden?« Doch der Angeklagte sitzt meist so teilnahmslos da wie ein abgestürzter Rechner. Trotzig ver-

schränkt er seine Arme und ähnelt einem Bauernlümmel, der beim Äpfelklauen erwischt worden ist. »Sie müssen jetzt etwas antworten«, erinnert ihn der Vorsitzende Richter, und versucht, eine strenge Miene zu machen. Huldvoll lächelt Königin Beatrix dem Angeklagten zu von einem Bild an der Wand hinter dem Richter.

Drei Richter befinden über den neuartigen Fall. Erstmals kommt in dem Musterprozess ein neuer Straftatbestand zur Anwendung, der das Verbreiten von Computerviren verbietet. Maximales Strafmaß: vier Jahre Freiheitsentzug. Deutschland hat keinen vergleichbaren Paragraphen. Hierzulande ist lediglich das Ausspähen und Verändern von Daten verboten, nicht aber ihre Verbreitung. Dennoch scheint es fast, als sei auch die niederländische Novelle schon wieder veraltet. Denn die Welt der digitalen Plagegeister befindet sich im Umbruch. Selbst gewöhnliche Internet-Surfer können ohne kriminelle Energie zu Schöpfern von Viren und Würmern werden. Der grobe Unfug als Straftatbestand tritt ein ins Zeitalter seiner digitalen Reproduzierbarkeit.

W. jobbt zwar in einem Computerladen, hat aber selbst nicht die Fähigkeiten, eigene Programme zu schreiben. Er benutzte einfach einen vorgefertigten Virenbausatz, den er von einer argentinischen Internet-Site heruntergeladen hatte. Der Bausatz namens »VBS Worm Generator« ist ein winziges Programm: nur 540 Kilobyte klein und kinderleicht zu bedienen. Mit wenigen Klicks erstellt es für den Nutzer ein maßgeschneidertes Virus. Geschrieben wurde der Bausatz von einem Programmierer mit dem Pseudonym [k]alamar, angeblich ein Teenager aus Buenos Aires. »Sie müssen zustimmen, dass [k] keine Verantwortung übernimmt für etwaige Schäden«, schützt sich der Argentinier vor etwaigen rechtlichen Folgen. »Dieses Programm ist nur zum Lernen gedacht, nicht zum Verbreiten.« Auch der grobe Unfug wird ausdifferenziert in der Informationsgesellschaft und teilt sich auf in begabte Schreibtischtäter, die virtuelle Waffen schaffen, und Digitaldeppen, die sie aus Neugier und Dummheit anwenden. Und sich dabei oft selbst ins Knie schießen.

Nach wie vor ist der argentinische Wurmgenerator online, regelmäßig kommen neue Versionen heraus. Rechtlich hat [k]alamar tatsächlich nichts zu befürchten.

> Anteil der Viren-
> infizierten E-Mails:
>
> 1999: 1 von 1400
> 2000: 1 von 700
> 2001: 1 von 300
> 2004: 1 von 100
> 2008: 1 von 10
> 2013: 1 von 2
> 2015: 3 von 4
>
> – Vorhersage der Antiviren-Firma Messagelabs im September 2001

Virenschreiben gilt als Kavaliersdelikt. Viele Dutzend Bausätze werden kosten- und straffrei auf Websites angeboten, unter skurrilen Namen wie Satanic Brain Virus Tools, Instant Virus Production Kit oder Ye Olde Funky Virus Generator. Mittlerweile beherrschen viele Bausätze allerlei Tricks und Kniffe, die früher zur höheren Schule des Virenschreibens gehörten: Sie verschlüsseln sich selbst und werden zu so genannten Tarnkappen-Viren, die von älterer Abwehrsoftware kaum erkannt werden können. Oder sie verändern von Generation zu Generation ihren eigenen Code. Dadurch wird das Aufspüren dieser so genannten polymorphen Viren ebenfalls erschwert. Das Verbreiten von Virenbaukästen müsse gestoppt werden, fordert der US-Sicherheitsexperte Richard Smith, »das ist so, als ob man ein geladenes Gewehr an ein Kind verschenkt«.

Über 60 000 Varianten dieser potenziellen Waffen wurden bislang im Internet gesichtet, Tendenz steigend. Wöchentlich kommen Dutzende hinzu – und immer mehr werden von Laien mit Fertigbausätzen zusammengeklickt. Die meisten der Bausatzviren verstolpern sich schnell an internen Programmierfehlern, und falls sie sich doch verbreiten, hat Antivirensoftware ein leichtes Spiel bei der Analyse.

Der Kurnikowa-Wurm war eher eine Ausnahme. Er verbreitete sich rasend schnell. Glücklicherweise war der Erreger relativ harmlos und vernichtete keine Daten oder Hardware, sondern nur Arbeitszeit. »Wir haben im Schnitt alle drei Monate eine große Virusepidemie im Internet«, berichtet Howard Fuhs, ein Sicherheitsberater aus Wiesbaden. Im Netz gibt es bereits Kalender, auf denen ähnlich wie bei einem Wetterbericht täglich die Aktivierungstermine von lauernden Viren vermeldet werden, oft sind es zwei bis drei pro Tag. Derzeit werden die digitalen Nervensägen auch allmählich in modernen Mobiltelefonen und auf elektronischen Terminkalendern heimisch. Von Neumanns »selbst reproduzierende Automaten« sind heute so selbstverständlich geworden wie Regen in London. Man richtet sich eben drauf ein und sagt sich: Es gibt kein schlechtes Wetter, nur schlechte Kleidung. Umso unverständlicher ist es, dass immer noch Surfer ohne aktuelle Virenscanner unterwegs sind und sich von Schadprogrammen überrumpeln lassen.

Angeblich wollte der Urheber des Kurnikowa-Virenangriffs genau vor solcher Naivität warnen. »Die Leute sind so dumm«, sagte er in einem Interview mit dem Online-Magazin Wired.com. »Sie sind selber schuld, wenn sie auf Viren hereinfallen.« Doch er selbst war genauso leichtsinnig wie die Internet-Experten und -Nutzer, denen er eine Lehre erteilen wollte. W. hatte vergessen, seine Kurnikowa-Fanpage rechtzeitig vom Netz zu nehmen, auf der er vom »besten Tennisstar der Welt« schwärmte, mitsamt E-Mail-Adresse, Namen und Wohnort: »Ich heiße Jan und wohne in Sneek (Friesland).«

Jan de W. gab weiteren Online-Zeitschriften Interviews über seinen Virus. Spätestens dadurch flog er auf. Bevor er festgenommen wurde, ging er zwei Tage nach der Tat gemeinsam mit seinen Eltern zur Polizeistation von Sneek und zeigte sich an.

Mit diesem Geständnis sprang die akute Virusinfektion auf Siebold Hartkamp über, den Bürgermeister von Sneek. Spontan bot er dem Bausatz-Lümmel einen Job an. »Solche Leute können wir in unserer Computerabteilung gut gebrauchen«, schwärmte der Bürgermeister wie in einem Friesenwitz, »plötzlich steht unsere Stadt auf der digitalen Weltkarte.«

Die Verhandlung um den Bausatz-Wurm war nach nur zwei Stunden abgeschlossen. »Ich plädiere auf Freispruch«, sagte der Verteidiger. Bösartige Software sei heute etwas ganz Normales: »Viren sind Teil vom Internet-Game.«

Die Richter gaben ihm weitgehend Recht, als sie zwei Wochen später das Urteil verkündeten, eine eher symbolische Strafe: 150 Stunden gemeinnützige Arbeit sowie die Konfiszierung der CD, auf der der Schuldige seinen Virenzoo gespeichert hatte. Ganz so, als könnten die Richter stellvertretend für den dusseligen Jan de W. wenigstens dessen digitale Plagegeister dingfest machen.

Anatomie eines Märchens: Im Netz der Panikindustrie

Spätestens nach dem Prozess gegen den Virenlümmel aus Friesland fällt es schwer, an die Bedrohlichkeit genialer junger Von-Neumännchen hinter den »Teufelsdingern« zu glauben. Der Virenkomplex ist nicht irgendeine Randerscheinung der Computerisierung. Der Umgang mit der Virenproblematik ist ein Gradmesser für das Erwachsenwerden der Wissensgesellschaft. Derzeit befinden sich alle beteiligten Akteure tief in die Wahnwelt ihres eigenen Märchens verstrickt: die Virenschreiber genau wie die Antivirenindustrie, die Netzwerkbetreuer genau wie die Medien.

Jahrzehntelang fand die Forschung an Viren sowie an ihrer Abwehr in ein- und denselben akademischen Labors statt. Daher haben die Antivirenberater einen fast ebenso schlechten Ruf wie die Virenschreiber selber. Die AV-Industrie sei geprägt von »schamlosen Tricksereien, hirnlosem Geschwätz, das sich als Vernunft tarnt, ätzender Vulgarität, lächerlichen Kleinkriegen, schmutzigen Tricks«, schreibt George Smith, ein Sicherheitsberater und Nestbeschmutzer aus Kalifornien, in seiner schonungslosen Abrechnung »The Virus Creation Labs«. Jahrzehntelang ließ sich im schmutzigen Codekrieg nicht genau sagen, wer auf welcher Seite der Front steht. Denn ohne Viren keine Antivirenindustrie. Virenschreiber sehen sich oft in einem sportlichen Wettbewerb mit Virenscannern und fühlen sich anerkannt, wenn ihr armseliges kleines Virus erkannt wird vom Schutzprogramm.

Virenfreunde wie Mark Washburn schrieben sowohl Viren als auch Antivirenprogramme, Dealer wie John Buchanan vertickten ihre teilweise selber geschriebenen Sammlungen gegen Geld. Hackertools und Vireninformationen tauchten sogar auf einer öffentlichen Verwaltungs-Mailbox der Sicherheitsberaterin einer US-Behörde auf. Ein gewisser »Dark Angel« widmete daher seinen Virengenerator großherzig »sowohl der Virusgemeinde wie auch der Antivirusgemeinde, die beide davon profitieren werden …« Wer derlei Freunde hat, braucht keine Feinde.

Um sich von ihren Zulieferbetrieben, den Virenschreibern, zu unterscheiden, inszenieren sich die Hersteller von Antivirensoftware ebenfalls als Comichelden: Sie sind die Götter in Weiß, die unermüdlich gegen den bunten Mutantenzoo aus Viren, Würmern und trojanischen Pferden kämpfen.

Die Gründergeneration der AV-Industrie rekrutierte sich oft aus schillernden Persönlichkeiten wie John McAfee, der versucht hatte, eine Art virtuellen Safe-Sex-Swingerclub aufzuziehen, indem er eine Datenbank aufbaute, in der sich Silicon-Valley-Bewohner eintragen lassen konnten, wenn sie beim Aids-Test HIV-negativ getestet wurden. Doch das Geschäft lief nicht so recht, und so verlegte er sich lieber auf Digitalviren. Der Durchbruch für seine Firma McAfee kam 1992, als alle Welt vor dem mythischen Michelangelo-Virus erzitterte, das sich über eine Floppy Disk verbreitete. Am 6. März, dem Geburtstag des Malers Michelangelo, würde das Virus zum Leben erwachen und große Teile der Festplatte mit sinnlosen Daten überschreiben. Die junge Antivirenindustrie tat alles, um die Panik zu schüren, und fütterte die sensationshungrige Presse mit leckeren Zitaten. Fünf Millionen Computer waren angeblich infiziert, »Millionen von PC könnten am Freitag abstürzen«, schrieb USA Today, und die sonst eher skeptische Washington Post warnte: »Tödlicher Virus richtet morgen ein Chaos an.«

Michelangelos Geburtstag kam und ging, doch der Weltuntergang blieb aus. Das sei der Presse und ihren Warnungen zu verdanken, orakelte daraufhin McAfee, die Medien hätten eine Medaille verdient. Dabei gehörten sie eigentlich an den Pranger.

Virenmärchen scheinen immun zu sein gegen Widerlegungen, denn immer, wenn sie sich als heiße Luft erweisen, wird das Ausbleiben der Katastrophe als ihr Verdienst in die Große Erzählung vom Kampf gegen das Böse interpretiert. Ein alter Kniff aus der Trickkiste falscher Propheten. Doch diese clevere Erzählstrategie der Gräuelmärchenonkels hat sehr reale Auswirkungen: McAfee verkaufte allein im Februar und März des Michelangelo-Jahres 68 Prozent mehr Firmenlizenzen als bisher. Seitdem gehören überzogene Kassandrarufe zum festen Repertoire der Branche.

> Scheint so, als würden deine Albträume jetzt wahr.
>
> – Mitteilung des Smash-Virus, bevor es den gesamten Inhalt der Festplatte löscht

Die Olympischen Winterspiele 1994 in Lillehammer zum Beispiel sollten angeblich gefährdet sein durch den »Olympic Aids«-Virus. Nichts passierte. Dabei hätte schon die Bekennerbotschaft stutzig machen können, die im Code versteckt war: »Dieses Virus wurde nur geschrieben, um Angst und Publicity zu erzeugen.« Der virale Olympiateilnehmer erreichte sein Ziel – mit wortmächtiger Unterstützung der Medien. Im Juli 2001 warnte das amerikanische National Infrastructure Protection Center (NIPC) eindringlichst vor dem Wurm Code Red, der sich nicht durch die Rechner der Endbenutzer schlängelte, sondern über professionelle Server verbreitete. Das FBI riet sogar dazu, sich während der Zeit des erwarteten Angriffs vom Internet abzukoppeln. Daraufhin waren Websites wie die des Pentagon zeitweilig gar nicht zu erreichen – eine weitaus größere Beeinträchtigung, als das Virus selbst herbeigeführt hätte. Denn Code Red brachte das Internet nicht zum Erliegen, wie die Hype-Industrie prophezeit hatte. Die Kassandras lagen wieder einmal daneben, und Insider tauften Code Red in »Code Dead« um. Zwar wurde an dem betreffenden Termin das Netz langsamer. Aber das lag nicht an dem Virus, sondern an einem Kabelbrand. Ein Güterzug war in Baltimore entgleist und hatte in einem Tunnel die Kabel von sieben großen Internetprovidern angeschmort.

Hoaxes: Virenprofis warnen vor Virenwarnungen

Längst kursieren Parodien auf die lächerlichen Windei-Warnungen der Antivirenindustrie:

»ACHTUNG!! Noch während Sie seelenruhig diesen Artikel lesen, könnte Ihr Rechner von einem ELEKTRONISCHEN Virus KLEIN GESCHREDDERT werden. Schicken Sie diese Mail SOFORT an ALLE Menschen, die Sie kennen!!!«

Online-Veteranen kennen derartig hysterische Warnungen, die immer wieder im elektronischen Postkasten landen, häufig von aufgeschreckten Bekannten weitergeleitet. Die Gefahren, vor denen diese E-Mails warnen, existieren nicht. Doch bis der Empfänger das gemerkt hat, haben die Mitteilungen ihre Aufgabe bereits erfüllt: seine Zeit gestohlen. »Hoaxes« heißen die Windei-Warnungen auf Neudeutsch – im Klartext: »Verarschungen«. Wichtigstes Stilelement ist der ausgiebige Gebrauch von Ausrufungszeichen, Großbuchstaben und pseudotechnischem Science-Fiction-Geschwafel: »Der Prozessor wird in eine n-komplexe, unendliche Binärschleife geschickt«, orakelt etwa die Warnung vor dem (nicht existierenden) »Good Times«-Virus, einem stilbildenden Klassiker des Genres, der anno 1994 für viel unnötige Aufregung sorgte. Meist kulminieren Hoaxes in der Aufforderung, die Mail an möglichst viele Menschen zu versenden.
In Deutschland ist seit Jahren immer wieder der »Telefonmissbrauch«-Hoax virulent. Er warnt Mobiltelefonierer davor, eine bestimmte Nummer einzugeben (meist die 09 oder 90), da sonst die SIM-Karte ausgelesen werden könnte und später die Telefonkosten »ins Unermessliche« steigen würden. Ein »Klingelstreich« mit Folgen: Beim Mobilfunkanbieter T-Mobile gehen seither immer wieder besorgte Anrufe ein. »Einmal in die Welt gesetzt, ist ein Hoax nicht mehr zu stoppen«, sagt Pressesprecher Stephan Althoff genervt. »Ein Scherz bekommt im Internet ein Eigenleben.«
Der SIM-Karten-Jokus zum Beispiel geht schon seit Anfang 1998 um: Da grassierte er laut Althoff in Irland. »Als man dort Entwarnung gab, schwappte der Hoax auf den Konti-

nent rüber, anfangs vor allem in die Alpenrepubliken.« Im Jahr 1999 eroberte er Deutschland, wo er immer wieder von neuem auszubrechen scheint. »Wir haben mal drei Monate Ruhe, dann kommt er wieder«, so Althoff. Der Grund: Immer neue Handy- und Internetnutzer kommen dazu und kennen das abgedroschene Seemannsgarn der alteingesessenen Netzbürger noch nicht. Einem Hoax auf den Leim zu gehen gleicht einer Äquatortaufe im Meer der Daten und Frequenzen.

Im Hoax wiederholen sich viele wahre Begebenheiten der Virengeschichte als Farce – und nehmen eine ganz eigene Realität an. »Unsere Hotline hat mehr mit Hoaxes zu kämpfen als mit echten Viren«, heißt es auf der Homepage von Sophos, einem Antivirenprogramm-Hersteller. »Obwohl es keine offiziellen Studien darüber gibt, wird geschätzt, dass ein Hoax mehr Schaden anrichten kann als ein echtes Virus.« Die amerikanische EDV-Eingreiftruppe Computer Incident Advisory Capability (CIAC) nennt mögliche Schäden: Der E-Mail-Verkehr schwelle unnötig an, und der Produktivitätsverlust sei enorm, wenn tausende von hoch bezahlten Büromitarbeitern auch nur eine Minute mit dem Lesen und Löschen eines Hoaxes verbringen – was häufig vorkommt. Wenn das von Neumann wüsste, er würde wahrscheinlich entzückt ein paar neue Gleichungen formulieren: Wie das Signalgewitter eines epileptischen Anfalls jagen die Unsinnsmeldungen durchs Zentralnervensystem des Internets – vor allem, weil viele User schneller klicken als denken. Unzensiert huschen so finstere Phantasmen durchs Netz. Und Spekulationen über das Warum und Woher klingen bisweilen selbst wie Hirngespinste: »Es gibt Gerüchte, dass die Versender von Werbe-Mails absichtlich Hoaxes und Kettenbriefe anzetteln, um E-Mail-Adressen zu sammeln«, munkelt das CIAC – nur um gleich einzuschränken: »Natürlich könnte auch das wiederum ein Hoax sein.«

»Hoaxes sind kein technisches, sondern ein soziologisches Phänomen«, sagt Frank Ziemann, ein Berliner Netzwerkspezialist, der einen kostenlosen Hoax-Newsletter an über 12 000 Abonnenten verschickt. »Die meisten Hoaxes kommen von Kids, die zu doof sind, echte Viren zu programmieren.« Und das, man denke an Jan de W., will schon etwas heißen.

Der Ursprung einiger Hoaxes entpuppt sich als Aprilscherz in einer Zeitung, wie etwa die Meldung, dass die USA noch vor dem Golfkrieg Drucker mit manipulierten Chips in den Irak lieferten, um dort Rechner der Flugabwehr zu infizieren. Andere Hoaxes scheinen einen wahren Kern zu haben, der durch das Prinzip der stillen Post immer weiter verfälscht worden ist. Selbst harmlose Scherze wie der »Honor System«-Hoax können verunsichern, wenn ein Netzneuling das Humorige daran nicht gleich kapiert: »Dieses Virus funktioniert auf Vertrauensbasis. Schicken Sie diese Botschaft an jeden, den Sie kennen, und löschen Sie dann alle Dateien auf Ihrer Festplatte. Vielen Dank für Ihre Mithilfe.«

Mit derlei Fantasieviren, die sich losgelöst von der Realität von Hirn zu Hirn hangeln, kehrt die computerisierte Gesellschaft zu ihren Wurzeln zurück: Zu den Gedankenexperimenten des John von Neumann zum Computer als Gehirnnachbau und zu »komplexen Automaten«, die sich selber vermehren können. Gedanken selbst werden infektiös und werden so wirksam wie Computerviren.
Einerseits sind sie Teil des Virenproblems, andererseits könnten sie Teil der Lösung sein: Hoaxes sind ein Crashkurs in Sachen Skepsis. Gerade ihre absurde Fantastik macht sie zum perfekten Lehrmaterial für die Stiftung Märchentest. Wer dies Genre kapiert, hat auch die meisten anderen Hightechmärchen durchschaut.
Doch mit Skepsis allein ist das reale Virenproblem noch nicht gelöst.

Asymmetrische Attacken

Es scheint paradox: Wie kann es sein, dass ein paar hundert spätpubertäre Neumännchen die klügsten Köpfen der milliardenschweren Computerbranche als jammernde Statisten durch ihre Comicheld-Fantasien hetzen?
Zwei Antworten bieten sich an, die eine einfach, die zweite überzeugend. Zuerst die einfache: Die Nutzer sind immer noch erstaunlich naiv. Kaum jemand scheint dazugelernt zu haben, seit das verheerende »I Love You«-Virus im Jahr

2000 mehrere Millionen Rechner attackierte. Wer sich seitdem ohne ein aktuelles Virenschutzprogramm ins Internet begibt, handelt grob fahrlässig, so als wäre das Internet immer noch das nette globale Dorf, das es nie gewesen ist.

Rein technisch ist der Virenschutz banal. So einfach, wie sich Viren erstellen lassen, lassen sie sich auch erkennen von so genannten »Virenscannern« oder Antivirus-Tools (AV).

AV-Programme sind im Grunde genommen Volltext-Suchmaschinen, welche einfach jedes Programm, das auf einem Rechner installiert wird, nach verräterischen Codezeilen oder auffälligem Verhalten durchsuchen. Kein Virenprogramm kann je alle Viren erkennen, aber durch die Kombination von zweien und durch regelmäßige Updates ließe sich fast jede globale Epidemie im Keim ersticken.

Dennoch verzichten immer noch viele Internetnutzer auf diese Programme oder verschludern einfach, sie zu aktualisieren. Denn zwei Märchen schaukeln sich gegenseitig hoch. Der Albtraum vom Teufelsvirus, gegen das nur beten hilft auf der einen Seite. Auf der anderen Seite das Idyll vom schmusigen globalen Dorf, in dem keine Hütte ein Türschloss braucht. Der Effekt sind Milliardenschäden, die sich leicht verhindern ließen.

Virenschutzprogramme müssten eigentlich so selbstverständlich sein wie eine verschließbare Wohnungstür in New York, ein Regenschirm in London oder ein Fahrradschloss in Amsterdam.

Angesichts des viralen Dauerbeschusses geht allerdings auch ein erhebliches Sicherheitsrisiko von den Profis aus: von verschusselten Netzwerkbetreuern, im Fachjargon Systemadministratoren oder einfach Admin genannt, die als Hausmeister des Netzes die Server der Webseiten am Laufen halten.

Im September 2001 verbreitete sich zum Beispiel ein neuer Internet-Wurm mit rasender Geschwindigkeit. Das Nimda-Virus benutzt Software aus dem Hause Microsoft, um die PC ahnungsloser Surfer zu manipulieren. Nimdas neuer Trick: Schon das Aufrufen einer Webseite genügt unter Umständen, und schon ist der Rechner infiziert. Diese Sicherheitslücke war seit über einem Jahr bekannt. Doch viele Admins verschliefen es, die Lücke mit einem kleinen Zusatzprogramm zu schließen. Wie jedes Virus war auch Nimda eine Art interaktive Botschaft: Der geheimnisvolle Name Nimda ist einfach »Admin«, rückwärts gelesen.

So drehen sich alle munter im Teufelskreis ohne Ausgang: Die Virenschreiber fühlen sich angestachelt, so viel Doofheit auszunutzen, die Antivirenhersteller warnen vor der Infoapokalypse, um ihre Produkte zu verkaufen, und die Medien sind dankbar für die regelmäßigen Schlagzeilen. Naive Internetnutzer wiederum fühlen sich einerseits bestens unterhalten von den Horrormärchen. Neulinge fühlen ein Grundgefühl bestätigt: dass sie machtlos sind gegenüber den Tücken der Technik. Und werden es dadurch wirklich. Dies Horrormärchen dürfte einer der teuersten Fortsetzungsromane der Geschichte sein mit milliardenschweren Produktionskosten pro Jahr.

Neben dieser gleichsam moralischen Erklärung für die Hilflosigkeit der Informationsgesellschaft gegenüber den Virenattacken gibt es eine strategische: die Asymmetrie der Angriffe. Viren funktionieren asymmetrisch, denn mit geringem Aufwand wird eine gigantische Wirkung erzielt. Ein einzelner kleiner Jan de W. lässt von Sneek aus seine automatische Schadensroutine Tag und Nacht millionenfach für sich arbeiten. Ein derartig effizientes Vorgehen schwebte auch von Neumann vor, als er die dienstbaren Geister erdachte. Der Virenschutz dagegen funktioniert immer noch weitgehend manuell: Mit großem Aufwand wird geringer Nutzen erzielt, durch mühsame Hand- und Kopfarbeit von Millionen von Netzwerkbetreuern, Sicherheitsberatern und Einzelnutzern. Immer, wenn wieder irgendein lächerlicher Friesenvirus durchs Netz geistert, muss an Millionen von Rechnern eine neue Sicherheitsmaßnahme ergriffen werden.

Zwei Produktionsformen treffen bei Virenepidemien aufeinander, ähnlich wie im amerikanischen Bürgerkrieg, als der industrielle Norden 1865 den agrarischen Süden besiegte, vor allem durch die Überlegenheit der Industrie. Die Virenkids spielen Nordstaaten und piesacken mit ihrem vollautomatischen Virenunfug eine veraltete Frühform der Informationsgesellschaft, die auf einzelkämpferische Informationshandwerker setzt. Auch die schärfsten Gesetze können an dieser grundlegenden Asymmetrie nichts ändern. Solange die Virenabwehr nicht ebenso vollautomatisch funktioniert wie die Attacken, werden immer wieder Virenstürme von Ost nach West durch die globalen Netze toben mit den ersten Sonnenstrahlen. Solange die Informationsgesellschaft auf Handarbeit setzt, ergeht es ihr wie den Südstaaten: Sie bleibt Opfer ihrer archaischen Produktionsweise sowie der eigenen Selbstverzauberung.

Dumpfe Rotzlöffel wie Jan de W. sind Lehrmeister in Sachen Modernisierung, ohne es zu wollen und ohne es zu wissen. Es gilt nur, zwischen den Zeilen der Virenprogramme zu lesen. Neben den pubertären Graffiti ihrer Autoren verbreiten sie eine zweite Botschaft: das Evangelium von der Software-Automatisierung und ihres Apostels St. John von Neumann.

Technisch ist die Infrastruktur für einen weitgehend automatischen Virenschutz längst vorhanden. Doch kaum ein Privatkunde macht von dem Angebot Gebrauch, den eigenen Rechner durch automatische Updates schützen zu lassen. »Das setzt ein intensives Vertrauensverhältnis voraus«, sagt Klaus Brunnstein, Gründer des Virus-Test-Centers (VTC) an der Uni Hamburg. »Und dieses Vertrauen genießt die Antivirenindustrie anscheinend nicht.« Das Märchen, das die Gräuelmärchenonkels streuen, um das Problem zu lösen, wird so selber zum Problem. Denn durch die Panikmache verspielen die Antivirenhersteller ihre Glaubwürdigkeit. Der Vertrauensverlust wiederum verhindert die dringend notwendige Automatisierung.

Die Branche hat sich in ihren eigenen Virenmärchen verheddert. Nun wird es höchste Zeit, die eigene Rolle und das eigene Image zu überdenken. Es wandelt sich vom Leitbild des Wunderheilers und Exorzisten zum Selbstverständnis einer staubtrockenen Polizeibehörde. Ein solcher Imagewandel bedürfte nicht einmal großer Fantasiearbeit. Denn im Alltag der Antivirenindustrie geht es längst so stinklangweilig zu, wie man es von einer zuverlässigen Schutzinstanz erwarten darf. Nun müsste sich diese Sensation des Alltags nur noch herumsprechen.

Sara und die Virenverwalter

Wo die automatische Bedrohung wächst, wird auch die Rettung automatisiert. »Darf ich vorstellen, das ist meine wichtigste Kollegin«, sagt André Post, Informatiker bei der Antivirenfirma Symantec in der Europafiliale im holländischen Städtchen Leiden. Sara ist Tag und Nacht im Einsatz und erledigt fast alle Virenmeldungen. Sara ist der Inbegriff der Antivirenindustrie, ein einziger Blick auf sie genügt, um die gesamte Branche zu begreifen. Sara sieht nichts sagend aus: ein Schrank mit ein paar Rechnern darin. Sara ist eine Virendatenbank, von der sich je eine Kopie im kalifornischen Cupertino und in Leiden befindet, in gut verschlossenen Sicherheitsräumen. Automatisch schicken die Rechner von Symantec-Kunden aus aller Welt verdächtige Software an Sara. Sara vergleicht sie mit den Beschreibungen aller bekannten Viren. Wenn das eingeschickte Virus bekannt ist, verschickt Sara binnen einer Minute automatisch das digitale Heilmittel per Internet an den Rechner des Kunden. Gefahr erkannt, Gefahr gebannt, vollautomatisch und ohne dass Anbieter oder Kunde davon etwas merken würden. Über 95 Prozent aller Virenmeldungen werden so abgearbeitet. Für die restlichen fünf Prozent sind André Post und seine zwei Kollegen zuständig. An speziellen »Infektionsrechnern« nehmen sie die dubiosen Dateien unter die Lupe. Die Maschinen stehen völlig isoliert in einem speziellen Raum und sind nicht einmal mit dem Firmennetz verbunden. Pro Tag untersucht Post rund 15 verdächtige Dateien. Wenn er morgens mit der Arbeit anfängt, kopiert er sie auf eine Diskette und trägt sie per Hand zu seinem Infektionsrechner.

Das Kurnikowa-Virus zum Beispiel bekam er um zehn nach elf, erzählt er. Eine Viertelstunde später war der Wurm seziert. Post hatte sich einfach die 50 Zeilen Code angesehen und festgestellt, welche Zeile ein typisches Erkennungsmerkmal ist: In diesem Fall war es der Programmbefehl, sich selbst an alle Mailadressen zu versenden. Er markierte diese verräterische Codezeile als so genannten »Fingerabdruck« und sandte sie an Sara. Fertig war die Impfung, auch sie in vielen Fällen vollautomatisch: Wenn der Nutzer das betreffende Feld anklickt, holt sich sein Rechner vor jeder Internetsitzung automatisch die neuesten Fingerabdrücke auf die lokale Festplatte. »Digital Immune System« heißt diese Technik.

Selbst das »I Love You«-Virus war nach zehn Minuten analysiert, sagt Post. Doch damit fing die eigentliche Arbeit erst an: Interviews vom Morgen bis zum Abend. »Ein Großteil meiner Arbeit ist Pressearbeit«, sagt Post. Der Onkel Doktor ist immer auch ein Medienonkel, das wird in der Informationsgesellschaft einfach von ihm erwartet.

»Jaaa, ich habe hier einen Windows-Wurm«, frohlockt sein Kollege Neal Hindocha irgendwann am Nachmittag. Es scheint schön zu sein, gebraucht zu werden in Zeiten der automatisierten Gefahrenabwehr. Vier Informatiker sitzen in der Leidener Filiale, um die Fingerabdrücke digitaler Eindringlinge zu nehmen. Sie blättern in Zeitschriften, trinken Kaffee, spielen zwischendurch Schach. Hier stemmen sich keine Datendetektive gegen den Ansturm der apokalyptischen Viren. Hier erledigt eine geordnete Virenverwaltung den täglichen Kleinkram. Die Virenerkennung selbst macht in der Sicherheitsindustrie noch die wenigste Arbeit und dürfte im Prozentbereich liegen. Auf die vier Virensammler in Leiden kommen fast 200 Mitarbeiter, die in endlosen Gängen auf vier Stockwerken Verträge abwickeln, telefonische Beratungsgespräche führen, Pressearbeit machen oder in der Kantine Kaffee kochen.

Der neue Windows-Wurm, so stellt sich schließlich heraus, war keiner, sondern nur ein Fehlalarm. »Die meisten Viren, die wir bekommen, sind gar keine«, sagt Hindocha leicht resigniert. Um fünf ist Feierabend, denn die Symantec-Zentrale im Silicon Valley übernimmt nun. Wer in der Virenindustrie die atemlose Verbrecherjagd hart am Abgrund der Daten-Apokalypse vermutet, sollte lieber einen Science-Fiction-Roman lesen. Oder wahlweise die atemlosen Pressemitteilungen von Finjan und FBI und NIPC und all den anderen Alleinunterhaltern.

Selten machen die Virenverwalter bei Symantec Überstunden. Nur die Datenbank Sara hält die Stellung. So lieblos und automatisiert, wie die unbegabten Virenkids mit ein paar Mausklicks ihre globalen Klingelstreiche zusammenpfuschen, so vollautomatisch putzt Sara das Netz wieder sauber.

07_ICANN, ICANN NOT

Politik: Das Märchen von der virtuellen Totaldemokratie

Das sozialromantische Märchen von der harmonischen virtuellen Gemeinschaft schien als einer der Gründungsmythen des Internets nicht totzukriegen zu sein. Verlassene globale Dörfer und digitale Geisterstädte säumen seinen Weg. Doch nun könnte es sich zu Tode siegen. Denn seine Gegner haben es grausamerweise verankert innerhalb der Internet-Selbstverwaltung Icann. Seitdem herrscht die virtuelle Gemeinschaft im Netz. Und niemand geht hin. Wie immer.

Kairo im März 2000. Nach außen hin ist der Ausblick atemberaubend. Aber drinnen im Konferenzzimmer *Nofretete 3* hat keiner mehr den Durchblick, hoch droben im 23. Stockwerk des noblen Sheraton Hotels direkt am Nil. »Wollen wir jetzt darüber abstimmen«, fragt ein Chinese, »ob wir ein Komitee bilden wollen? Das Komitee würde dann Vorschläge ausarbeiten, über die wir dann abstimmen würden …« Wie bitte? »Please speak more slowly«, ruft einer aus dem Saal. In der Ferne zeichnen sich die Pyramiden von Gizeh durch den flimmernden Staub und Smog der Nachmittagshitze ab. Fast fünftausend Jahre Menschheitsgeschichte. Von unten tönt das Hupen und Schreien auf der Straße. Währenddessen wird hier oben die Frage gedreht und gewendet: Wer soll regieren im gigantischen Neuland? Wie soll der weltweite Computerverbund verwaltet werden? Dies ist das Treffen der Internetverwaltung namens Icann, eine Art internationalem Postamt fürs Internet. Ihre Aufgaben: Die Vergabe von Internetnamen, wie zum Beispiel www.hightechmaerchen.de, und das Festlegen der Sprachen, durch die sich Rechner austauschen. Eigentlich recht trockene Materie, die jedoch starke Begehrlichkeiten weckt, und das weltweit:
Nationalregierungen fordern ein Mitspracherecht, Rechtsanwälte wollen globale Markennamen schützen, Provider wollen durch den Verkauf von Internetadressen Geld verdienen, Nutzergruppen fordern mehr Demokratie. Technik ist Politik und jeder Bürger ein Betroffener.
Darum sitzen sie hier im 23. Stockwerk. »Aber vorher muss klar sein, ob jemand, der schon einmal in einem Komitee war, wieder in dies Komitee darf«, wirft eine Deutsche in

Lederjacke ein. Neben ihr auf dem Boden sitzt ein Japaner mit Schlips und Anzug und schreibt fleißig am Laptop mit. Und hinten am Fenster ist Esther Dyson gelangweilt mit ihren Stuhl nach hinten gekippelt, das Tagungsprogramm zwischen den Zähnen, und beantwortet elektronische Post, statt zuzuhören. Dyson ist eine zierliche Frau um die fünfzig in Jeans und T-Shirt, mit scharfem Profil und noch schärferem Verstand, Hightech-Investorin und Buchautorin und bis Ende 2000 die Vorsitzende von insgesamt 19 Direktoren in der Internetverwaltung namens Icann. Journalisten beschreiben sie als »Königin des Cyberspace« oder »First Lady des Internets«. Tatsache ist: Hier lümmelt sich eine der mächtigsten Frauen der Netzwelt in einem internationalen Gremium herum wie eine genervte Gymnasiastin. Aber hier oben gelten eben etwas andere Regeln als im Rest der Welt. Die Meinungsfindung wird hier zelebriert als Mischung aus basisdemokratischer Wohngemeinschaft und geheimnistuerischem Weltsicherheitsrat. »DNSO ccTLD« heißt das Thema des Treffens im 23. Stock, eines von unzähligen Plenen, Besprechungen, Round Tables, die parallel und nebeneinander und gegeneinander stattfinden. »Weißt du, wo die DNSO gTLD tagt?«, tuschelt einer. »*In Nofretete* 6!« Jeder der Teilnehmer ist verunsichert und hat permanent das Gefühl, die entscheidende Abstimmung irgendwo im Nirgendwo zu verpassen. Sie kommen aus aller Welt und kennen sich und ihre jeweiligen Meinungen schon lange aus einschlägigen Internet-Foren, sodass sie einen eigenen Jargon sprechen, voller Kürzel wie »gTLD-MoU«, »APNIC«, »GAC« und »DNSO ISP«.

»Weltregierung des Internets« wird die Icann bisweilen genannt, denn sie entscheidet maßgeblich über die Zukunft der internationalen Kommunikation. Vor dreißig Jahren hätte man gesagt: Wir haben es geschafft! Bürger aus aller Welt beraten ungezwungen und herrschaftsfrei über die Regeln des Miteinanders in jenem mythischen Land ohne Boden namens Internet! Im Schatten der Pyramiden scheint eine Menschheitssehnsucht wahr zu werden! Endstation Sehnsucht für ein großes Zukunftsmärchen.

Seelenverwandte auf Draht

Es wird einmal, in einem Land ohne Erde, eine virtuelle Gemeinschaft zusammenkommen, so erzählt man sich in tausenden von Netzprojekten. Virtuelle Gemeinschaften, so heißt es, sind herkömmlichen Formen der Vergesellschaftung haushoch überlegen, denn sie sind immateriell und frei von Zwang und Entfremdung der realen Welt. Außerdem lassen sich in elektronischen Gemeinschaften viel leichter Seelenverwandte treffen, die dieselben Interessen und Meinungen und Nöte teilen. Nicht mehr der banale Zufall von Wohnort und Geburt und Hautfarbe regiert, sondern die menschliche Nähe und Sympathie an und für sich. »Im Internet«, so ein Chatroom-Spruch, »weiß niemand, dass du ein Hund bist.« Hier ist er Mensch, hier darf er es sein.

Mitte der achtziger Jahre wurden die ersten »virtuellen Gemeinschaften« in den USA gegründet. Die bekannteste von ihnen war das »Well« (Whole Earth 'lectronic Link) in San Francisco, ein Computersystem, in das sich die Mitglieder von zu Hause aus über ihre Telefonleitung einwählen konnten, um sich in thematisch spezialisierten Gruppen über alles Mögliche und Unmögliche auszutauschen, von Alien-Forschung bis zu zystischer Fibrose. Das Wort »Well« bedeutet auf Englisch »Brunnen«, denn dies sollte ein Dorfbrunnen im Digitalen Dorf sein. Heutzutage klingt das alltäglich. Jeder bessere Online-Krämerladen bietet ein Forum zur Kundenbindung an, eine Diskussionsplattform im Internet, in dem sich die Käufer untereinander per Tastatur unterhalten können. Einstmals galt diese Technik als eine mittelgroße Revolution. Denn die Erfinder des »Well« kamen allesamt aus der hippiesken Gegenkulturszene von Kalifornien und waren zum Teil sogar mit Ken Kesey in seinem uralten, bunt gescheckten Bus 1964 auf dem legendären Drogentrip quer durch die USA unterwegs gewesen. Bekannt geworden ist »The Well« vor allem durch das Buch »Virtuelle Gemeinschaft« des Journalisten Howard Rheingold, im Original 1993 erschienen: »Als ich zum Well dazustieß, war es so, als hätte ich eine kleine gemütliche Welt entdeckt, die bislang ohne mich existiert hatte, versteckt hinter den Wänden meines eigenen Hauses.« Eine treffende Beschreibung der Seelenlandschaft im futuristischen Märchenland der virtuellen Gemeinschaften und ihrer Erlebnisräume.

> Wir haben diese Stadt ›Telepolis‹ genannt, denn sie befindet sich nirgendwo und zugleich überall dort, wo man durch technische Schnittstellen in sie eintreten kann. Und wir haben sie ›Stadt‹ genannt, weil sie nicht mehr dem alten Bild eines Dorfes, des ›global village‹ entspricht.
>
> — Florian Rötzer

Eine neue Welt, eine bessere Welt lässt sich in Computernetzen verwirklichen, so versichern sich wohlmeinende Aktivisten in tausenden von virtuellen Treffpunkten immer wieder. Ein Land ohne Boden, eine ortslose Welt aus Worten und Elektrizität, die nicht den Zwängen von Kapital und körperlicher Gewalt unterliegt wie die reale Welt aus Marmor, Stahl und Euros. Eine Welt der Kommunikation und der Gleichberechtigung und der Rücksichtnahme und der lebendigen Ideale. Diese bessere Welt organisiert sich zwanglos und ganz von allein, wenn die »Netzbürger«, befreit vom Korsett aus Ort und Zeit und Sachzwängen des Alltags, sich ohne viel Aufwand frei austauschen können: »Die Menschen sind das System«, so das Motto von Twics, einer Online-Gemeinschaft in Tokio. Und die Menschen, das muss dazu gesagt werden, sind gut. Vorausgesetzt, das System verbiegt sie nicht. Dies ist der Unterschied zwischen Gesellschaft und Gemeinschaft, wie ihn Ferdinand Tönnies 1887 beschrieben hat: Die Gemeinschaft ist gleichsam naturgegeben und setzt auf Einverständnis und Solidarität, die Gesellschaft dagegen ist nur die organisierte Masse, entfremdet und anonym. Das Märchen von der virtuellen Gemeinschaft versteht sich als Gegenentwurf zur dieser Gesellschaft des »Real Life«, also des richtigen Lebens. Online dagegen zählt nur, was jeder beizutragen hat, welche Meinungen, Tipps und Anekdoten. Während die Gesellschaft ringsum hierarchisch organisiert ist, mit Bossen, Generälen und Präsidenten, die von oben nach unten regieren nach dem Prinzip »Top down«, wuseln in der Gemeinschaft viele gleichberechtigte Bürger und basteln an ihrem System nach dem Prinzip »Bottom up«. Gängige Vorurteile greifen hier nicht, weil Aussehen und Stimme keine Rolle spielen. Erst durch die Technik kann der Mensch natürlich leben, erst durch die Datenfernübertragung fühlen sich Seelenverwandte wirklich nah. Erst durch Hightech findet der Mensch zurück zur Natur und kann sich in einer Gemeinschaft Gleichgesinnter ganz frei und ganz bei sich fühlen. Von diesem Märchen gibt es die unterschiedlichsten Varianten. Marshall McLuhan zum Beispiel halluzinierte zu Beginn der sechziger Jahre eine Art telepathisches Erweckungserlebnis im globalen Dorf, das es den Menschen in Zukunft erlauben würde, sich ohne Worte zu verständigen: »Der Computer verspricht durch seine Technik eine Art Pfingstereignis des allgemeinen Verstehens und der Einheit«, schreibt er in dem ihm eigenen Predigerton, der auch als »McLuhanesisch« bekannt ist. »Der nächste logische Schritt wäre dann, Sprachen nicht zu übersetzen, sondern sie zu umgehen zugunsten eines allgemeinen kosmischen Bewusstseins« vieler einzelner nomadischer, vormoderner oder nachmoderner Stammesgemeinschaften.

Natürlich fühlen sich diese Gemeinschaften ständig bedroht. Das gehört zu jeder Utopie. Nicht von internen Ruhestörern, die ständig provozieren wollen – die gelten eher als Bereicherung und sozialarbeiterische Herausforderung. Aber das »Real Life«, die materielle Welt der Entfremdung droht ständig in Form von Kommerz und Werbung in die »temporär befreite Zone« vorzudringen. Und der schlimmste Feind schlummert in jedem virtuellen Gemeinschaftler selber: Es ist die Passivität, die Faulheit, das Desinteresse. Denn die virtuelle Gemeinschaft lässt sich leichter aufkündigen als eine reale Gruppe, an die Miet- oder Arbeitsverträge, Namen oder Wohnorte fesseln. Die virtuelle Gemeinschaft ist eine kollektive Halluzination, flüchtig wie ein Traum: »Virtuelle

Gemeinschaften beruhen auf Fantasiearbeit«, schreibt der amerikanische Cybersoziologe Marc Smith, »man muss die Gemeinschaft imaginieren.« Erst der Glaube ans Märchen verleiht ihm seine emotionale Realität. Doch Zukunftsmärchen können nicht einfach still und passiv wirken, sondern der Glaube an sie muss immer wieder erneut durch Taten bewiesen werden: durchs Einwählen in den Rechner und das Chatten in Online-Gesprächen oder sogar durch Online-Wahlen. Das Zukunftsmärchen vom gemeinsamen Pfingstereignis des allgemeinen Verstehens braucht immer den Mausklick als nächsten Kick, sonst hört es auf zu existieren. Mit jedem Klick und jedem neuen Nutzer wurde auch die Vision der virtuellen Gemeinschaft größer, als sich Anfang der Neunziger das World Wide Web ausdehnte. Dem Märchen vom Dorfbrunnen wurde ein Update verpasst, denn es klang mittlerweile einfach gar zu altmodisch. Nun wurde es »Telepolis« genannt im gleichnamigen Buch des Medientheoretikers Florian Rötzer: »Wir haben diese Stadt ›Telepolis‹ genannt, denn sie befindet sich nirgendwo und zugleich überall dort, wo man durch technische Schnittstellen in sie eintreten kann. Und wir haben sie vor allem ›Stadt‹ genannt, weil sie nicht mehr dem alten Bild eines Dorfes, des ›global village‹ entspricht. Dazu ist sie zu komplex, zu vielgestaltig, zu groß und zu unübersichtlich.«

Also wurde die Metapher einer Wildwest-Pioniersiedlung ersetzt durch Bilder einer Stadt aus Bits, wie es William Mitchell 1995 in »City of Bits« erklärte: Das Netz »wird eine zentrale Rolle spielen in der Urbanität des einundzwanzigsten Jahrhunderts, genau wie die zentrale, ortsgebundene und architektonisch gefeierte Agora es im Leben der griechischen Polis tat.« Euphorisch machten sich also begeisterte Netzwerker daran, diesen Datenraum mit virtuellen Gemeinschaften zu besiedeln. Doch immer, wenn sie eine digitale Agora errichtet hatten und durch ihre Werke flanierten, fanden sie dasselbe vor: gähnende Langeweile.

Digitalbürger unter sich

Als Erstes wurde Amsterdam verdoppelt. Neben der Realstadt wie man sie kennt, mit Coffeeshops und Grachten, wuchs eine Idealstadt im Rechner heran. Im Januar 1994 wurde »De Digitale Stad« gegründet, eine bunte Ansammlung von Informations- und Diskussionsforen, von Graswurzelaktivisten Bottom up aufgebaut und vom Stadtrat gefördert. Ziel war es, eine neue Form der Demokratie zu erproben im Zuge der bevorstehenden Stadtratswahlen. Nach wenigen Wochen hatten sich bereits über 10 000 Bürger angemeldet. Nicht zuletzt, weil die Digitale Stadt als öffentlicher Provider auftrat und jedem, der wollte, einen kostenlosen Zugang zum Netz zur Verfügung stellte, in das man sich von zu Hause aus per Modem einwählen konnte. »Die Welt kann von den Holländern lernen, geographische und virtuelle Gemeinschaften eng zu verknüpfen«, schwärmte Howard Rheingold. Sogar eine echte Bürgermeisterin aus Fleisch und Blut wurde für die virtuelle Gemeinschaft ernannt: Marleen Stikker: »Jeder ist gleich im Netz«, jubelte sie. »Man trifft Leute, die man sonst nie gesehen hätte.« Doch das stimmte nur bedingt. Denn der Anteil junger, gebildeter, männlicher Bürger war überwältigend, wie es damals im Internet typisch war. »Einen Dialog mit Politikern gab es nicht«, räumt Reinder Rustema, einer der Organisatoren, heute ein. »Die Leute wollten das nicht, und die Politiker nahmen es nicht ernst und waren nicht präsent.« Das ist kein Zufall, handelt doch das Märchen von der Netzgemeinschaft vom intimen Austausch mit Seelenverwandten – nicht von Symposien mit irgendwelchen Funktionären. Die politische Auseinandersetzung gehört in diesem Märchen in die kalte Außenwelt der entfremdeten Gesellschaft. Und die rüstete ringsumher im Web auf mit kommerziellen Internetangeboten und hirnloser Unterhaltung, mit Shopping und Pornographie. All das tauchte in der Digitalen Stadt so gut wie gar nicht auf. Obwohl es doch alles Angebote sind, die sich in jeder richtigen Großstadt finden lassen – zumal in einer Shopping-, Tourismus- und Drogenmetropole wie Amsterdam. Mit ihrem blumigen Versprechen vom Leben im Netz hatte die Digitale Stadt zwar maßgeblich zum ersten

Internetfieber in Europa beigetragen. Und wurde schließlich von ihm überrollt. Die große Stadtflucht setzte ein, immer mehr Mitglieder wechselten zu kommerziellen Providern, die öffentlichen Gelder waren versiegt, und die Spenden reichten nicht aus. Die von Florian Rötzer attestierte Komplexität der Digitalstadt stand anscheinend im Widerspruch zum Traum vom einfachen Leben im Netz. Eine Weile lang wurden noch bittere Rückzugsgefechte gegen einen potenziellen Investor ausgetragen. Dann gingen ab November 2000 nach und nach die Lichter aus und die Reste der Stadt an einen privaten Interneprovider. Die digitale Stadt war geschluckt worden von einem Gebilde, weitaus komplexer, chaotischer und dynamischer als jede Kleinstadtmetapher: dem Internet selbst.

Digitale Kieze zwischen Baugrube und Haushaltsloch

Immerhin überlebte das Amsterdamer Vorbild länger als viele seiner Nachahmer, die später gegründet wurden und früher wieder verschwanden. In Berlin zum Beispiel gab man sich nicht zufrieden mit der Verdoppelung der Stadt im Datenraum. In einer fast hysterischen Gründerwelle traten gleich mehrere konkurrierende Digitalstädte gegeneinander an. Denn die Jahre nach dem Mauerfall waren geprägt von Chaos, Aufbruch und Unsicherheit. Die Olympiabewerbung hatte man verpatzt. Und zwischen Baugruben und Haushaltslöchern gediehen die Hoffnungen auf eine bessere, virtuelle Idealstadt. Die Väter und Mütter der realen Stadt setzten voller Technikfrömmigkeit darauf, dass das Image einer digitalen Telepolis ihnen helfen könnte, viele Probleme im »Real Life« zu bewältigen. »Bildung und Wissensmanagement für die Informationsgesellschaft müssen als Berliner Kernkompetenzen (»Branding«) aufgebaut werden«, gab 1998 der damalige Wirtschafts-Staatssekretär Wolfgang Branoner die Marschroute vor, in einer kruden Mischung aus preußischem Kasernenhofton und neudeutschem Werbesprech. Die neue Haupstadt wurde zur Marke deklariert – ohne einen klaren Inhalt zu haben. Denn die Bonner Regierung ließ sich Zeit mit dem Umzug – und so blieb das neue Berlin vorerst Fantasy, Science-Fiction.

In Ermangelung einer verbindenden Vision pauste sich wieder ein buntes Flickenmuster nebeneinander liegender, aber doch unverbundener Digitalkieze in den Cyberspace durch, ähnlich dem realen Berlin. Am meisten Aufsehen allerdings erregte die Internationale Stadt aus Kreuzberg, dem legendären Multikulti-Kiez mit seinen Kneipen, Kurdendemos und folkloristischen Maikrawallen. Die Internationale Stadt wollte immer mehr sein als nur ein Provider, der seinen Mitgliedern für wenig Geld einen Netzzugang und eine E-Mail-Adresse bietet. »Der Mensch steht als aktiv Beteiligter und nicht als Verbraucher im Zentrum«, hieß es 1995 in einem Gründungsmanifest, Ziel sei die »gezielte Einbindung von Initiativen aus dem lokalen Umfeld der NutzerInnen, soziale Vernetzung und Bildung von geschlossenen und offenen Gruppen«.

> Ich soll also eine Regierungserklärung schreiben. Dabei konnte ich Regierungen noch nie leiden. Überhaupt gar nicht. Nur der Obacht meiner Mutter können Sie es verdanken, dass ich, etwa im Alter von 11, nicht der RAF beigetreten bin. Diesen Eingriff nehme ich ihr bis heute ein wenig übel.
>
> — Andreas Müller-Maguhn, Icann-Direktor und Mister CCC

Das Projekt war ein voller Erfolg, zumindest auf allerlei Podien und Diskussionsrunden, auf denen die Stadtgründer gerne und oft auftraten, um live aus der Zukunft zu berichten. Doch im beschwerlichen Alltag abseits der Podien, so wurde man sich rasch einig, wollte sich die Fiktion eines »sich selbst organisierenden Systems« partout nicht materialisieren, weil die Nutzer nicht so sehr an der beschworenen Gemeinschaft interessiert waren. Eher ging es ihnen um eine eigene Homepage. Bald zog selbst dies Lockmittel nicht mehr aufgrund kommerzieller Billiganbieter. Da zogen die Internationalen Städter erstaunlich rasch ihre Konsequenzen und Anfang des Jahres 1998 den Stecker. Ihre knappe Nachricht: »aus, vorbei, GAME OVER.«

Doch das wirklich dicke Ende kam erst noch. Die Stadt Berlin hatte einen Großauftrag vergeben: die Gestaltung der offiziellen Stadt-Vertretung im Internet unter www.berlin.de. Viele der konkurrierenden Digitalstädte hätten den Auftrag gern bekommen, mit Namen wie Cybercity, Kulturbox, Kreuzberg.de oder Cityscope. Einige der Verschmähten gründeten daraufhin trotzig eine Koalition, um ein alternatives Angebot auf die Beine und ins Netz zu stellen unter der Adresse www.open-berlin.de. Doch der Auftrag ging an eine gemeinsame Tochterfirma von DaimlerChrysler und dem Einzelhandelskonzern Metro. Und so sah sie auch aus: uninspiriert, solide, langweilig. Berlin.de startete mit einer Panne, als bei einer pompösen Feierstunde im Roten Rathaus der damalige Regierende Bürgermeister Eberhard Diepgen den Dienst freischalten wollte, aber ins Leere klickte, weil die Datenverbindung nicht stand. Aber nach und nach lief sie immer besser. Behördeninformationen wurden ins Netz gestellt und für jeden, der wollte, wurde ein kostenloses E-Mail-Konto eingerichtet. Genau das waren auch die Ziele der Digitalen Stadt in Amsterdam gewesen: Behördentransparenz und Internetzugang für alle. Und dennoch blieb berlin.de weiterhin der Feind für die Alternativ-Koalition. Denn Berlin.de ist eine hierarchische Organisation, die von Finanz- und Computerspezialisten betrieben wird, die arbeitsteilig und also entfremdet arbeiten und Mammon machen wollen. Doch vielleicht zeichnet ja das gerade die Stadtbevölkerung aus – auch die Bewohner von Telepolis. Das Märchen von der virtuellen Gemeinschaft verträgt die Verpflanzung vom Dorf in die Stadt eben nicht und geht in komplexen Systemen ein wie ein Primelpott. Wer das einmal eingesehen hat, erklärt eben die Stadt selber zum Dorf. So geschehen im Prenzlauer Berg, dem Ost-Berliner Stadtteil der Literaturbohème und Hausbesetzer, in dem auch der bärtige Bundestagspräsident Wolfgang Thierse wohnt.

Telepolis wird instandbesetzt

Hausplenum auf dem Gehsteig in der Lottumstraße, irgendwann im Sommer 1996. Kippen glimmen, Köpfe rauchen. Ein Grüppchen Hausbesetzer hockt zusammen und palavert über die Zukunft des Projektes. Das Thema ist heikel: Dank viel Eigenarbeit sind die Wohnungen bald fertig saniert, und die Bewohner denken daran, die Häuser zu kaufen. Sie wären nicht die ersten Besetzer, die plötzlich Besitzer sind.
Aber wo die eine Utopie zwangsläufig abhanden kommt, bietet sich vielleicht eine neue an: eine autonome Zone zu schaffen innerhalb jener angeblich ortslosen, immateriellen Stadt namens Telepolis. »Wenn schon, dann richtig«, sagt Jero stolz und stolpert nach der Versammlung im matten Schein seines Feuerzeugs in den Keller, wo ein Dutzend achtadriger Kabel wie Plastikspaghetti aus der Wand quellen. Hier will Jero, einst DDR-Punk und nach der Wende Informatikstudent, den zentralen Computer des Hauses aufbauen. Ein solcher Server und vier PC sind bereits im hausinternen Netz miteinander verbunden. Die Anlage dient den 26 Bewohnern unter anderem als papierloses Büro für die Sanierungsplanung. Die neuen Leitungen hingegen, fachgerecht unter Putz verlegt, sind mehr als nur ein Hausprojekt. Sie sind der Kristallisationspunkt einer Vision namens »Prenzlnet«.

> Cyberspace – a consensual hallucination.
> – William Gibson

»Wir sind auf dem Weg in eine echte Zwei-Klassen-Informationsgesellschaft«, verkündet ein Manifest des Prenzlnet, »Was tun? Wir bauen unser eigenes Netz!« So findet sich eine Gruppe Computerbegeisterter zusammen, um Wohngemeinschaften, Häuserblocks und schließlich den ganzen Prenzlauer Berg zu vernetzen und ans globale Internet anzuschließen. Kabel sollen durch modrige Keller und über morsche Dächer verlegt werden, bis der steinerne Stadtteil von einem virtuellen Kiez durchwoben ist. Das Fernziel: Die Benutzer sollen durchs Prenzlnet andere »Prenzlwesen«

kennen lernen, Telefon- und Providergebühren sparen, »Kiezinfos austauschen und die Neuen Medien entmystifizieren, in dem ganz praktisch mit Ethernet-Karten und Lötkolben herumgebastelt wird«, erklärt Jürgen, treibende Kraft des Projekts.

Auch andere Häuser sind bereits intern vernetzt, zum Beispiel die »Schönhauser 5«, ein ehemals besetztes Haus in Rufweite der Lottumstraße. Die Hofbegrünung wird dort per Zeitschaltuhr gewässert; durch das graffitiübersähte Treppenhaus wuchern die Ethernet-Kabel für die acht Computer im Haus. Das Kollektiv teilt sich die Kosten für einen schnellen ISDN-Anschluss. Trotz Hightech ist manche Tür beschmiert mit Filzstiftgrüßen wie aus telefonlosen DDR-Tagen: »war heute 2x hier, habe aber leider keinen angetroffen … 'tschuldigung, dass ich die wand beschmiert hab …«

Die nächste Herausforderung ist, die einzelnen Inseln miteinander zu verbinden, die Antifagruppe und ein paar befreundete Cafébesitzer. Man überlegt hin und her, wie man die Kabel verlegen könnte oder ob Richtfunkantennen oder gar Satellitenverbindungen geeigneter sind. So gegen Mitternacht schließlich, nach einigen Bier, steht plötzlich und uneingeladen die Sinnfrage im Raum. »Wir treffen uns doch täglich persönlich«, wendet einer der Instandbesetzer ein. »Außerdem sind wir uns alle zu ähnlich und wüssten gar nichts miteinander anzufangen im Netz. Außer vielleicht, mit mehreren Rechnern gegeneinander ›Doom‹ zu spielen.«

Famous last words. Seit jenem Abend hat sich nicht mehr viel getan. Geblieben ist eine gut funktionierende Standleitung und eine Menge Manifeste von historischem Wert unter www.prenzl.net. Vielleicht steht die Standleitung nur deshalb noch, weil die Ideale aus der Gründerphase, auf der sie beruht, nie umgesetzt worden sind. Denn virtuelle Gemeinschaften sind per definition instabil und tendieren zur Selbstabschaffung und zum Widerwillen gegen verbindliche Regeln.

Doch nicht alle sind so weise wie Jürgen vom Prenzlnet, der sich auf die lokale Utopie beschränkt. Das Zukunftsmärchen von der unentfremdeten virtuellen Gemeinschaft hat zwar den Globus mit einer bunten Spur von verwaisten globalen Dörfern und digitalen Geisterstädten überzogen. Doch immer wieder taucht es auf in Form von neuen Updates. Derzeit kommt es daher als Traum von einer gemeinschaftlichen Weltregierung.

Gott wirft den Krempel hin

Prenzlnet ist überall, auch in Kairo im März 2000. Die Diskussion dort oben im 23. Stockwerk dreht sich in immer höhere Höhen hehrster Prinzipien und in immer enger werdenden Spiralen um sich selbst: »Müssen wir uns denn überhaupt jetzt schon entscheiden«, windet sich die lederbejackte Deutsche, »wir haben doch noch gar keinen Konsens hier, wie wir abstimmen wollen ...« Schließlich meldet sich auch Esther Dyson zu Wort, wie gesagt eine der mächtigsten Frauen des Informationszeitalters. »Leute«, sagt sie wie eine gutmütige Soziologieassistentin, die versucht, ein paar lahmarschige Studenten zu motivieren, »es hat doch keinen Sinn, Däumchen zu drehen. Trefft die Entscheidung lieber jetzt.« Doch das Ritual der skrupulösen Entscheidungsvermeidung hat System. Und Dyson und die anderen Teilnehmer sitzen und lümmeln und palavern sozusagen auf höchste Anweisung herum. Denn die Icann ist eine paradoxe Institution: Sie soll gleichzeitig Gemeinschaft und Gesellschaft sein, gleichzeitig regellose Wohngemeinschaft und quasi gesetzgebende Instanz. So ähnlich müsste der Bauplan für eine Vorhölle aussehen.

Dies soziale Paradox hängt eng zusammen mit einem technischen. Dafür ist ein kleiner Exkurs unvermeidbar. Das Internet gilt gemeinhin als ein dezentrales, anarchisches Wurzelwerk, das gleichsam spontan und herrschaftsfrei zusammengewachsen ist, verbunden durch nichts als ein gemeinsames Datenprotokoll und den guten Willen zur Kommunikation von Gleich zu Gleich. Das technische Pendant der virtuellen Menschengemeinschaft gleichsam. Solange man den Weg einer einzelnen E-Mail verfolgt, mag dieses Bild auch stimmig sein, denn sie findet ihre Route wie von allein, ohne ein zentrales Postamt zu durchlaufen. Und dennoch hat das Internet ein Zentrum: kein hochgezüchteter Superrechner, der Schachweltmeister in die Knie zwingen könnte, sondern ein ganz normaler Netzrechner, der bestens bewacht in einem Rechenzentrum in Herndon, Virginia, steht, in der Nähe von Washington, an der Ostküste der USA. »Root Server A« wird dieser Rechner genannt. Dies ist die »Wurzel« des Internets, denn auf seiner Festplatte ruht die zentrale Adressdatei, sozusagen das Telefonbuch aller Telefonbücher im Netz. Wer diese Liste verwaltet, hat potenziell fast unumschränkte Macht im Cyberspace. Würde auf diesem Rechner der Eintrag auf Endung ».de« fürs deutsche Internet gelöscht, so wäre dieser Teil des Internets so gut wie ausgeknipst, weil für andere nicht mehr auffindbar. Der Root Server A entscheidet über Leben und Tod im Cyberspace.

Lange Zeit war die Vorstellung dieses einen despotischen Zentralrechners ein Tabu, denn sie widersprach all den lieb gewonnenen Mythen vom herrschaftsfreien Miteinander im Internet. Ganz im Stillen und völlig unbeachtet pflegten einzelne Uni- und Verwaltungseinrichtungen in den USA den Inhalt der Adressdatenbank. Genau genommen war nur einer zuständig: Jon Postel, einer der Väter des Internets, ein kauziger Programmierer mit Rauschebart, der im Internet-Jargon schlicht und ergreifend »Gott« genannt wurde. Damals war eben die Netzwelt noch in Ordnung. Gott wachte über die virtuelle Welt, die irgendwie vom Himmel auf die Erde gefallen war. Schließlich hatte der »Sputnik-Schock« 1957 die USA derartig aufgeschreckt, sodass sie die Entwicklung eines Computernetzwerks in Auftrag gaben, um beim Wettrüsten im All wieder aufzuholen. So entstand das Arpanet, der Vorläufer des Internet – eine Art irdische Kompensationsleistung für das Versagen am Himmel.

Doch vierzig Jahre später häuften sich die Rechtsstreitigkeiten zwischen Firmen um beliebte Domainnamen, und die Europäische Union pochte auf mehr Mitbestimmung. Und so beschlossen Gott und die US-Regierung unter Präsident Clinton, die himmlische Ordnung an die Welt zu übergeben. Oder zumindest so zu tun. Plötzlich wurde alles wahnsinnig kompliziert. Als neue Internetverwaltung gründete die Internet-Society, ein einflussreicher Ingenieursverein, 1998 die Icann, eine gemeinnützige Firma mit Sitz im kalifornischen Marina del Rey unweit von Los Angeles.

Icann ist eines jener herbeigezerrten Akronyme, dessen Auflösung sich nicht wirklich lohnt. »Irgendetwas mit ›Names and Numbers‹ oder so«, war die leicht verunsicherte Standardantwort von Teilnehmern des Icann-Kongresses in Kairo. »Internet Corporation for Assigned Names and Numbers« heißt es korrekt, aber das ist uninteressant, denn der Klang des Namens selber spricht Bände und ist als Schlachtruf und Stoßgebet zu verstehen: »I can« – ich kann. Der Name erinnert an die autosuggestiven Mantras der Psychobranche: »Ich weiß, dass ich es kann. Ich bin ganz entspannt. Ich fühle mich gut und freue mich auf die Herausforderungen. Ich kann es!« Einerseits lautete die Vorgabe der US-Regierung an die Icann: Sicherheit des Internets garantieren und Wettbewerb zulassen. Aber andererseits: »Selbstverwaltung« von unten nach oben, gemäß der Tradition des Internets sowie das Einbringen der »breiten und wachsenden Gemeinschaft der Internet-Nutzer.« Eine unlösbare Aufgabe, denn die Icann muss demnach sowohl Gesellschaft als auch Gemeinschaft sein. Sie soll sowohl den rechtllichen Rahmen für Kommerz und freien Wettbewerb regeln als auch das genaue Gegenteil garantieren: das herrschaftsfreie Miteinander von Seelenverwandten. Das nennt man in der Psychologie einen Double-Bind, frei nach dem Motto: »Sei jetzt bitte mal spontan!«

> Das Bild von der weltweiten Gemeinschaft ist großer Quatsch. Wirkliche Kommunikation findet nur statt, wenn es gemeinsame Bezugspunkte gibt.
>
> – Nicola Döring

Hin und her gerissen zwischen diesen beiden Aufgaben kippelt daher Esther Dyson in Kairo auf ihrem Stuhl, gequält von der endlosen basisdemokratischen Debatte– und gleichzeitig von der US-Regierung verpflichtet, sie in epischer Länge zu ermöglichen. Das Ganze natürlich unter Zeitdruck, denn im Hintergrund steht immer noch die Drohung, Icann zu entmachten, wenn nicht alle Bedingungen erfüllt werden. Um also die Internetverwaltung aus den Fängen der Politik zu

befreien, muss dem Diktat aus Washington Folge geleistet werden, Gesellschaft und Gemeinschaft zu vereinen.
An einem ähnlichen Punkt hatten sich die Digitale Stadt Amsterdam oder die Internationale Stadt in Kreuzberg unter einem akuten Realitätsschock selber aufgelöst – sie hatten den moralisch integren Weg der Gemeinschaft gewählt und es abgelehnt, sich durch Regeln und Kommerz zu vergesellschaften. Das kann die Icann nicht, sie ist verdammt dazu, in ihrer selbst verwalteten Vorhölle weiter an sich selbst zu leiden.
Seitdem geistert die Icann als rastloser Wanderzirkus um den Globus, auf der Jagd nach Anerkennung und auf der Flucht vor der Kritik. Alle paar Monate fallen rund 300 Mitglieder, Kritiker und Journalisten in irgendeinem Nobelhotel der Welt ein, bisher in folgender Reihenfolge: New York, Cambridge, Brüssel, Singapur, Berlin, Santiago de Chile, Los Angeles, Kairo, Yokohama, Marina del Rey, Melbourne, Stockholm, Montevideo, Marina del Rey. Und in diesem Stil soll es auch weitergehen. Denn es ist so gut wie unmöglich, den Willen der virtuellen Weltgemeinschaft mit ihren über eine halbe Milliarde Nutzern und über 100 Millionen vernetzten Rechnern zu ergründen und zu vertreten.
Ein Großteil der Arbeit wird allerdings per Telefonkonferenz und Internet erledigt, Entwürfe werden ausgetauscht, ins Web gestellt, kritisiert, verfeinert. Doch selbst, wenn man sich persönlich trifft, wirkt diese Globalgemeinschaft irgendwie virtuell. Ein aufgezeichnetes Organigramm all der Unterstützer-, Mitglieds- und Beratungsausschüsse würde komplex verschachtelt wie ein Schaltkreis wirken. Kiloweise Kopien von Vorschlägen und Gegenvorschlägen verstopfen die Handtaschen und Hirne. Und man muss genauestens Acht geben, über welche Version gerade diskutiert wird. Immer wieder erzählen Teilnehmer, dass sie für oder gegen etwas gestimmt haben, ohne genau sagen zu können, was in dem Antrag stand. Man hat halt so ein Bauchgefühl. Und die wirklich wichtigen Entscheidungen und Beratungen finden sowieso bei festlichen Dinners oder hinter geschlossenen Türen statt.

Die Qual der Internetwahl

Der Höhepunkt der Versammlung in Kairo kam am letzten Tag um kurz nach acht Uhr morgens. Im großen Tagungssaal im Erdgeschoss drängelten sich die Teilnehmer. Trotz der frühen Stunde war die Stimmung aufgeheizt. Schließlich geben die Direktoren ihre Entscheidung bekannt: Freie Wahlen für alle! Jeder Erdenbürger, der mindestens sechzehn ist und eine Post- und E-Mail-Adresse hat, ist wahlberechtigt. Es ist die erste weltweite Wahl in der Geschichte der Menschheit. Zwar dürfen nur fünf der insgesamt 19 Direktoren neu gewählt werden, aber immerhin. Gewählt wird per E-Mail. Allgemeiner Applaus, man drängt nach draußen, im hinteren Teil des Saales klackern die Tastaturen, als Dutzende von Journalisten ihre Berichte schreiben und in alle Welt senden. Noch stundenlang nach der Sitzung stehen die Teilnehmer beisammen und diskutieren über die weltbewegende Bedeutung der Entscheidung.

Im Oktober 2000 war es dann so weit. Doch die einzigartige Wahl war eine einzige Katastrophe. Vor allem aufgrund der homöopathisch niedrigen Wahlbeteiligung von unter einem Promille der Netznutzer. In ganz Afrika mit seinen über 600 Millionen Einwohnern gaben nur 130 Netzbürger ihre Stimme ab, der Kandidat Nii Quaynor wurde mit insgesamt 67 Stimmen gewählt!

In Europa gab es ein anderes Debakel. Weil sich vor allem in Deutschland viele Zeitungen der globalen Demokratie verpflichtet sahen, riefen sie konzertiert und wiederholt zur Online-Wahl auf – mit dem Effekt, dass die Internet-Wahl in Europa eine massive Schlagseite zugunsten der deutschen Kandidaten bekam. So geschah das Unglaubliche: Ein Hacker hielt Einzug in die Weltregierung des Internets. Andy Müller-Maguhn aus Berlin, Sprecher des legendären Chaos Computer Clubs (CCC) wurde mit großer Mehrheit gewählt. Obwohl er kein klares Programm hatte. Oder gerade deswegen. Seine Wahl war also ein klares Votum der Netz-Gemeinschaft gegen die Gesellschaft mit all ihren verbogenen Konventionen. Ausgerechnet in der Frankfurter Allgemeinen Zeitung verkündete Müller-Maguhn ein paar Tage nach seiner Wahl seine so genannte Regierungserklärung, ein kleines Schelmenstückchen im Stil, den man als »Prada Meinhoff« bezeichnen könnte. Die ungekürzte Version lässt sich auf seiner Website www.datenreisen.de nachlesen: »Ich bin gebeten worden, eine Regierungserklärung zu schreiben. Dabei konnte ich Regierungen noch nie leiden. Überhaupt gar nicht. Nur der Obacht meiner Mutter können Sie es verdanken, dass ich, etwa im Alter von elf, nicht der RAF beigetreten bin. Zugegeben, ich war noch ein wenig jung. Aber die Terroristen waren mir irgendwie sympatisch. Bei der örtlichen Polizeiwache hatte ich vorgesprochen und mir ein Fahndungsplakat besorgt. Endlich mal Bilder von sympathischen Menschen, die die Krawattenträger offenbar auch nicht leiden konnten. Irgendwie fand das meine Mutter nicht o. k., so ein Fahndungsplakat zwischen den Bildern von Pop-Bands der Neuen Deutschen Welle. Und weg war es. Diesen Eingriff nehme ich ihr bis heute ein wenig übel.«

Mit moralisch erhobenem Stinkefinger holpert er wirr und medienwirksam weiter. Maguhns Regierungserklärung ist eine Nichtregierungserklärung, ein Manifest der »Netzbewohner«, des »Kulturraums Internet« gegen die bösen »Krawattis« und Juristen und ihre »penetrante Habgier, versteckt hinter Gesetzen«. Es ist die alte Kampfansage, bekannt von der Digitalen Stadt, der Internationalen Stadt und dem Prenzlnet: »Wir, die Netzbewohner«, gegen die entfremdete Gesellschaft, also »die Krawattis«.

Doch derlei Cyblabla und Digidada geht seit Gründung der Icann gewaltig nach hinten los – denn was die Icann braucht, ist nicht die Wiedererrichtung eines Gemeinschaftsideals. Sondern ganz einfach klarere Regeln statt unerfüllbarer Maximalforderungen.

Hinter der demonstrativen Bescheidenheit eines Regierenden, der Regierungen nicht mag, lauert die ganze Arroganz, die im Märchen von der virtuellen Gemeinschaft gebündelt ist: Die virtuelle Gemeinschaft ist erhaben über Wahlen und Gesetze und Geld. Entweder du gehörst zur Seelengemeinschaft, zum »wir, die Netzbürger«, oder du bist ein »Krawatti« und damit der Gegner. Genau die wirren Prämissen also, über die viele virtuelle Gemeinschaften gestolpert sind. Die Pointe dabei ist: Die gute alte Zeit, in der die Netzgemeinschaft noch intakt war, fiel natürlich in die Regentschaft von Gott alias

Jon Postel, eines aufgeklärten Despoten, der von Kalifornien aus nach Gutdünken im Adressraum des Internets schaltete und waltete. Nur damals störte das die Netzgemeinschaft herzlich wenig, denn sie war zu beschäftigt mit ihren eigenen virtuellen Dörfern und Städten.

> Der Computer verspricht durch seine Technik eine Art Pfingstereignis des allgemeinen Verstehens und der Einheit. Der nächste logische Schritt wäre dann, Sprachen nicht zu übersetzen, sondern sie zu umgehen zugunsten eines allgemeinen kosmischen Bewusstseins.
>
> — Marshall McLuhan

Die Geisteshaltung des »wir, die Netzgemeinschaft« gegen »die Krawattis« ist weit verbreitet. Sie dominiert viele Unterausschüsse und öffentliche Debatten im Umfeld der Icann. Und je mehr die Basis sich bei den Icann-Treffen selber infantilisiert und von Krawattis und Netzgemeinschaften und Herrschaftsfreiheit faselt, statt klare Entschlüsse zu fassen, desto verstockter werden die Direktoren der Icann. Eine kleine Clique unter ihnen hat sich von Anfang an darauf verlegt, einfach die meisten wichtigen Entscheidungen in Hinterzimmern zu treffen, gemeinsam mit Politikern und Lobbyisten. Bislang wurden dagegen keine wirksamen und verbindlichen Kontroll- und Überwachungsmechanismen verabschiedet. Das ist ein Skandal. Mit schuld an dieser Regellosigkeit ist auch, dass sich das Festschreiben von Verfahrensregeln nicht mit dem Märchen von der virtuellen Gemeinschaft verträgt. So bleibt diese unangenehme Drecksarbeit, gegen die vermutete Korruption innerhalb der Icann zu ermitteln, an traditionellen politischen Instanzen wie dem US-Kongress hängen, der in diversen Anhörungen versucht hat, Licht in die Praktiken der Netzverwaltung zu werfen, unter treffenden Titeln wie »Is Icann out of Control?«.

Die Digitale Stadt in Amsterdam ist tot. Doch das Märchen der virtuellen Gemeinschaft ist wirkungsmächtig wie nie zuvor. Nicht mehr lokal, sondern nun global. Dies Zukunftsmärchen ist rührend, wenn es um die Prenzlnetze dieser Welt geht: kleine, zeitlich begrenzte Kaffeekränzchen, Expertenrunden oder Therapiegruppen im Netz. Es wird jedoch gefährlich, wenn es Strukturen beschreiben soll, die zu komplex sind für ein schlichtes Märchen. Dann trägt es nicht mehr zum kreativen Bau von neuen Gemeinschaften bei, sondern steht sich selbst im Weg bei der Schaffung von funktionierenden Kontrollinstanzen, weil es verträumt auf irgendwelche Pfingstereignisse des allgemeinen Verstehens in einer ungewissen Zukunft vertröstet. So ist die Weltregierung des Internets verdammt, weiter planlos und rastlos um den Globus zu hetzen und hin und wieder vom US-Kongress abgemahnt zu werden. Ein doppeltes Mängelwesen, welches das Schlechteste aus beiden Welten in sich vereint: die Anarchie von Maguhns »wir, die Netzgemeinschaft« mit der Überkomplexität einer unkontrollierbaren Großstadt.

Krawatti im Weltall

Seit der Internet-Wahl hat die Icann einen neuen Präsidenten: Vinton »Vint« Cerf, dessen Namen man wie die Aufforderung »Surf!« ausspricht – »I can Surf!« Vint Cerf ist einer der Väter des Internets. Anfang der Siebziger schuf er mit Kollegen die Universalsprache der Datenübermittlung, ohne die keine E-Mail ihren Empfänger erreichen würde: Das Übertragunsprotokoll »TCP«. Cerf ist ein charismatischer, weißhaariger Dandy Ende fünfzig, der schon seit seiner Schulzeit in Jackett und Krawatte auftritt. Das ist die Ironie der Netzgeschichte: Der ultimative »Krawatti« schuf also die Computersprache, ohne die keine virtuelle Gemeinschaft funktionieren würde. Cerf unterhält auch eine große Runde mit einer mississippiesken Flut an Anekdoten. Angeblich, auch das gibt er gerne zum Besten, weil er seit Kindheit schwerhörig ist und daher fremden Unterhaltungen nur schwer folgen kann und daher immer selber die Themen setzen muss. Und wenn der Superkrawatti erzählt, dann am liebsten über jene heroischen Tage, als er sich mit den Problemen der Datenübertragung herumschlug, mit Funknetzen und IP-Adressen und Zeitverzögerungen. Kurz: Der Icann-Chef fällt heraus aus dem groben Raster des Zukunftsmärchens von der virtuellen Gemeinschaft und ihren beschlipsten Gegnern. Immer wieder betont Cerf, dass seine Aufgabe rein technischer Natur sei: »Würden Sie sich wohler fühlen in einem Zug, über dessen Spurbreite und Fahrwerk nicht von Ingenieuren entschieden worden ist, sondern durch eine Wahl?«, fragte er in Kairo provokant in einer Diskussion. Kopfschütteln im Saal und weiter hinten halblaute Buhrufe. Am liebsten hätte Cerf eine kleine Expertokratie, die sich im stillen Kämmerlein um technische Details kümmert, wie damals, als Postel, der Gott des Internets, noch still vor sich hin bastelte. Nicht Gemeinschaft der Gleichen und universelles Verstehen, sondern Ausdifferenzierung, Spezialisierung und Delegieren: »Wir müssen also eher gute Suchmaschinen entwickeln als gute Gesetze«, sagt Cerf. Hier trifft sich die Politikfeindlichkeit des Experten fast schon wieder mit der Politikfeindlichkeit eines Anarchisten wie Müller-Maguhn.

Unterdessen stolpert der globale Wanderzirkus blindlings voran, ständig vom Zerschellen bedroht zwischen den Klippen von Gemeinschaft und Gesellschaft. Manchmal wird dieser Schlingerkurs im Land ohne Boden einfach zu viel für Cerf. Dann setzt er seinen Visionärsblick auf, holt tief Luft und erzählt ein anderes Internetmärchen, um das von der virtuellen Gemeinschaft zu exorzieren: Es werde eng auf der Erde. Die Raumfahrt werde immer wichtiger. Bislang sei versäumt worden, das Internet an die neuen Bedingungen anzupassen. Doch nun sei die Zeit gekommen, ein neues, erweitertes Internet zu planen. Ein Internet, dass Erde und Venus und Mars und alle Raumschiffe dazwischen verbinden könne. Derzeit entwickelt Cerf das dafür notwendige Datenprotokoll. Vielleicht ist ja dort draußen im All die Freiheit wirklich grenzenlos, und der Konflikt zwischen Gemeinschaft und Gesellschaft schnurrt, aus der Perspektive eines interplanetarischen Internetservers, wieder zusammen auf den bezaubernden Anblick einer blauen Murmel. Cerfs Fazit: »Auf der Erde haben wir keine Intelligenz gefunden. Also suchen wir sie jetzt woanders.«

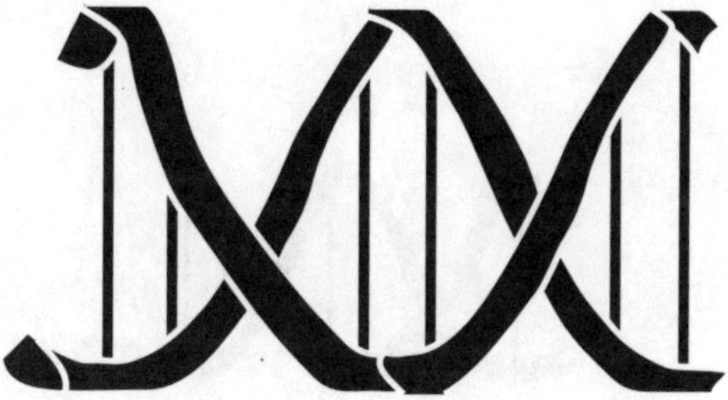

08_ERBGUT, ALLES GUT

Gentechnik: Das Märchen von der Entschlüsselung des Menschen

Wieso das menschliche Genom nicht nur einmal »entschlüsselt« wurde, sondern wieder und wieder. Wie Industrie, Börse und Öffentlichkeit die Biowissenschaften umkrempeln. Wie diese Kommerzialisierung allerlei krude Märchen von der Überwindung von Krankheit, Hunger und Tod hervorbringt. Wieso all das nur der Startschuss für einen langwierigen Forschungsmarathon ist. Und abschließend noch ein Lackmustest, der bellen kann und grün leuchtet.

Früher feierte man Jubiläen, um an vergangene Ereignisse zu erinnern. In den Nuller Jahren dagegen wird gerne einmal auf zukünftige Ereignisse angestoßen. Der damalige US-Präsident Bill Clinton schreibt also gleichsam Zukunftsgeschichte, als er am 26. Juni 2000 um zwanzig nach zehn Uhr morgens im Weißen Haus vor die Kameras und Mikrophone der Presse tritt, um eine einzigartige kleine Talkshow zu moderieren. »Wir sind hier, um die Fertigstellung des ersten Überblicks über das gesamte menschliche Genom zu feiern«, begrüßt Clinton die Anwesenden. »Heute lernen wir die Sprache, mit der Gott das Leben erschaffen hat«, erklärt er. »Die Genforschung wird ganz real unser Leben beeinflussen – und sogar noch mehr das Leben unserer Kinder. Sie wird die Erkennung, Vorbeugung und Behandlung der meisten, wenn nicht gar aller menschlichen Krankheiten revolutionieren.« Und weiter: »Tatsächlich kann man sich vorstellen, dass die Kinder unserer Kinder das Wort ›Krebs‹ lediglich kennen als Bezeichnung für ein Sternbild.«

Dann beginnt Clinton zu plaudern mit einem Überraschungsgast, der eigentlich gar nicht anwesend ist: Tony Blair, dem britischen Premierminister, der per Satellitenschaltung von seinem Amtssitz in der Downing Street in London anwesend ist. »Globale Gemeinschaft«, »wissenschaftlicher Durchbruch« und andere Worthülsen fallen rechts und links des Atlantik, es wird gelacht, thank you Bill, thank you Tony, Applaus Applaus und weiter im Programm. Auch in Deutschland, China und Frankreich wird die »Entschlüsselung des Menschen« ausgiebig gefeiert.

Allerlei Superlative werden an den Haaren herbeigezogen. »Die Kartierung des menschlichen Genoms ist mit der Mondlandung verglichen worden«, sagt Michael Dexter, der Direktor des Wellcome Trust, einer britischen Stiftung, die maßgeblich an der Finanzierung beteiligt gewesen ist. »Aber ich glaube, sie ist viel wichtiger als die Mondlandung.« Bei einer Pressekonferenz in London sagt er weiter: »Dies ist nicht nur die außergewöhnlichste Leistung unseres Lebens, sondern vielleicht sogar in der gesamten Menschheitsgeschichte.«
Der globale Jubel ist umso erstaunlicher, als die gefeierte Arbeit großenteils unerledigt ist. Man hat, so scheint es, das Richtfest schon zur Grundsteinlegung gefeiert oder die Pointe vor dem Witz erzählt. Denn im Juni 2000 liegen erst etwas mehr als 90 Prozent der Rohdaten des menschlichen Erbguts vor, und davon nur 24 Prozent in endgültiger Form: Etliche Millionen von einzelnen Informationsschnipseln, die erst noch in die richtige Reihenfolge gebracht werden müssen. Eine einigermaßen detaillierte, halbwegs fehlerfreie Karte des menschlichen Genoms wird erst für das Jahr 2003 erwartet. Erst dann kann daran gedacht werden, die »Sprache Gottes«, die dann im Rohformat vorliegt, zu entschlüsseln, ihren Satzbau, ihre Grammatik und ihren Sinn. Erst dann beginnt die eigentliche Arbeit – der Trek ins gelobte Land Genetien.

Die Offenlegung der menschlichen Erbgutsequenz wird gern erzählt als Higtechmärchen im Futur zwei, als Rückblick aus dem Morgen-Land: Es wird einmal, in langer, langer Zeit, gewesen sein. Unsere Kindeskinder werden den Krebs nur noch als Sternbild kennen. Unsere Kindeskinder werden ein besseres Leben leben und Krankheit, Alter und vielleicht sogar den Tod nur noch vom Hörensagen kennen. Das Hightechmärchen im Futur zwei ist doppelt schön, denn es bedeutet eine Selbstverzauberung: Die eigene Zeit wird als mythische Vergangenheit imaginiert, gesehen aus der Perspektive eines besseren Morgen. Vor allem aber ist das Märchen eine Art Sammelsaga, in der viele andere Hightechmärchen als neuer Remix zusammengefasst sind. Held der Handlung ist wie immer der Zuhörer selbst. Er ist nicht mehr ein Homo Faber wie in den meisten anderen Mythen, dessen Wundermaschinen mit Namen wie Modem oder Handy ihm Zauberkraft verleihen. Im Gentechnik-Märchen imaginiert sich der Zuhörer nicht mehr als seines Glückes Schmied, sondern als seines Glückes Arzt, der nicht irgendwelche Gegenstände in die Hand nimmt, sondern seine eigene Gesundheit, und die seiner Kinder gleich mit. Statt ins Weltall aufzubrechen, erkundet er nun als Egonaut die Geheimnisse des eigenen Körpers und baut sich um zur Menschmaschine, Version 2.0. Auch das Märchen von der Blauen Murmel wird wieder aufgegriffen in Form der wundersamen Doppelhelix des Erbgutes: Der Anblick der Erde aus dem All, der aus raumfahrenden Offizieren kindlich staunende Pazifisten macht. »Eine der großen Wahrheiten, welche diese triumphale Expedition ins menschliche Genom zum Vorschein bringt«, sagt Talkmaster Clinton bei der Feierstunde im Futur: »Genetisch gesehen, sind alle menschlichen Wesen, egal welcher Rasse, zu mehr als 99,9 Prozent gleich.« Doch damit nicht genug. Die Blaue Murmel wird durch die Genomforschung dadurch übertroffen, dass nicht nur alle Menschen gleich sind, sondern gleich ALLES Lebendige grundsätzlich dieselbe Sprache des Lebens benutzt, egal ob Bäckerhefe oder Schabrackentapir, Herpes oder Homo sapiens. Weniger als zwei Prozent der Gene machen zum Beispiel den Unterschied zwischen Mensch und Schimpanse aus. Diese Feststellung freilich ist weniger romantisch, als sie klingt. Denn die genetischen Gemeinsamkeiten bedeuten im Forschungsalltag, dass sich viele Tiere bestens eignen, um als Versuchskaninchen und »Modellorganismen« für die medizinische Forschung herzuhalten. Diese Tatsache allerdings wurde in der Feierstunde nicht erwähnt.

> Früher haben wir gedacht, unser Schicksal stünde in den Sternen. Heute wissen wir, es liegt in unseren Genen.
>
> — James Watson

Die Genforschung mag fast als eine Art Computerwissenschaft gelten, die ohne Rechner und Internet, Spezialscanner und Roboter undenkbar wäre. Roboter präparieren und sortieren die Proben, Scanner lesen die einzelnen Moleküle aus, die dann als Buchstaben am Bildschirm erscheinen und per Internet in internationale Datenbanken übertragen werden. »Durch diese revolutionäre Entwicklung wird die Biologie im 21. Jahrhundert rasch zu einer Informationswissenschaft«, fassen es die Biologen Eric Lander und Robert Weinberg in der Wissenschaftszeitschrift Nature zusammen. Auf der einen Seite macht dieser Hightech-Aspekt die spezielle Faszination aus, denn damit werden all die Hoffnungen der Computerei auf Kontrolle und Qualitätssteigerung auf den eigenen menschlichen Körper projiziert: Jeder Mensch sein eigener Cyborg. Die metallischen Filmkunstwesen wie Robocop oder Blade Runner werden zu lächerlichen Kinderfantasien des ausgehenden Dampfmaschinenzeitalters, verglichen mit der Vision, den Code des Lebens selbst umzuprogrammieren und Kunstwesen aus Fleisch und Blut zu schaffen: Uns selbst und unsere genoptimierten Nachfahren.

Versprechen Virtualisierungspropheten wie Jaron Lanier lediglich die Flucht aus der »tragischen« Welt des Fleisches, so überbietet die Gentechnik diese Fantasie, indem sie verspricht, den Meatspace selber umzubauen, statt ihm zu entkommen. Im Gendiskurs werden die abgefingerten Denkfiguren des Technikdeterminisums wieder ausgekramt und kehren als grinsende Wiedergänger in der Gestalt des Gendeterminismus wieder. Das Märchen vom Unternehmer als Revoluzzer taucht wieder auf in Form des Forschers als Wissenschafts-Unternehmer, der nicht nur die Wirtschaft revolutioniert, sondern Medizin und Moral gleich mit. Man könnte viele der vorangegangenen Cybermärchen durchdeklinieren in ihrer verwandelten, aktualisierten Neufassung im Biotechbereich – wenn man nichts Besseres zu tun hätte. Ein paar Beispiele mögen genügen: Das Märchen von der Reproduzierbarkeit eines Menschen durch Klonen zum Beispiel.

**Das digitale Weltarchiv im Biologie-Remix:
Klont hundert Hitlers!**

Im Sommerloch 2001 war es wieder einmal so weit: »Ufo-Sekte will jetzt Hitler klonen«, titelte die Bild-Zeitung, das Fachblatt fürs kollektive Unterbewusste. Ziel der kanadischen Raëlianer-Sekte sei es, den selbst ernannten Größten Feldherr aller Zeiten (Gröfaz) aus erhaltenen Knochensplittern zu klonen – um ihn vor einem Kriegsverbrechertribunal zu verurteilen. Da ist es also wieder, das Zukunftsmärchen vom perfekten Weltgedächtnis, dessen Inhalte sich verlustfrei und originalgetreu kopieren lassen – nur diesmal eben als Gruselmärchen erzählt. Vorläufer dieser Vervielfältigungsfantasie sind dabei weniger die alten Erzählungen von Golem oder Frankenstein, denn dabei ging es lediglich darum, irgendein Wesen neu zu erschaffen, nicht ein bereits existierendes zu verdoppeln, verdreifachen, vervielfältigen. Als Vorlage scheint eher das Hightechmärchen vom unendlich reproduzierbaren digitalen Weltarchiv zu wirken. Dass es beim Klonen eben nicht um Daten, sondern um Menschen geht, wird zweitrangig, denn im Genmärchen taucht der Mensch lediglich als Funktion seines Erbguts auf. Und das ist schließlich ein chemischer Code, ein Datensatz also. Und dieser Datensatz, glaubt manch einer, lasse sich einfach und fehlerfrei kopieren wie ein Computerprogramm.
Ein paar Tage nach der Warnung vor dem Gröfaz-Klon legte die Bild-Zeitung nach: »Ufo-Sekte will auch Jesus klonen«. Und was bei Promis wie Hitler und Jesus klappt, ist für das gemeine Sektenmitglied gerade gut genug. »Zu den deutschen Anhängern gehört auch Reiner K. (36) aus der Pfalz«, schreibt die Bild. »Nach seinem Tod will er sich aus eigenen Zellen klonen, also neu erschaffen lassen: ›Dann geht es weiter‹«. Brigitte Boisselier, Leiterin der sekteneigenen Firma Clonaid, wird zitiert: »Wir machen den Tod rückgängig, werden bald wissen, wie man unsterblich wird.« Natürlich wissen alle Beteiligten, dass diese Szenarien billige Unterhaltung sind, Science-Fiction-Märchen. Doch wurzelt das Märchen vom duplizierbaren Mensch tief im kollektiven Unterbewussten, dort, wo wissenschaftliche Argumente nicht greifen. Seit Urzeiten kursieren Geschichten von künstlich

erschaffenen »Homunkuli«, vom zyprischen König Pygmalion, dessen hyperrealistische Statue aus Elfenbein eines Tages zum Liebesleben erwacht, oder vom Prager Horrorwesen »Golem«. Auch das Nachrichtenmagazin Der Spiegel bediente diesen Mythos besonders einprägsam, als es anlässlich der Geburt des Klonschafs »Dolly« im schottischen Roslin-Institut 1997 auf dem Titelbild das Schreckensbild eines ganzen Rudels von Hitlers präsentierte.

> Heute lernen wir die Sprache, mit der Gott das Leben erschaffen hat. Wir gewinnen noch mehr Ehrfurcht für die Komplexität, die Schönheit, das Wunder von Gottes herrlichstem und heiligstem Geschenk.
>
> — Bill Clinton
> 26. Juni 2000 über die Genomforschung

»Ein genetischer DNS-Klon von Hitler müsste nicht unbedingt im Sinn haben, ein Viertes Reich ins Leben zu rufen. Tatsächlich wäre das höchst unwahrscheinlich«, schreibt dagegen Ian Wilmut über die Horrorvision der Menschenvervielfältigung. Wilmut ist Klonspezialist und einer der »Väter« des Klonschafs Dolly. Wilmut entkräftet im gleichnamigen Buch zum Klon den Mythos von der Verdoppelung Hitlers oder eines anderen Menschen. Schließlich wäre ein menschlicher Klon mit dem Original genauso eng verwandt, wie es ein eineiiges Zwillingsgeschwister wäre. Er wäre sich so ähnlich oder unähnlich, wie es sich etwa die Kessler-Zwillinge sind, und müsste demnach auch die vollen Menschenrechte genießen. Ein Klon ist mit seiner genetischen Blaupause nicht identisch, sondern würde sich, von vielerlei Umweltfaktoren beeinflusst, eigenständig entwickeln. Denn das Erbgut wirkt nicht wie ein ehernes Gesetz, sondern eher wie eine Diskussionsgrundlage an einem runden Tisch – welche Teile des Erbguts von der so genannten Boten-RNS ausgelesen und in Haare, Muskeln und Haut übersetzt werden, hängt von vielerlei Faktoren ab.

Wilmut schreibt über das Märchen vom Hitler-Klon: »Wenn er sich keinen Bürstenschnurrbart stehen lassen und die Haare über die Stirn kleben würde, nähme wahrscheinlich niemand die Ähnlichkeit mit seinem schändlichen Vater wahr. Die geklonten Nachkommen des Führers würden ihren Klon-Vater sicher fürchterlich enttäuschen.«

Der Glaube an die diktatorische Alleinherrschaft der Gene drängt das Denken in eine gefährliche Richtung: »Ethisch ist ein Klon wie ein Kind zu betrachten«, warnt etwa der Artz und Publizist Werner Bartens immer wieder. »Der eigentliche Skandal liegt in dem Glauben, der Status eines Klons wäre minderwertig und man könnte nach Belieben mit ihm verfahren.«

Doch Zukunftsmärchen lassen sich durch wissenschaftliche Tatsachen nicht entkräften. Sie folgen ihrer eigenen Traumlogik. Sie wechseln allenfalls ihre Verpackung. Was in Zeiten der Computereuphorie als digitales Weltgedächtnis erzählt wurde, wird nun als genetisches Weltgedächtnis brühwarm wieder aufgetischt. »Technikdeterminismus« hieß der Wunderglaube, der im ausgehenden zwanzigsten Jahrhundert grassierte: die Überzeugung, dass die technische Umwelt einen Homo informaticus erschaffe. Dieser Aberglaube kommt mit der Jahrtausendwende im neuen Gewand daher: als Gendeterminismus – der Glaube daran, dass das Leben in der Erbsequenz wortgenau vorformuliert sei und nur noch vom einzelnen Organismus, egal ob Hefe oder Homo sapiens, abgespult werden müsse wie ein Tonband.

Derzeit überlagern sich noch alte Versatzstücke des ausgehenden Technikdeterminismus mit den Metaphern des neuen Gendeterminismus. Die Genforschung sei das neue Internet, orakelt etwa Nathan Myhrvold, einst Chefarchitekt bei Microsoft, bevor er als Multimillionär ausschied. Genau wie bei Rechnern gelte in der Genforschung das »Mooresche Gesetz«: Die Leistungsfähigkeit verdoppele sich in etwa alle 18 Monate. Das Erbgut wird in diesem Zukunftsmärchen als Code beschrieben, der ähnlich funktioniere wie ein Computercode. »Früher dachten wir, das Schicksal des Menschen stünde in den Sternen«, wird James Watson zitiert, der 1953 gemeinsam mit Francis Crick die Struktur der DNS entdeckte, »Heute wissen wir: Es steht in den Genen.« Platter kann man das neue Märchen von der Allmacht der Gene nicht ausdrücken.

Die Genforschung erscheint im Guten wie im Schlechten als der größte Hack der Geschichte: Der Mensch knackt das Geheimnis seines eigenen Lebens. Angesichts dieser Rückkoppelung ergreift sogar den Dalai Lama ein wunderbarer deterministischer Schwindel, der die Erbmoleküle als eigentlichen Motor der Geschichte entdeckt: »Der Impuls, dieses Genom zu studieren, ist schon in unserem Genom programmiert. Wir studieren zwar die DNS – aber im Grunde manipuliert uns die DNS dahin gehend, sie zu untersuchen. Gott offenbart sich durch den genetischen Code des Vierer-Alphabets. Es ist das allergrößte Mysterium.«

Maloche in der Lesefabrik

Jede Zeit bekommt das Mysterium, das es verdient. Der größte Erfolg der Menschheitsgeschichte, als der die Kartierung des Genoms gilt, ist eine Zwitterbranche aus Handarbeit und Hightech, aus Grundlagenforschung und industrieller Arbeitsteilung, aus großen Hoffnungen und noch größeren Hindernissen. Auf der einen Seite malochen Genarbeiter in Achtstundenschichten, um Rohdaten wie vom Band zu liefern. Auf der anderen Seite ist die Genforschung längst eine global vernetzte Computerwissenschaft geworden. Vielleicht sagen diese Forschungsmethoden auch mehr über den Menschen in den Nuller Jahren aus, als das die Gene selbst tun können.

November 1999. Ortstermin in einem abgenutzten Zweckbau in einem entlegenen Industrieviertel am Rande von Jena. Aus diesem Gebäude des Instituts für Molekulare Biotechnologie (IMB) stammt ein Großteil der Daten, die Deutschland zur Entzifferung des menschlichen Erbgutes beigetragen hat. Um sechs Uhr morgens geht hier die Genmaloche für die technischen Assistenten los. Meist sind es junge Frauen. Weiße Laborkittel, wie man es aus Filmen oder Lehrbüchern kennt, trägt hier kaum jemand, stattdessen dominieren T-Shirts und Jeans und Plateauschuhe. Sie sind die Einzigen, die überhaupt mit lebenden Organismen zu tun haben: Kolibakterien und Viren, mit deren Hilfe das menschliche

Erbgut vervielfältigt wird, bevor es überhaupt entziffert werden kann. Nur in der »Küche«, wie das Nasslabor genannt wird, schaut es noch wie in einem herkömmlichen Biolabor aus, mit Flaschen, Pipetten, Gläsern, Eppendorf-Gefäßen, Ampullen in einem geordneten Chaos. Die meisten anderen Räume sind voll gestellt mit Rechnern oder küchenschrankgroßen Geräten. Ein Radio dudelt Mambo No. 5. »Keine Kippen aus dem Fenster werfen«, warnt ein Hinweisschild auf dem Flur.

Vom größten Mysterium oder der größten Leistung in der Menschheitsgeschichte ist hier nichts zu spüren. Nur von einer Menge Arbeit. Und Arbeitsteilung. Jeder hat seinen kleinen Arbeitsbereich. Das gesamte Projekt zu überblicken würde jeden überfordern. Die Genmaloche zeigt, dass die Erforschung des Erbgutes gleichzeitig industriell arbeitsteilig und hochgradig experimentell ist. An die Züchtung von Übermenschen oder das Besiegen von Krebs und Übergewicht ist hier noch lange nicht zu denken.

> Das letzte Kapitel wird die vollkommene Erkenntnis der Lebensprozesse zum Inhalt haben – sodass wir endlich Krankheiten direkt an der Wurzel behandeln und heilen können.
>
> – Craig Venter

Das menschliche Erbgut zu lesen ist aufwendig. Daher hat man den Prozess in eine Vielzahl von kleinsten Unterschritten unterteilt. Erbgut gibt es eigentlich wie Sand am Meer. Jede Körperzelle eines Menschen, jedes Blutströpfchen, jeder Tropfen Speichel, jedes Haar enthält die komplette Erbinformation, in der die Bauanleitung für den Körper gespeichert ist: die Desoxyribonukleinsäure (DNS). In einer langen Kette sind vier verschiedene Basen aneinander gereiht: Adenin, Guanin, Cytosin und Thymin, abgekürzt als A, C, G und T. Rund drei Milliarden Paare dieser kleinen Bausteine umfasst das menschliche Erbgut, wie ein endlos langer Satz. Doch selbst mit einem leistungsfähigen Elektronenmikroskop vermag man diese Kette nicht zu lesen. Dafür ist sie zu klein, und außerdem kompliziert verdreht und verknotet. Schließlich müssen ja je zwei Kopien dieses Strangs in jede einzelne Körperzelle passen. Auseinander gerollt wäre der DNS-Strang ein hauchdünner, fast zwei Meter langer Faden. Man behilft sich, diesen Zweimetersatz in Millionen von Buchstabenschnipseln zu zertrennen, die schließlich klein genug sind, um sie Stück für Stück mit einem speziellen Lesegerät zu entziffern, dem so genannten Sequenziergerät. Nach dem Scannen im Sequenziergerät werden die einzelnen Ableseergebnisse am Computer wieder zu langen Buchstabenreihen zusammengesetzt, korrigiert und erläutert mit Hinweisen, was ihre Funktion sein könnte. Sequenzierfabriken wie die in Jena sind eigentlich nur riesige Erbgut-Scanner. Gelesen, verstanden, ausgetauscht und debattiert wird die von ihnen gelieferte Information fast ausschließlich an weltweit vernetzten Rechnern. Doch diese Arbeit hat gerade erst begonnen und wird noch viele Jahre dauern. Allein schon die Rohdaten einzulesen ist ein großes Kunststück irgendwo zwischen Kunsthandwerk, Laborarbeit und Fließbandmaloche.

Ein salzig-brackiger Geruch durchzieht die »Küche«, wo das Erbgut zunächst »zerschnipselt« und kopiert wird, bevor es weiterverarbeitet werden kann. Das Zerschneiden geschieht mit Hilfe von besonderen Eiweißen, so genannten Restriktionsenzymen. Im Internet kann man diese als Komplettbausatz bestellen wie eine Dr.-Oetker-Backmischung. Der dumpfige Geruch stammt von den Kolibakterien und ihrem Futter, der dem Agar, einem Schleim, der aus Algen gewonnen wird. Denn nach dem Zerkleinern werden die menschlichen Erbgutschnipsel in das Erbgut von Viren eingebaut, die ihrerseits wiederum auf Kulturen von Kolibakterien losgelassen werden. Normalerweise siedeln die als harmlose Schmarotzer im menschlichen Darm. Doch hier im Labor werden sie als biologische Kopiermaschinen verwendet für die winzigen Schnipsel des menschlichen Erbguts. Die Zellkulturen funktionieren wie biologische Copyshops. Schon nach einer Nacht im molligwarmen Brutkasten ist ein zunächst fast unsichtbar kleiner Kolistamm zu einem grauen Fleck gewuchert, so groß wie der Punkt nach diesem Satz. Und jede der neuen Kolizellen trägt das virale und menschliche Erbgut in sich. Nach weiteren Zellteilungen werden die menschlichen Erbgutschnipsel von der Biomasse ihrer Wirte gereinigt und in einem langwierigen Prozess mit kleinen Farbmarkierungen versehen und dann in küchenschrankgroßen Sequenziergeräten von Lasern eingescannt. Es ist ein bisschen wie Malen nach Zahlen. Ein blauer Punkt steht für Cytosin, ein roter für Thymin und so weiter. Und das sind nur die allerersten, einfachsten Schritte auf dem Erkundungsmarathon von der lebenden Zelle zum Alphabet des Lebens. »Das ganze Gerede vom ›entschlüsselten Mensch‹ ist doch grober Unfug«, sagt Stefan Taudien, Mitarbeiter im Sequenzierwerk Jena. »Wir wissen noch sehr wenig über das Erbgut.« Er sitzt im Halbdunkel eines Computerraums mit elf Geräten vor einem Monitor und überwacht die Daten der Lesegeräte. Das Editieren des Rohtextes ist zeitaufwendig. Die »Scanner« der Sequenziergeräte lesen jeden Erbgutabschnitt mindestens sechs bis acht Mal parallel, um Fehler zu minimieren. Der gesamte Bildschirm ist mit engen Zeilen der vier Buchstaben A, C, G und T ausgefüllt. Taudien hat ein Textverarbeitungsprogramm geöffnet, das ihm mit dicken roten Markierungen anzeigt, wo bei den verschiedenen Scanvorgängen die Maschinen unterschiedliche Farben gemessen haben, also unterschiedliche Basen. »Es ist wie ein Puzzlespiel. Manchmal sträuben sich die Bakterien einfach, einen DNS-Abschnitt zu kopieren, und manchmal geraten Reststücke der Bakterien-DNS dazwischen und kontaminieren die Probe«, sagt er schulterzuckend. »Manchmal liegt es an der Justierung des Sequenziergerätes. Und manchmal baut der Computer beim Assemblieren der einzelnen Teilstücke Mist.« Also sitzen hier menschliche Editoren, um zumindest die gröbsten Schnitzer auszusortieren. »Der zuverlässigste Computer sitzt eben zwischen den Ohren«, sagt ein Kollege. Die Arbeit dieser schriftkundigen Textarbeiter vor ihren flimmernden Monitoren erinnert ein wenig an die Arbeit von Mönchen in dämmrigen Skriptorien, welche im Mittelalter die Texttreue alter Handschriften überprüften. Für die endgültige Version im Jahr 2003, den so genannten Final Draft, soll die Genauigkeit der Genomsequenz des Menschen 99,99 Prozent betragen, also ein Fehler auf zehntausend Basenpaare.

Rund 30 Kilobasen kann ein geübter Textarbeiter pro Tag überprüfen. Eine Kilobase entspricht tausend Basen, den »Buchstaben« des Erbguts also. Kilobase klingt ein wenig wie Kilobyte und wird genau so abgekürzt (KB). Das ist kein Zufall.

> Schon im Jahr 2000 wird der Mensch von Hunger und Infektionskrankheiten befreit sein. Die meisten Leute werden bis ins hohe Alter von 90 oder 100 Jahren sowohl körperlich als auch geistig ein Leben ungebrochener Tatkraft führen. Defekte Teile des Körpers werden ersetzt, und dies sogar noch vor der Geburt.
>
> – H. Bentley Glass, Genetiker, in der New York Times, 1967

Binnen 24 Stunden werden dann diese Texte aus vier Buchstaben per Datenleitung in eine der großen Gendatenbanken im Internet überspielt, wo sie in die gesamte Gensequenz eingefügt werden, diesen Textkorpus von schätzungsweise drei Milliarden Buchstaben Länge. Diese Datenbanken können von jeder Forschergruppe und jeder Privatperson eingesehen werden.

Spätestens, wenn die Erbgutschnipsel als Rohdaten eingescannt sind und auf dem Bildschirm angezeigt werden, mutiert die Genforschung endgültig zu einer Computerwissenschaft. Dass die 400 000 Einzelsequenzen im Mai 2000 überhaupt in die richtige Reihenfolge gebracht werden konnten, war nur durch die Arbeit von Jim Kent möglich, einem amerikanischen Studenten, der innerhalb von vier hektischen Wochen ein Sortierprogramm aus dem Ärmel schüttelte, das mit Hilfe von 100 vernetzten Rechnern den Gencode zusammenstoppelte. Das Wunder gelang nur deshalb, weil Kent zuvor Erfahrung gesammelt hatte als Programmierer von Trickfilmsoftware.

Erst nachdem die Rohdaten durch die Software des Trickfilmers zusammengesetzt worden sind, kann die eigentliche Arbeit beginnen: die Suche nach möglichen Sequenzen, die möglicherweise mit Krankheiten zusammenhängen. Und irgendwann einmal: neue, wirksame Medikamente.

Doch so weit ist es längst noch nicht. Seit der voreiligen Feierstunde zur Entschlüsselung des Menschen macht das Modewort »postgenomisch« die Runde. Gemeint ist damit die Zeit nach der Entschlüsselung des Erbgutes. »Postgenomisch? Reiner Blödsinn«, kann sich Hans Lehrach in Rage reden, einer der profiliertesten Genforscher Deutschlands, der derzeit am Max-Planck-Institut für molekulare Genetik in Berlin-Dahlem forscht. »Für mich beginnt die postgenomische Phase dann, wenn wir das menschliche Genom als Ganzes verstehen. Bislang haben wir immer nur Einzelgene beschrieben. Jetzt müssen wir das Netzwerk aus Genen und Eiweißen und Umwelt erforschen.«

Derlei Realismus hat es schwer in einer Zeit, in der die Biotech-Branche sich hysterisch verhält wie die Dotcom-Branche vor ihrem großen Zusammenbruch. Sobald der dumpfige Geruch der Kolikulturen und die Mühen der Textkorrektur verflogen sind, kommt manch einem Forscher auch der Realitätssinn abhanden. Dann gelten plötzlich »viele, wenn nicht alle« Krankheiten als so gut wie besiegt.

Gen wir zu dir oder zu mir: Forschung als Spektakel

Im Jahr 2000 mutierte die Kartierung des menschlichen Erbguts endgültig zum Teil des Showbusiness. Die Entzifferung des menschlichen Genoms begann offiziell im Jahr 1990 und sollte nach dem ursprünglichen Plan erst 2005 abgeschlossen sein. Über 1 000 Wissenschaftler aus 50 Ländern schlossen sich zum Human Genome Project (HGP) zusammen und teilten die Arbeit untereinander auf, großenteils finanziert von den jeweiligen staatlichen Fördertöpfen. Ohne die weltweite Vernetzung der Forschergruppen via Internet wäre das Projekt nicht möglich gewesen.

Doch die Arbeit ging nicht recht voran, bis Konkurrenz auftauchte. Craig Venter, ein amerikanischer Forscher, kündigte

1998 an, die Arbeit in einem Bruchteil der Zeit zu erledigen: bis zum Jahr 2001. »Celera« nannte er seine Firma, was auf Lateinisch »schnell« bedeutet. Seitdem ist die Genforschung ein Spektakel, ein Schaukampf zwischen den »guten« Forschern an öffentlichen Instituten und dem gierigen Möchtegernmonopolist Venter, der es nur auf die Patentierung menschlicher Gene abgesehen hat. Dass auch seine Kollegen in den öffentlichen Forschungseinrichtungen fleißig menschliche Gene zum Patent anmelden, spielt in diesem Märchen meist eine untergeordnete Rolle.

Im Januar 2000 verkündete Venter das erste Mal stolz, dass »90 Prozent des menschlichen Erbgutes« kartiert seien. Im Februar gab Tony Blair Contra und verkündete seinerseits, dass die detaillierte Kartierung durch die öffentliche Forschung »der erste große technische Triumph des 21. Jahrhunderts sei. Im April legte Venter nach: Die Kartierung des menschlichen Genoms sei angeblich zu 99 Prozent abgeschlossen. Die Börsen reagierten euphorisch, der Kurs der Celera-Aktie stieg am gleichen Tag um 24 Prozent. Das konnte Francis Collins, der Leiter der konkurrierenden HGP-Allianz nicht auf sich sitzen lassen und verkündete prompt am darauf folgenden Wochenende: »Es gab ein paar unglückliche Zitate, die implizierten, dass Celera Genomics das gesamte menschliche Erbgut entschlüsselt haben, das ist aber einfach nicht wahr.« Dies Ziel werde jedoch »in den nächsten paar Jahren« von keiner Organisation erreicht werden. Dies sei nicht vor dem Jahr 2003 zu erwarten, hieß es von Seiten der HGP. Die Celera-Aktie ging in den Sturzflug über und verlor am nächsten Börsentag fast ein Viertel ihres Wertes.

Die Schmierenkomödie erreichte ihren vorläufigen Höhepunkt mit Bill Clintons transatlantischer Talkshow im Juni 2000, auf der Blair großenteils einfach noch einmal sein Statement vom Februar herauskramte. Auch Francis Collins warf die skeptische Haltung, die er noch im April gezeigt hatte, über Bord, feierte nun fröhlich mit und schwadronierte: »Heute feiern wird die Enthüllung der ersten Fassung vom Buch des Lebens.« Als nächster Jubeltermin folgte im Februar 2001 die Veröffentlichung der Ergebnisse der konkurrierenden Projekte in zwei konkurrierenden Zeitschriften: Venter in Science und die HGP-Gruppe in Nature. Ein Jahr nach diesem euphorischen Höhepunkt waren die Celera-Aktien wieder im Keller. Venter verlor seinen Chefposten. Das Märchen griff nicht mehr. Doch die Feierei ums ungelegte Ei dürfte damit noch lange nicht zu Ende sein. Schon 1989 halluzinierte der Nobelpreisträger Walter Gilbert: »Wir haben jetzt den Schlüssel für das Goldene Zeitalter. Die Gentechnik wird uns einen Reichtum bescheren, der das Ende der sozialen und wirtschaftlichen Evolution bedeutet. Die Menschheitsgeschichte ist damit am Endpunkt angelangt.« Das Phantasma dieser Posthistorie wird neuerdings nicht mehr politisch, sondern biologisch begründet. Eine »posthumane Gesellschaft« formiere sich, wenn Wissenschaftler einen »neuen Menschen« erschaffen, orakelt der amerikanische Politologe Francis Fukuyama wieder einmal, der schon 1989 das Ende der Geschichte ausgerufen hatte. Bislang kannte man derlei schamlose Vorankündigungen von »Vaporware«, von Software, die spät oder nie fertig wird, nur aus der Computerbranche. Nun also hat die vielleicht wichtigste medizinische Grundlagenforschung nicht nur die Hightechmärchen der Computerbranche übernommen, sondern auch ihre Fahrlässigkeit. Doch wenn die Hightechmärchen nicht mehr nur als Unterhaltung und Inspiration genommen werden, sondern als handlungsleitende Maximen, schlagen sie um in gefährliche und teure Desinformation.

Wer ständig erzählt, dass schon bald alle Krankheiten besiegt seien, glaubt am Ende selber daran. Doch wo es um den Hack des menschlichen Körpers geht, steht mehr auf dem Spiel als nur ein Systemabsturz.

Die Versuche, die Gentherapie bereits in echten Krankenhäusern an echten Menschen zu erproben, hatte zu diesem Zeitpunkt bereits ein Todesopfer gefordert. Der junge Amerikaner Jesse Gelsinger war nach einer erfolglosen Therapie im September 1999 gestorben, mit 18 Jahren. Sein Vater beklagte in einer Anhörung vor dem US-Senat, dass die Forscher sich unverantwortlich verhalten hätten. »Die Aufmerksamkeit sollte nicht darauf liegen, als Erster durchs Ziel zu gehen«, sagte er. »Sondern darauf, dass keine unnötigen Risiken eingegangen werden und keine Leben verschwendet werden. Und dass keine Väter mehr ihre Söhne verlieren.«

Das Genlotto

Nicht nur die guten alten Märchen der Computerfrömmigkeit gehen auf die Genforschung über, sondern auch viele ihrer Probleme: mangelnde Zuverlässigkeit, übertriebene Hast, Schludrigkeit, Hardwareschwächen, Softwarefehler. Der Mythos von der selbst gebastelten Menschmaschine ist seit der Urzeit der Kultur präsent, doch seine neueste Remix-Version swingt immer noch zum Beat seiner jüngsten Metamorphose: dem Cyblabla und Digidada der Computereuphorie. Wie bei Internet-Start-Ups schießen die Kurse von Biotech-Firmen nervös auf und ab, deren Marktwert direkt gekoppelt ist an jede neuerliche Verkündigung der Entschlüsselung des menschlichen Genoms und an den Spannungsbogen des Hightechmärchens vom programmierbaren Menschen. Auch Bugs und Ungenauigkeiten tauchen bei der Kartierung des Erbgutes immer wieder auf, wie man es bislang meist von fehlerhaften Computerprogrammen kennt. Die Fruchtfliege Drosophila melanogaster zum Beispiel ist einer der besterforschten Organismen überhaupt, seit vielen Jahren das Haustier der Biologie. Stolz präsentierte Celera die Genomsequenz des Insekts. Doch schon bald merkten Kritiker an, dass rund die Hälfte der Sequenz den Ergebnissen früherer Forschungsarbeiten in einer anderen Datenbank widersprach. Viele der Fehler seien dadurch entstanden, dass man sich zu sehr auf Computer verlasse, so Samuel Karlin, ein Mathematiker aus Stanford. »Die Leute versuchen einfach, sich so durchzumogeln, ohne noch echte Experimente zu machen.« Ähnliche Widersprüche tauchten beim menschlichen Genom auf. Als endlich die bislang vorhandenen Daten der ersten Rohfassung des menschlichen Genoms im Februar 2001 publiziert wurden, hatten sich die Autoren darauf geeinigt, nicht einfach noch ein viertes Mal die Entschlüsselung zu feiern, sondern den symbolischen Akt mit einer Neuigkeit aufzupeppen: Das menschliche Erbgut verfüge nur über rund 30 000 Gene, während man gemeinhin bis zu drei Mal so viele vermutet hatte. Schon im Juli 2001 wurde diese erstaunliche Einsicht wieder hinterfragt: Angeblich sollten es nun doch immerhin 65 000 Gene sein, mindestens. Bioinformatiker der Ohio State University hatten die Informationen aus

14 verschiedenen Gendatenbanken mit Hilfe eines Supercomputers miteinander verglichen. Vernichtendes Fazit eines Insiders: »Die versuchen, durch eine verschmierte Brille hindurch verschmierten Text zu lesen.« Dieser Expertenstreit dürfte sich noch eine Weile hinziehen. Er illustriert vor allem, wie tief in den Kinderschuhen die Wissenschaft vom menschlichen Erbgut noch steckt.

> Wenn nicht die Wissenschaftler Gott spielen, wer dann?
> — James Watson

Nicht nur bei der Anwendung an realen, lebenden Patienten entwickelt das Märchen von der Entschlüsselung und Beherrschung des Erbgutes eine gefährliche Eigendynamik. Auch bei der Patentierung von einzelnen Genen zeigt sich, wie weit Märchen und Realität auseinander klaffen. Zum Beispiel BRCA 1. BRCA 1 ist ein Krebsgen und spielt wahrscheinlich in rund fünf Prozent aller Brustkrebsfälle eine Rolle. Doch wer auch immer diesen Erbgutabschnitt erforschen will, um zum Beispiel neue Verfahren zur Tumorbehandlung zu entwickeln, muss eine teure Lizenz von der US-Firma Myriad Genetics erwerben, die das Patent auf BRCA 1 hält – ein Monopol für zwanzig Jahre. Und das, obwohl das Gen weder von dieser Firma erschaffen wurde noch überhaupt die genaue Funktionsweise bekannt ist. Andere Forscher vermuten, dass BRCA 1 möglicherweise auch an der Entstehung von Dickdarm- und Prostatakrebs beteiligt sein könnte. Egal, die Firma Myriad hat trotzdem Anrecht auf Patentgebühren. Urheberrecht und Patente sind eine große Errungenschaft, ohne die es viele Erfindungen nicht gäbe. Wenn allerdings Patente blindlings und überhastet an jeden erstbesten Aufschneider verschleudert werden, verkehren sie sich ins Gegenteil und ersticken die Forschung durch unergiebige juristische Blockaden. Das Märchen von der Entschlüsselung droht, wohlmeinende Patentämter blind zu machen gegenüber dem gigantischen Unwissen der Genbranche. Die Patentrechtslage wird so zu einem tragikomischen Albtraum. Ungefähr so, als hätte Galileo, als er den Jupitermond Io entdeckte, rasch ein

Patent auf diesen Himmelskörper angemeldet, um dann die Nasa zu verklagen, wenn sie eine Sonde hinschickt. Oder so, als hätte James Watt 1769 seine Dampfmaschine mit den Worten angemeldet: »Ein Gerät, das direkt oder indirekt mit Wasser zu tun hat und in fünf Prozent der Fälle an der Erzeugung von Energie beteiligt ist, aber vielleicht auch an der Erzeugung von irgendetwas anderem.« Wäre er mit einem solchen Patent durchgekommen, hätte die industrielle Revolution nie stattgefunden. Doch genau das ist die Patentierungspraxis der Genbranche heute. Und der Glaube an das Märchen von der Entschlüsselung des Menschen ist zu mehr als fünf Prozent an dieser Entwicklung beteiligt.

Die Genforschung ist eine Computerwissenschaft. Daher bleibt der Öffentlichkeit nur, sie als eine solche zu behandeln und nun Lehren aus all den zerplatzten Hightechmärchen der Nuller Jahre zu ziehen. Mit Abstürzen und Fehlentwicklungen und Codefehlern und Manipulation zu rechnen, mit vollmundig angekündigten Updates, die nie erscheinen, mit Versprechungen von Plug and Play und Zuverlässigkeit, die einer anstrengenden Alltagspraxis voller Systemabstürze und kleiner Pannen gegenübersteht. Wer also ein paar Computermythen aufmerksam verfolgt hat, könnte die daraus gezogenen Erkenntnisse auch auf das Gebiet der Gentechnik übertragen. Vom Linux-Märchen könnte man zum Beispiel lernen, dass das Veröffentlichen von Fehlern ein Qualitätsmerkmal ist, kein Makel. Je länger die Korrekturliste einer Sequenzdatenbank oder einer Gentherapie wäre, desto größer das Vertrauen in sie. Gendatenbanken sollten also, so weit das datenschutzrechtlich geht, öffentlich einsehbar bleiben. Exklusive Daten wären im Linux-Modell einer Gendatenbank weniger glaubwürdig als öffentlich einsehbare. Die proprietäre Gendatenbank von Celera Genomics würde dementsprechend an der Börse abgewertet werden. Nur, wer mit diesen Datensätzen eine Heilmethode entwickelt, sollte diese auch patentieren können. Ein solcher ebenso pragmatischer wie spielerischer Umgang mit der Genforschung zeichnet sich bereits ab. Beim großen »Gene Sweepstake«, einer Gen-Lotterie im Internet, darf jeder eine Wette abschließen auf die Preisfrage, wie viele Gene der Mensch nun hat. Wer am nächsten dran ist mit seiner Schätzung, gewinnt. Die Schätzungen gehen oft weit auseinander, doch ihr Mittelwert stimmte zumindest bis Ende 2001 erstaunlich präzise mit dem Ergebnis des Supercomputers überein: rund 60 000 Gene. Die Genforschung ist Teil und Nachfolger der Computerbranche und das Genlotto im Internet eine konsequente Weiterentwicklung. Die Forschung am menschlichen Erbgut erscheint in diesem Licht als ein großes interaktives Gesellschaftsspiel, an dem jeder Mensch buchstäblich beteiligt ist durch seine eigenen Gene. Dieser spielerische Umgang mit dem neuen Interaktiv-Märchen, bei dem sich jeder Teilnehmer als Hauptperson imaginiert, bedeutet einen tief greifenden Umbau der moralischen Landschaft im Morgen-Land. Diese Umcodierung der moralischen Werte ist sehr viel weiter fortgeschritten als die verheißene Umprogrammierung des Menschen.

DNS-Dadaisten, Laborhengste und Gen-Dandys

Peter Pohl ist ein Gen-Dandy, typisch für die Nuller Jahre: ein braun gebrannter Jungmanager im modischen Anzug, Mitgründer der Sequenzierfirma GATC in Konstanz (www.gatc.de). »Wir machen hier nicht die spießigen Laborhengste«, grinst er anlässlich der Biotechnica, einer Fachmesse der Gentechnikbranche auf dem Messegelände in Hannover, wo jedes Jahr im März auch die Cebit über die Bühne geht. Meist betreibt Pohl Auftragsforschung, pro Basenpaar nahm er 2001 umgerechnet 28 Eurocent. Der Kunde schickt das Erbgut nach Konstanz und kann die Sequenz ein paar Tage später per Internet herunterladen. »Safer Seqs« heißt das System, was soviel heißt wie »Sichere Sequenz«, aber klingen soll wie »Safer Sex«. »Die meisten unserer Kunden sind zwischen 25 bis 40 Jahre alt, die finden das cool«, prahlt Pohl. Bislang sind seine Kunden ausschließlich Profis aus anderen Labors. Noch.

Firmen mit Science-Fiction-Namen wie Genedia aus München oder Humatrix aus Frankfurt werben bereits aggressiv für Vaterschaftstests: »Ganz der Vater. Sind Sie sicher?« So wurde im Sommer 2001 in Köln auf Plakatwänden die Angst des Vaters vor dem Kuckuckskind geschürt. Ein angesabberter

Schnuller des vermeintlichen Nachwuchses genügt, dazu etwas Pipi von Papa und schon herrscht Klarheit, angeblich mit über 99,999-prozentiger Sicherheit, ob der Nachwuchs selbst gezeugt ist oder ob er das Ergebnis eines folgenreichen Seitensprungs der Mutter ist. Rund 1 000 Euro kostet der neue Test. Bis zu 300 Anfragen pro Monat bekommt die Firma Humatrix. Nachdem die Pille die Sexualität befreit hat, geht man nun mit Eppis daran, die Kollateralschäden zu begrenzen. Die Stimme des Blutes regt sich wieder, im Duett mit dem Klang des Geldes, schließlich geht es um Alimentezahlungen und Erbrecht. Ein Volker B. aus Berlin erklärte der Bild-Zeitung: »Ich bin vermögend. Musste einfach Gewissheit haben, damit mir kein falscher Erbe untergeschoben wird. Das Ergebnis ist eine Tragödie. Jetzt ist die Beziehung zerstört.« Die eigentliche Tragödie jedoch dürfte ganz woanders liegen: im Glauben an die Vorbestimmtheit durch die Gene. Und das in einer Zeit, wo doch in der Realität Ziehväter und Stiefmütter längst an der Tagesordnung sind.

> Die lesen doch mit beschlagenen Brillengläsern einen verwaschenen Text.
>
> — William Haseltine, Human Genome Sciences, über die Schätzung, dass es nur 30 000 menschliche Gene gebe

Erstes Opfer droht dabei die informationelle Selbstbestimmung zu werden, denn eine rechtliche Handhabe gab es nicht, als die Testkits in die Apotheken kamen. Meist weiß die Mutter nichts vom heimlichen Gentest durch den Vater. »Es ist ja wohl ein Witz«, wetterte der Bundesdatenschutzbeauftragte Joachim Jacob, »dass man sich strafbar macht, wenn man einen fremden Brief aufmacht, aber nicht, wenn man heimlich einen Gentest machen lässt.«
Pohl von der Firma Gatc dagegen denkt in eine andere Richtung: Wir wäre es mit einem Gentest, um zu überprüfen, ob das Stück Vollkornbrot aus dem Bioladen auch wirklich frei

ist von Gensoja? »Die Ökobewegung von morgen kommt ohne Genlabors gar nicht mehr aus«, verspricht Pohl.
Eigens für den Postversand hat er ein knallorange designtes »Böxle« entwerfen lassen, einen Plastikbehälter, in dem sich zehn »Eppis« unterbringen lassen, winzige Gefäße der Firma Eppendorf, wie sie in der Genforschung Standard sind. Wer bei GATC anruft, wurde bisweilen mit dem Discohit »Street Life« in der Warteschleife unterhalten. Life Science goes Lifestyle. Mode und Business verschmelzen wie früher bei Dotcom-Firmen, bevor der Crash kam und sich die Branche zurück in schwarze Anzüge flüchtete. Nun werden die großen Hightechmärchen auf den Alltag heruntergebrochen. Auf Safer Seqs beim Frühstück. Wird Molekularbiologie hip?

Bislang rangen zwei unversöhnliche Fraktionen in langatmigen Appellen um Platz im Feuilleton: Forscher auf der einen Seite, »Laborhengste«, die völlig freie Hand für die Forschung verlangen. Und moralische Instanzen auf der anderen Seite, die vor einem »Dammbruch« warnen, vom »Überschreiten des Rubikon« und vor der Biotechnik als Grundlage für eine neue Stände- oder Sklavenhaltergesellschaft, in der gentechnisch verbesserte Menschen eine Unterschicht normal geborener beherrschen oder andersherum. Ihr Ideal ist stets irgendeine Form der »Natürlichkeit«, gegen die nicht verstoßen werden sollte.
Nun tritt ein neuer Typus auf: nennen wir ihn einfach den Gen-Dandy. Gen-Dandys flanieren zwischen den moralischen Fronten, und zwischen Labors und Fernsehstudios und würden die meisten Entscheidungen über Gentherapie und Stammzellenforschung und das Klonen von Jesus am liebsten den Mitspielern in diesem entfesselten Genlotto überlassen: Jedem einzelnen selber. Sie lieben es zu provozieren, sind mit dem Biotech-Jargon vertraut, investieren an der Börse und lesen Nature und Nietzsche, Bild und Bild der Wissenschaft. Frank Schirrmacher, als Mitherausgeber zuständig für das Feuilleton der Frankfurter Allgemeinen Zeitung (FAZ), ist so ein Gen-Dandy. Als das Humangenom im Juni 2000 zum dritten Mal »entschlüsselt« wurde, räumte er in einem Anfall von akutem DNS-Dadaismus die Feuilletonseiten frei, um einfach die verworrene Sprache Gottes abzudrucken, als

einen »Roman«, wie er es nannte. Hightechmärchen sind für ihn erst einmal unterhaltsame Science-Fiction, Moral wird durch Ästhetik ersetzt. Seither liest sich das FAZ-Feuilleton wie eine Art Goldenes Blatt der Hightechbranche, voll huldvoller Hofberichterstattung über den neuen, selbst ernannten Forscheradel. Aber als Gen-Dandy Nummer eins müsste natürlich der Philosoph Peter Sloterdijk genannt werden: »Wir tun immer so, als wäre Moral das letzte Wort, das es nur im Singular gibt«, kritisiert er. Er dagegen setzt auf die Moral im Plural, begrüßt ihre Deregulierung und polemisiert ausführlich gegen die »katholische Renaissance«, die aus religiösen oder ökologischen Gründen dafür plädiert, der Genforschung enge Grenzen zu setzen.

Auch André Rosenthal ist ein Gen-Dandy, ein Molekularbiologe, dem der zweifelhafte Titel »Genstar« verliehen worden ist von »Bild der Wissenschaft«, weil er ein »gut aussehender, eloquenter Wissenschaftler« sei. Diese Einschätzung stimmt. Der zierliche Mann Mitte vierzig spricht mit sanfter Stimme und gestikuliert dazu einfühlsam mit feingliedrigen Pianistenfingern. Bis Sommer 2000 leitete er die Genomsequenzierung in Jena und baute parallel seine Firma metaGen auf, eine Schering-Tochter. Eine solche Doppelfunktion wäre früher undenkbar gewesen, zumindest aber höchst anstößig. Auch dieser Teil der Moral ist heute dereguliert. Gerne plaudert Rosenthal beim Essen mit Journalisten über Gott und die Welt. Über seine Liebe zum Klavierspiel und zu atonaler Musik, über sein Studium der Chemie in der DDR, darüber, wie sein Vater als Jude verfolg wurde und den Krieg in einem Versteck in Berlin erlebte. Seine Erwartungen an die Gentechnik sind realistisch und bescheiden. Er will keine posthumanen Supermänner züchten und erst recht keine Rudel künstlicher Hitlers. Ihm schweben eher Genchips vor, die eine persönliche Diagnose eines jeden Patienten erlauben. »Welches Medikament vertrage ich? Wie hoch ist mein Krebsrisiko? Wenn ich das mit einiger Wahrscheinlichkeit weiß, kann ich mich dementsprechend verhalten, zum Beispiel mit dem Rauchen aufhören. Das ist die beste Genmedizin.« Das Hightechmärchen vom Umbau des Menschen dagegen erzählt er nicht. Sondern redet sich spontan in Rage, wenn es um genmanipuliertes Gemüse geht. »Davon halte ich gar nichts«, sagt er, »Mein Gemüse hole ich mir am liebsten vom Ökomarkt.« Der Genforscher im Bioladen – genauso bunt und überraschend stellt sich die Welt dar, wenn jeder User mit seiner eigenen Patchwork-Moral an die Entscheidungen über Gesundheit und Krankheit herangeht, von Leben und Tod.

Lackmustest mit weichem Fell und langen Ohren

In den Nuller Jahren wird die Moral dereguliert so wie der Telekommunikationsmarkt in den Neunzigern, individualisiert wie ein Computerspiel, auf die Zukunft ausgerichtet wie eine Gewinnwarnung an der Börse. Expertenmeinungen widersprechen sich, die genetische Wahrheit wird per Internet in einem Lottospiel ermittelt. Viele sind angesichts dieser wirren Gemengelage der neuesten Hightechmärchen vom neuen Menschen verunsichert. Und dennoch muss jeder selber entscheiden auf dem neuen, lauten Marktplatz der Moral, den Sloterdijk und andere Gen-Dandys bevölkern. Jeder ist in diesem Interaktivmärchen von der Schönen Neuen Welt der veränderbaren Gene seine eigene Hauptfigur. Nachfolgend findet der geneigte Leser daher das Angebot, einen kleinen Selbstversuch mitzumachen, einen Lackmustest, was in der Schönen Neuen Welt der Biotechnik wünschenswert und möglich ist und was dagegen herzlos und erschütternd. Lesen Sie das nachfolgende Unterkapitel einfach zu Ende, und entscheiden Sie dann: Sind Sie entrüstet? Befremdet? Geschockt? Oder amüsiert?

Dieser Lackmustest hat lange Ohren, ein kuschwelweiches Fell, ein kleines feuchtes Näschen und heißt Alba. Alba ist ein transgenes Albinokaninchen. Hält man Alba unter »Schwarzlicht«, dann beginnt das Tier quietschgrün zu leuchten. Alba wurde im Sommer 2000 im Rahmen des französischen Medienkunstfestivals »Avignon Numérique« (www.avignonumerique.com) als Stargast angekündigt. Grünes Licht für eine neue Ära: Alba ist das erste gentechnische Kunstwerk der Welt, ein lebendes Kunstwerk, ein modernes Märchen. Brutal und aufwühlend, wie es sich seit je für ein ordentliches Märchen gehört. »Transgene Kunst«

nennt der ideelle Vater des grün leuchtenden Mümmelmanns das Tier und die Kunstrichtung, für die es steht. Eduardo Kac, um die vierzig, ist Assistenzprofessor an der Kunsthochschule des renommierten Art Institute of Chicago. »Katz« spricht man seinen Namen aus. Seine Installationen waren ebenso im Museum of Modern Art in New York zu sehen wie im Inter Communication Center in Tokio.

Ein halbes Jahr zuvor hatte er Alba in Auftrag gegeben beim französischen Forschungsinstitut für Landwirtschaft (Inra) in Jouy-en-Josas bei Paris, einer staatlichen Großforschungseinrichtung mit über 8 000 Mitarbeitern. Das Stereotyp des besessenen Dr. Frankenstein unterläuft Kac schon durch sein Auftreten. Wenn der pausbäckige Lockenkopf über seine künstlerischen Ungeheuerlichkeiten plaudert, verströmt sein honigweicher Singsang die Wärme einer Selbsterfahrungsgruppe. »Ich werde nie vergessen, wie ich Alba das erste Mal auf den Arm genommen habe«, säuselt er, als rezitiere er aus dem Tagebuch einer 13-Jährigen. »Sie stupste gleich verspielt ihre Nase in meine Armbeuge, um besser mein sanftes Streicheln zu genießen.«

Alba solle trotz ihres grün leuchtenden Fells ein stinknormales, erfülltes Kaninchenleben führen, sagt Kac. Alba könne herumhoppeln, Möhren knabbern, sich fortpflanzen. Ohnehin greife der Mensch seit dem Mittelalter in die Evolution der Kaninchen ein. Allein in den USA gebe es 45 verschiedene, mit herkömmlichen Methoden der Kreuzung und Zuchtwahl herausselektierte Kaninchenrassen. Die Gentechnik setze einfach nur fort, was Kaninchenzüchter seit Jahrhunderten tun. Vor allem aber macht Kac die Sensationen des Alltags im Genzeitalter sichtbar.

Das Inra-Institut zum Beispiel erschafft routinemäßig »transgene« Kaninchen als so genannte »Modellorganismen«, um menschliche Krankheiten zu erforschen. Das Labor ist ein wahres Panoptikum des hoppelnden Siechtums, voller serienmäßig und absichtlich kranker Versuchskaninchen mit Herzbeschwerden, Arteriosklerose oder Aids. Um zu testen, ob ein künstlich eingepflanztes Krebsgen auch wirklich eingebaut worden ist ins Erbgut eines Tiers, wird es zur Markierung meist gekoppelt mit einem Gen, welches das Tier zum Leuchten bringt. Durch diesen Trick lässt sich mit bloßem Auge erkennen, welche Kaninchen »normal« und welche erfolgreich manipuliert und zum Beispiel krebsanfällig sind.

> Die Biotechnologie ist die Basistechnologie des nächsten ökonomischen Großzyklus.
> — Claus Koch

Um Alba und seine Verwandten zum Leuchten zu bringen, hat man in ihr Erbgut die genetische Bauanleitung für das »Grün Fluoreszierende Protein« (GFP) eingepflanzt, gewonnen aus der von Natur aus leuchtenden Qualle »Aequorea victoria«. Das Einpflanzen dieses Quallengenes ist eine Standardprozedur und funktioniert auch in anderen Organismen wie Moskito und Maus, Frosch, Fruchtfliege und Zebrafisch. Risiken und Nebenwirkungen sind nicht bekannt. Ein transgenes Tier allerdings, das aus rein ästhetischen Gründen grün leuchtet, hatte es bis dato nicht gegeben. Kac katapultierte mit seiner Aktion das Kunstwerk in die Ära seiner biologischen Reproduzierbarkeit. Ihm Sadismus vorzuwerfen wäre verlogen, denn er macht nur öffentlich, was tagtäglich und seit vielen Jahren hinter verschlossenen Labortüren geschieht.

Dennoch ist die Vorstellung eines lebenden, genmanipulierten Kunstwesens schwer zu ertragen. »Demo or die« heißt es in der Softwarebranche, entweder man schustert schnell eine Demoversion zusammen, mit der man Investoren findet, oder man geht unter. Demoversionen sind Zukunftsmärchen zum Anfassen und Ausprobieren. In den Nuller Jahren wird auch der moralische Diskurs von derartigen Demos bestimmt. Der italienische Frauenarzt verhilft einer Frau über sechzig zur Schwangerschaft. Zwei Brüder basteln in Boston ein menschliches Ohr an eine Maus und schaffen damit eine moderne Ikone der völlig entfesselten Forschung. Kac kramt einfach ein ganz normales Versuchskaninchen aus einem Labor hervor und widmet es wie ein objet trouvé zu einer Ikone um. Alba ist eine lebende Demoversion dessen, was auch mit Menschen möglich wäre. Wir alle sind Alba, das Fleisch gewordene Märchen von der beliebigen Programmierbarkeit des Körpers.

Seit rund 20 Jahren treibt Kac derlei provokante Scherze. Der 1962 in Rio de Janeiro geborene Kunstclown beginnt seine Karriere Anfang der Achtziger im Herzen der brasilianischen Boheme mit hippiesker Performancekunst am Strand. Als Graffiti in Mode kommt, wird er Sprayer. Nebenher studiert er Sprachwissenschaften an der Päpstlich-Katholischen Universität in Rio, wo er den Computer als Ersatz für farbige Fassaden entdeckt. Als das »Videotex«-System eingeführt wird, verschickt er Gedichte per Modem. Wo der Zeitgeist weht, ist Kac fortan nicht fern, oft ist er sogar dem Trend um eine Hasenlänge voraus, ein Ingenieur für Zeitgeistmaschinen. Mitte der Achtziger zum Beispiel schwärmt alle Welt von Holographie, also brennt Kac Gedichte mit eingebautem 3-D-Effekt, die sich je nach Betrachterwinkel verändern. »Holopoesie« nennt er diese optischen Wortspiele. 1989 geht der Holopoet zum Auslandsstudium nach Chicago, seine Freunde nennen ihn nun »Ed«. »Virtual Reality« ist gerade angesagt, also bastelt er Kunstwerke, die übers Netz ferngesteuert sind: Ed baut einen Vogel aus Stahl, durch dessen digitale Augen das Publikum per Internet die Welt des schrägen Vogels erkunden kann. Dann kommen die Menschmaschinen in Mode. Cyborgs gelten als sexy, also legt sich Kac 1997, umringt von Zuschauern, auf ein Krankenbett, jagt eine Kanüle in seinen rechten Arm und spendet Blut für einen Roboter, der den Lebenssaft verbrennt und Kac als Dankeschön eine Mischung aus Traubenzucker in die Blutbahn spritzt. Ed fordert die Ausdehnung der Menschenrechte auf Maschinen. »Wir haben uns immer gefragt: Was können Maschinen für uns tun?«, persifliert er todernst eine Kennedy-Rede. »Nun ist es an der Zeit zu fragen: Was können wir gemeinsam tun?« Ed Kac ist der Gottschalk der Cyberelite geworden, ein laufendes Trendbarometer, ein tiefernster, hysterisch alberner Märchenonkel. Wenn Kac auf einer Konferenz auftaucht, bleibt kein Auge trocken – sei es vor Wut, Bestürzung oder Lachen. »Die elektronische Kunst ist an ihr Ende gelangt«, lispelt Kac. Nun beginne die Ära der Bio-Kunst. »Elektronische Interaktivität ist doch nur ein armseliger Ersatz für die biologische Interaktivität, wie wir sie mit einem wunderbaren Wesen wie Alba erleben.«

I'm as fond of my body as anyone else, but if I can be 200 with a body of silicon, I'll take it.

— Danny Hillis

In Avignon kam es doch noch zum Eklat. Die Inra-Institutsleitung bekam Angst vor einem Sturm der öffentlichen Entrüstung und behielt Alba, das leuchtende Kaninchen »aus Sicherheitsgründen« bei sich. »Zensur« ereiferte sich Kac, »Das Labor hat mein Kaninchen als Geisel genommen.« Doch dann tröstete er sich. Das Wichtigste sei schließlich nicht das Künstlergen selbst, sagt Kac, sondern die öffentliche Debatte darüber. Nicht das Labortier, sondern das Publikum ist sein Versuchskaninchen. Alba war ohnehin nur die Vorversion des eigentlichen Hauptprogramms. Als Nächstes will Kac einen grün leuchtenden Hund erschaffen.

09_BERUF: HELLSEHER

Zukunftsforschung: Das Märchen von
der Vorhersagbarkeit des Morgen

Warum seriöse Zukunftsforscher nicht als Propheten taugen. Und warum sie gerade daher so wichig sind. Wie die Profis fürs Morgen allerlei abwegige Hightechmärchen gegeneinander ausspielen, um dennoch zu verwertbaren Vorhersagen zu gelangen. Warum für sie die Zukunft immer nur im Plural existiert. Und was die Cheshire-Katze damit zu tun hat.

Neujahr 2020. Kerstin findet die Küche nicht. Liegt wohl daran, dass sie für die Party die Einzelmodule ihres flexiblen Hauses komplett umgestellt hatte. Verkatert prüft sie das Mikro-Display auf ihrem Ehering: »1,2 Promille«, melden die Alkoholsensoren aus ihrer Blutbahn. Nebenan lärmt der Leasingroboter beim Staubsaugen. »Bring mir 'n Aspirin«, befiehlt Kerstin. Der Roboter nickt. Sie gähnt. »Fernsehen bitte«, sagt sie, und die Tischdecke vor ihr flackert auf. Wieder so ein verschnarchter Rückblick im Ersten. Wie 2003 in Deutschland wieder Dienstboten auftauchten. Die Verschärfung der Arbeitslosigkeit bis 2006. Einige Jahre später der Sieg über Krebs und Aids. Und schließlich letztes Jahr die Ausrufung des Paneuropäischen Staatenbundes (Pest). »Hör auf zu singen«, schnauzt Kerstin den Leasingroboter an, als der die Tabletten bringt. Wahrscheinlich ein Wackelkontakt im Stimmodul. Ständig dudelt er »Tomorrow never comes ...«

So oder so ähnlich sieht Kerstin Cuhls die Zukunft. Cuhls ist Deutschlands vielleicht bekanntestes Orakel. Gemeinsam mit zwei Kollegen vom Fraunhofer Institut Systemtechnik und Innovationsforschung (ISI) in Karlsruhe gibt Cuhls den Delphi-Report heraus (www.isi.fhg.de). Die Themen: Was sind die wichtigsten Innovationen in Wissenschaft und Technik? Und wie verändern sie unser Leben? Auf 450 Seiten beantwortet der Report von 1998 solche Fragen mit mehr als tausend Visionen, die bis zum Jahr 2025 Wirklichkeit werden könnten. »Ich gelte hier am Institut als alter Hase«, sagt Cuhls, die schon 1992 am ersten deutschen Delphi-Report mitgearbeitet hatte. Die Zukunft, die sie entwirft, ist echte deutsche Wertarbeit und der Aufwand gigantisch: 1,5 Millionen Mark kostet die Studie, finanziert vom Bundesministerium für Bildung und Forschung. Fast 2 000 Experten aus Wirtschaft und Wissenschaft wurden gleich zwei Mal befragt. Und zwar anonym, damit sie bei der zweiten Befragungsrunde ihre Meinung ändern konnten, ohne sich zu blamieren. Denn nichts ist so peinlich wie eine Fehlprognose – auch wenn das statistisch möglicherweise ähnlich wahrscheinlich ist wie ein Treffer.

Mit ihrem Namen verweist die Delphi-Studie auf frühere Versuche, die Zukunft vorauszusagen. Im antiken Griechenland atmete die weise Pythia in der kleinen Siedlung Delphi Erddämpfe aus einer Felsspalte ein und beriet in Trance Ratsuchende. Dem legendär reichen König Krösus etwa verkündete sie vor einer Schlacht, er werde ein großes Reich zerstören. Erst nach der Niederlage wusste man: Es war sein eigenes gemeint. Gut beraten, trotzdem dumm gelaufen. Märchen über das Morgen sind eben immer nur so gut oder schlecht wie ihre Interpretation.

Niemand vermag, ins Morgen zu schauen. Doch gerade diese Unmöglichkeit macht den Versuch zu einem beliebten Gesellschaftsspiel.

Märchen im Futur II

Es wird einmal, in nicht allzu ferner Zeit, Methoden geben, um die Zukunft präziser vorherzusagen denn je zuvor, dies Märchen erzählt man sich gerne auf Stehpartys als ein Stück alltäglicher Science-Fiction. Zukunft wird schließlich aus Gegenwart gemacht, und wer es versteht, so viele Meinungen und Fakten im Hier und Heute zu sammeln, kann sagen, wie das Morgen aussieht. Der Wetterbericht ist schließlich auch von Jahr zu Jahr präziser geworden, und mittlerweile modelliert man sogar das globale Klima. Sogar bei Wahlen sind die Vorhersagen oft erstaunlich präzise. Wenn man vorhersagen könnte, welche Zukunftsmärchen vom Grundgehalt wahr sind und welche nur Werbegewäsch, könnte man sich allerlei Arbeit und Überraschungen ersparen – unter anderem Bücher wie dies. Eine derartige Stiftung Märchentest wäre sozusagen das finale Märchen, the Märchen to end all Märchen. Leider hat dies wunderbare Finalmärchen einen Schönheitsfehler: Gerade die Zukunftsspezialisten halten die sichere Vorhersagbarkeit für abwegig. Und je seriöser ein Futurologe ist, desto stärker wird er all seine Vorhersagen relativieren. Es ist paradox. Wer über die Zukunft redet, verfälscht sie bereits. Und nur wer schweigt, kann keinen Unsinn erzählen.

Für vieles lassen sich die tollsten Sensoren erfinden. Für radioaktive Strahlung hat der Mensch kein Wahrnehmungsorgan, aber dafür einen Geigerzähler. Wenn es zu dunkel ist für die menschlichen Augen, setzt man sich eine Infrarotbrille auf und durchdringt mit den künstlich verbesserten Blicken das Dunkel. Nur ins Morgen kann niemand schauen. Die Zukunft bleibt per definition unmessbar, bis sie eintritt. Die Wettervorhersage jenseits eines Zeithorizonts von zwei Wochen gilt als schlichtweg unmöglich und nähert sich stark an das normale »Rauschen« eines Zufallsgenerators an. Und bei den Prognosen der »Wirtschaftsweisen« hat sich in puncto Treffgenauigkeit in den letzten vier Jahrzehnten wenig getan, die Rezession von 1993 wurde erst erkannt, als das Land schon mittendrin steckte, und wenn ein Wirtschaftsforscher von zwei komma zwei Prozent Wirtschaftswachstum redet, dann meint er damit eigentlich: zwischen eins und drei, denn die Ungenauigkeit beträgt nach wie vor rund ein Prozent.

Und dennoch lässt sich von der Zukunftszunft einiges lernen: Bescheidenheit und Fantasie. Und das Abschwören gegen die Untugenden der Hightech-Märchenonkels aller Couleur mit ihren Fundamentalismen, Euphorien und Apokalypsen. Die Weisen aus dem Morgen-Land wären nie so dumm, sich festzulegen.

Die moderne Delphi-Studie soll präziser sein als der antike Vorläufer und als das zeitgenössische Freihandprophezeien irgendwelcher Pressefuzzis auf der Cebit. »Ein Drittel unserer Prognosen sind Volltreffer«, sagt Cuhls, »ein Drittel totale Nieten.« Das habe eine Studie über japanische Delphi-Reports ergeben. Dort wird die Methode schon seit 1971 eingesetzt, um der Industrie bei der Entwicklung neuer Produkte zu helfen. Mit Erfolg übrigens.

Ursprünglich jedoch stammt diese Art der Zukunftsforschung aus den 60er Jahren, aus der amerikanischen Denkfabrik Rand Corporation. Die aufwendige Delphi-Methode sollte präventives Krisenmanagement sein für Staaten und Großkonzerne.

> In, sagen wir mal, 25 Jahren gibt es Fabriken, die sind etwa so groß wie ein Schrank. Da stecken wir etwas Gas hinein, ein paar Chemikalien und Software. Heraus kommt ein Minicomputer oder von mir aus auch Kleidung.
>
> — Peter Schwartz

Gerade in Krisenzeiten, wenn die Wirtschaft stockt oder eine äußere Bedrohung befürchtet wird, boomt die Zukunftsindustrie. Denn die Bedürfnisse der modernen Gesellschaft werden immer komplexer und kurzatmiger, Produktzyklen schrumpfen, Branchen verschmelzen. Treffsichere Prognosen erscheinen in dieser Situation überlebenswichtig. Beratungsinstitute, Trendforscher und Think Tanks profitieren vom Beratungsbedarf. Die Universität der Vereinten Nationen hat das »Millennium Project« aufgelegt. Die OECD arbeitet an einem eigenen »Futures-Program«, die EU verfügt ebenso über eigene Denkfabriken wie die Weltbank und der Verein Deutscher Ingenieure (VDI). Große Firmen wie DaimlerChrysler und Siemens, IBM und MBB haben hausinterne Vordenker angestellt. Es scheint sich zu rechnen, so heißt es. Lieblingsbeispiel: Der Ölkonzern Shell überstand den Ölpreisschock von 1973 nur, weil die hauseigenen Zukunftsforscher eine Krise geahnt hatten. 1987 löste sich dann eine Gruppe aus Zukunftsforschern vom Großkonzern und gründete die Beratungsfirma Global Business Network (GBN). Mit dabei: Peter Schwartz, heute Mitte fünfzig. »Ich bin ein guter Geschichtenerzähler«, sagt Schwartz. »Ich erzähle den Leuten Märchen, und sie glauben sie.« Die Leute, das sind Firmen von Apple bis Xerox, von Boeing bis Volvo.

Das »Denken auf Vorrat« sei eine sinnvolle Investition, sagt auch Cuhls. Der Stuttgarter Technologiedienstleister Dekra baute, bestärkt durch die Delphi-Studie, eine Gebrauchtwagenbörse im Internet auf. Und bei der Firma BASF lösten die Delphi-Prognosen ein Umdenken aus: Die Produktion von Magnetbändern wurde ausgegliedert und verkauft und firmiert heute unter dem Namen Emtec.

Doch vielleicht ist auch die deutsche Delphi-Studie selber ein Auslaufmodell. Sie ist zwar weithin anerkannt, kommt aber allmählich aus der Mode, denn sie gilt als bürokratisch, expertenlastig und durch das Fragebogenprinzip bisweilen fantasielos. Die Zukunft der Zukunftsforschung, glaubt Cuhls, gehört kleinen, praxisbezogenen Studien.

Moderne Untersuchungen malen kein einheitliches Bild mehr, sondern lassen verschiedene, widersprüchliche Szenarien einfach nebeneinander stehen. Fünf verschiedene »Zukünfte«, wie es im Branchenjargon heißt, beschreibt zum Beispiel die »Gruppe für prospektive Analysen« der EU für das Jahr 2010. Jede von ihnen ist dramatisch und unterhaltsam und liest sich fast so spannend wie ein Drehbuch, das je nach Gusto eher düster oder hoffnungsfroh endet; vom »Triumph der Märkte«, »Trinkwasserkrieg« bis hin zu einer friedlichen »Renaissance Europas«. Und das Millennium-Projekt der UN wartet sogar mit 16 Szenarien auf, mit selbst erklärenden Namen wie »Hightech Wars«, »Cybertopia« und »Rich get Richer«. Diese Überfülle der Fantasie lässt sich vor allem durch eines erklären: Ratlosigkeit.

Denn die Gesellschaft ist ein sich selbst beobachtendes System, und jede erfolgreiche Prognose verändert das Verhalten derer, die sie lesen. Zukunftsmärchen sind paradoxe Konstrukte, denn oft sind sie gerade darauf ausgelegt, sich selbst zu widerlegen durch ihren Einfluss auf die Realität. Sie wären demnach dann am wirksamsten, wenn sie am stärksten danebenliegen. Wenn zum Beispiel das Szenario der Trinkwasserkriege zum Bau von besseren Kläranlagen führt. Auf die Märchen aus der Morgenwelt passt das Erzählschema des Realismus nicht, sie lassen sich nicht einfach widerlegen durch Abgleich mit dem, was ist, denn sie beschreiben einfach das, was nicht völlig abwegig wäre. »Die Leute bitten mich, die Zukunft vorherzusagen, während ich versuche, sie zu verhindern«, brachte es Ray Bradbury auf den Punkt. Der Autor des moralinsauren Bestsellers »Fahrenheit 451« hat scheinbar Recht behalten: Moderne Bücherverbrennungskommandos wie er sie in seinem Roman rollen ließ, wurden bislang nirgendwo gesichtet.

Vielleicht gibt es ebenso viele Zukünfte wie Menschen. Schon heute leben wir alle zu einem gewichtigen Anteil im Morgen, das beweist der Blick auf den Terminkalender. Wie wird das Wetter am Wochenende? Gartenparty oder Fernsehabend? Wie gehen die Wahlen aus und wie die WM? Wer an der Börse mit »Futures« oder Aktien handelt oder wer eine Lebensversicherung abschließt, macht eine Wette aufs Morgen. Ähnliches gilt für das Kinderkriegen, für Kleinkredite, für Arbeitsverträge und Urlaubspläne. Ohne persönliche Zukunftsprognosen hätten wir kein Heute und wären nicht handlungsfähig.

> Ich bin ein guter Geschichtenerzähler. Ich erzähle den Leuten Märchen, und sie glauben sie.
>
> — Peter Schwartz

Offiziell studieren lässt sich die Zukunft bislang nur in den USA, als »Future Studies« oder »21st Century Studies«. In Deutschland dagegen ist die Branche auf Quereinsteiger und Autodidakten angewiesen. »Irgendwie bin ich da einfach reingerutscht«, sagt Cuhls, die zuvor Japanisch, Chinesisch und Wirtschaft studiert hat. Die Folge dieser Quereinsteigerkultur: Die Zukünfte, die deutsche Vordenker entwerfen, sind stark von ihrer jeweiligen Persönlichkeit geprägt und nicht so sehr von den Gepflogenheiten und Regeln einer akademischen Zunft.
Das Morgen ruft, der Termin ist um. Zum Abschied bitte noch ein wenig Brain Candy, ein paar Krumen aus dem übervollen Arsenal des Denkens auf Vorrat: Wie werden wir leben im Jahr 2020, Frau Cuhls?
»Wir werden ständig kommunizieren. Unsere Computer sind winzig, und wir tragen sie im Knopfloch oder als Ring am

Finger. Oder sogar unter der Haut. Dadurch sind wir permanent erreichbar, wir werden so aber auch permanent überwacht. Außerdem wird es eng auf der Erde, mit zehn Milliarden Menschen.«
Welcher Apparat wird das Leben am meisten verändern? »Ich persönlich freue mich auf den Putzroboter. Meine Freunde lachen darüber, weil es die bislang nur in der Industrie gibt. Aber bald dringen sie auch in den Privatbereich vor. Es reicht, wenn er fegt, wischt und die Fenster putzt. Vielleicht hätte ich dann die Zeit, endlich einen Science-Fiction-Roman zu schreiben.«

Gehirnjogging bei Mercedes-BenzChrysler-JeepDodgesmartFreightliner-SterlingSetra

»Zukunft ist keine Selbstverständlichkeit«, sagt Eckard Minx. »Wer abwartet, ist schon Vergangenheit.« Mit seinen flotten Sprüchen, den schwarzen Klamotten, dem o-beinigen Gang und den weit ausholenden Gesten wirkt der Mittfünfziger trotz seiner Akademikerbrille wie ein gealterter Rockstar, vor allem, wenn er seine Mitarbeiterkarte lässig um den Hals hängen hat wie an einem Saxophongurt. Doch der promovierte Volkswirt ist Vordenker des Weltkonzerns Daimler-Chrysler. Oder, wie der Konzern sich in einer Werbung stolz bezeichnet: Mercedes-BenzChrysler-JeepDodgesmartFreightliner-SterlingSetra. Ein Name wie aus einem bitterbösen Neal-Stephenson-Roman. Es ist schwer, in einer Zeit Futorologe zu sein, wo jeder Vorstandsvorsitzende sich als Morgen-Land-Experte sieht.

Seit 1992 leitet Minx bei Mercedes-BenzChrysler-Jeep DodgesmartFreightliner-SterlingSetra die Abteilung namens Gesellschaft und Technik mit Sitz in Berlin und dem Silicon Valley. Sein über 30-köpfiges Team ist doppelt so groß wie etwa die »Gruppe für prospektive Analysen« der EU. »Was wir anbieten«, sagt Minx, »ist Fitness für die Fantasie.« Das klingt ein bisschen wie »Fit for Future«. Aber schließlich muss das Morgen sich ja auch verkaufen bei Mercedes-BenzChrysler-JeepDodgesmartFreightliner-Sterling-Setra.

Fürs eigene »Hirnjogging« trifft sich seine Gruppe regelmäßig zu so genannten »Tee-Seminaren«: exklusiven Vorträgen zu Modethemen, wie zum Beispiel »Vernetzung«. Oder Minx mietet ein Theater, und seine Truppe spielt sich gegenseitig pantomimisch vor, wie zum Beispiel »Globalisierung« sich anfühlt. Trotz dieser Futurologen-Eurythmie lesen sich die Studien, die Minx betreut, durchaus seriös. Aber wenn sie fertig recherchiert und geschrieben sind, werden sie nicht einfach an den Kunden gemailt. Sondern bisweilen beim feierlichen Überbringen der Studie gleich noch als kleines Theaterstück im Büro des Kunden vorgespielt.

Das Durchschnittsalter der Mitarbeiter liegt bei Mitte dreißig. Sie tragen Anzug oder T-Shirt und Jeans, und bei Cabrio-Wetter telefonieren sie bisweilen auch auf der Dachterrasse, die beide Penthäuser der Abteilung verbindet. Man duzt sich, auch den Chef. Die Gleitzeit sorgt für ein ständiges Kommen und Gehen. Immer wieder winkt Minx aus dem Fenster, wenn draußen ein Mitarbeiter vorüberläuft. Oder er winkt gleich durch seine Tür, denn die ist komplett aus Glas. Irgendwann will er einen japanischen Zen-Garten anlegen lassen zum Meditieren.

Im Großraumbüro jenseits der Terrasse sitzen Physiker, Geographen, Designer und ein Dutzend anderer Leute auf rollbaren Stühlen an rollbaren Tischen, die sie je nach Bedarf umstellen. »Factory« heißt dieses bewegliche Arbeitszimmer. Hier bearbeitet die mobile Tischgesellschaft die Anfragen, die meist aus dem Konzern selber kommen. Factory ist ein wunderschön vielschichtiger Name. Klingt irgendwie nach Fakten. Für einfach gestrickte Ingenieursgemüter mag es wie das englische Wort für »Fabrik« klingen, für Kreativlinge dagegen ist es eine Andeutung an Andy Warhols verruchte Factory in New York, die den Rohstoff ihrer selbstverliebten Legenden in bares Geld ummünzte. Wie sieht das Autohaus der Zukunft aus? Antwort: Es ist eine Website. Schonen oder belasten Computer die Umwelt? Antwort des Factory-Orakels: Sie sind neutral. Ja und amen.

Die meisten Projekte jedoch werden als strategisch wichtig eingestuft und sind daher geheim. Ohnehin hätte die Allgemeinheit wenig davon, lediglich die Ergebnisse zu erfahren, sagt Minx, ganz der Gruppendynamiker: »Wir machen hier keine Zukunftsforschung, sondern strukturierte Kommunikation.« Und dabei sei der Weg das Ziel.

Wo also kann ich das Morgen schon heute erleben, Herr Minx?

»Mit der richtigen Einstellung überall und jederzeit, gemäß dem Aphorismus des Philosophen Hans Jonas: ›Sieh hin und du weißt.‹

Und nun noch einen kleinen Scherz über das Morgen, bitte!

»Steinzeitfrau und Steinzeitmann sitzen vor der Höhle. Sie legt den Kopf an seine Schulter und schnurrt: ›Sag mir etwas, das du noch keinem Menschen gesagt hast.‹ Er grübelt lange, dann flüstert er ihr ins Ohr: ›Lokomotive!‹«

Rechnerlogik zum Überleben

Auffällig ist, wie ungern sich Zukunftsforscher als solche bezeichnen. Vorsichtig wie junge Katzen umschmeicheln sie ihr Fachgebiet, diese Wissenschaft ohne messbaren, greifbaren Gegenstand. Wenn das Morgen eintritt, existiert es schon nicht mehr und ist ein Heute geworden. Tomorrow never comes. Grund dafür ist möglicherweise, dass irgendwann mit dem Beginn des Raumfahrtzeitalters oder der Popularisierung des Internets die Zukunft den Futurologen entwendet wurde. Es hatte sich herumgesprochen: Die kochen auch nur mit Wasser. Und jedes zweitklassige Marktforschungsinstitut überschwemmt seitdem die Redaktionen mit Zahlen, die man sich aus der Luft gegriffen hat. Die Zukunft wird geplündert wie ein herrenloser Steinbruch, und zurück bleiben viele leere Worthülsen und ein schlechter Ruf.

Die jüngste Schule der Zukunftsforscher verleugnet gleich von Anfang an ihre Herkunft aus der Vorhersageindustric und nennt sich kühl »Szenario Manager«. Das soll grundsolide klingen. Viel handfester als das intellektuelle Geschwafel von Delphi-Studien und strukturierter Kommunikation.

Für Oliver Schlake ist die Zukunft vor allem eine Frage der richtigen Software. Szenarien sollen nicht aus dem Bauch heraus entstehen wie bei Minx. Nicht durch Expertenrat wie bei Cuhls. Stattdessen mit Hilfe von Computerlogik.

Noch als Student gründete der Wirtschaftsingenieur mit zwei

Kommilitonen in Paderborn eine kleine Firma mit dem großen Namen Scenario Management International (SCMI, www.scmi.de). Die Räume sind karg, die Stühle rückenschonend. Schlake, dessen Sätze kurz wie seine Haare sind, lehnt sich in seinem Bürosessel zurück. »Zukunftsforschung ist wie Survivaltraining«, sagt er. »Man hält sich fit, ohne zu wissen, ob der Ernstfall wirklich eintritt.« Er selber betreibt Survival als Hobby und sagt zum Thema Insekten nur: »Sehr nahrhaft. Viel Eiweiß.«
Schlake ruft seine Spezialsoftware auf, den so genannten »Szenario Manager«. Eine leere Tabelle erscheint. Am Beispiel erklärt er sein Programm. Die Firma Siemens Nixdorf wollte wissen, wie die Zukunft des Geldautomaten aussieht. Schlake lud Mitarbeiter aus unterschiedlichsten Bereichen des Unternehmens ein, um gemeinsam die Tabelle auszufüllen. Welche Faktoren prägen den Alltag? Der Außendienstler fand das Wetter wichtig, der Marketingleiter die Fernsehgewohnheiten der Kunden. Mit diesen Grunddaten stehe und falle die Qualität der Prognose, sagt Schlake, gemäß der alten Programmierweißheit: »Shit in, shit out«: Wer Unsinn eingibt, bekommt auch schwache Ergebnisse heraus.

> Science-Fiction sagt Zukunft nicht voraus, sondern wendet sie ab.
> — Ray Bradbury

Wenn der »Szenario Manager« mit rund 20 Einflussfaktoren gefüttert ist, beginnt die Rechnerei. Anschließend spuckt die Maschine »Rohszenarien« aus, die dann vom Kunden beurteilt werden, bevor das Programm sie noch einmal auf Widersprüche abklopft. Eine so genannte Clusteranalyse fasst alle diese Szenarien zusammen, die sich ähneln. Schließlich erscheint auf dem Monitor eine Landkarte der Möglichkeiten, die denkbaren Zukünfte liegen auf einer Matrix verteilt, wie Tennisbälle auf einem verlassenen Court nach dem Training. Im Fall der Geldautomaten verheißt das Häufchen Bälle oben rechts im Bild der Branche eine blühende Zukunft. Das Häufchen Bälle unten links dagegen bedeutet: Gefahr im Verzug. Mögliche Gründe für die Krise: Kreditkarten lösen das Bargeld ab, Automaten werden überflüssig. Der »Szenario Manager« ist unverkäuflich und wird nur hausintern eingesetzt. »Ohne unsere Beratung könnten Kunden nichts mit der Software anfangen«, sagt Schlake. So kann man das auch sehen. Wahrscheinlicher ist jedoch, dass hier ein Handleser vertuschen will, wie banal eigentlich seine Tricks sind. Nach diesem Geheimhaltungsprinzip geht jeder Zauberer vor, auch David Copperfield. Eine Clusteranalyse lässt sich schließlich ohne viele Umstände mit jedem herkömmlichen Statistikprogramm wie SPSS durchführen.

Die Zukunft sei so komplex, orakelt Schlake, dass nur ein Rechner sie verständlich machen könne. »Bei der Analyse von 18 Schlüsselfaktoren kommt man nach unseren Kriterien auf 387 Millionen Kombinationsmöglichkeiten. Der Rechner analysiert das in Sekunden. Ein Mensch bräuchte dafür … Moment mal …« Er tippt etwas in seinen Taschenrechner. »Ein Mensch bräuchte dafür rund 700 Jahre.«
Aha.
Der Computereinsatz steht für eine neue Generation der Futuristen, die vor allem in den USA auf den Rechner als Hilfsmittel setzen. »Die Gründerväter der Zukunftsforschung treten allmählich ab«, sagt Schlake, der eine Weile lang Leiter der deutschen Sektion der World Future Society war. »Jüngere Forscher verwenden eine Mischung aus Beratung, Computersimulation und Internet.«
Doch wie hoch die Präzision der Maschine auch sein mag, sie bleibt doch eine Black Box, die für Normalsterbliche nur schwer nachvollziehbare Ergebnisse ausspuckt. Fast wie im antiken Delphi. Sag also an, Orakel Schlake, werden wir glücklicher sein im Jahre 2020?
»Vielleicht. Angenommen, es gelingt der Gentechnik, das Leben beliebig zu verlängern. Werden wir glücklicher? Oder leiden wir eher unter dem Druck der Unsterblichkeit?«
Welche Technik wird dann hip sein?
»Beim Händedrücken werden wir automatisch digitale Visitenkarten austauschen. Der Strom dafür kommt aus einem Dynamo im Schuh. Vielleicht wird es auch Geräte geben, die uns das Lernen erleichtern: Implantate, Gedächtnis-Chips.«

Und noch einen Szenariomanager-Witz, bitte!
»Mein Lieblingsspruch kommt vom Fußballspieler Paul Gascoigne. Der sagt immer: »›Ich mache keine Aussage zur Zukunft, und ich werde das auch nie tun!‹«

Die Steinmüller-Galaxis

Die Zukunft hat viele Gesichter. Karlheinz Steinmüller ist Anfang fünfzig und hat die weichen Züge eines Träumers. Die selbst geschnippelte Topffrisur verleiht ihm etwas Mönchisches. Die Zukunft, die er erkundet, ist eine andere als die der Delphi-Experten oder Szenariomanager, sie ist ungezähmt und überraschend. »Die einschneidendsten Ereignisse lassen sich nicht von Trends ableiten oder durch Expertenbefragungen ermitteln«, sagt Steinmüller. »Deswegen entfalten Trendbrüche ja ihre starke Wirkung.« Steinmüller sitzt an einem mit Büchern übersähten Schreibtisch in einem engen Zweierbüro im »Sekretariat für Zukunftsforschung« in Gelsenkirchen (www.sfz.de). In Fachkreisen gelten die Studien des achtköpfigen Sekretariats als wegweisend, weil sie Wirtschaft und Ökologie immer ganzheitlich betrachten. »Ich bin der Spezialist für Wildcards«, sagt Steinmüller über seine Rolle im Team. Wildcard, so heißen im Futuristenjargon die eher unwahrscheinlichen Szenarien. Auf Steinmüllers Festplatte schlummert eine endlose Liste bizarrer Möglichkeiten: Schnee im Juli, weil der Golfstrom umgekippt ist und Europa in einer neuen Eiszeit versinkt. Meteoriteneinschläge. Börsencrashs. Die Ökokalypse. Warum so finster? »Auf Gefahren müssen wir uns vorbereiten«, sagt Steinmüller, »von positiven Wildcards dagegen lässt man sich gerne überraschen.« Eine überzeugende Faustregel, die leider von den Trendmachern in der Technikbranche viel zu selten beachtet wird. Denn die beschränken sich meist auf die Verheißung der unwahrscheinlichsten Glückfälle: zum Beispiel, dass Geräte auch wirklich so funktionieren, wie sie sollen. So wie es uns die Märchenonkels auf der Cebit Jahr für Jahr einreden mit dem Gerede von »Plug and Play«. Ein echter Zukunftsforscher würde sich darauf nie verlassen.

Wildcards sind die vielleicht größte Herausforderung für die gesamte Vorhersagebranche, egal ob in Wirtschaft, Politik oder Meteorologie. Wenige Tage vor dem Neujahr 2000 verwüstete der Orkan »Lothar« ganze Landstriche in Süddeutschland, brach Bäume um wie Streichhölzer und tötete 18 Menschen. Der Deutsche Wetterdienst (DWD) erkannte die Gefahr nicht und versäumte es im Gegensatz zu anderen Instituten, die Anwohner vor den Wildcard-Winden zu warnen. Das Problem war eine neue Software zum Preis von rund 35 Millionen Euro, die automatisch Unstimmigkeiten und Fehler aus den Vorhersagen ausforsten soll. »Die Vorhersage von normalen Wettersituationen wird exakter«, verteidigte der Meteorologe Uwe Wesp die Fehlvorhersage, »wenn extreme Messwerte herausgefiltert werden.« Im Falle von Lothar war jedoch nicht nur die unwahrscheinliche Anomalie herausgefiltert worden, sondern die Zukunft selber. Steinmüllers Wildcards sollen verhindern, dass das Morgen eingeschrumpft wird auf das Erwartbare.

Seine Anregungen bekommt Steinmüller nicht aus der Tageszeitung: er liest keine, sondern nur das Ingenieursblatt »VDI nachrichten«. Noch lieber verschlingt er Romane aus dem Antiquariat oder eben Neuigkeiten im Internet.

> You can only make a certain amount with your hands, but with your mind, it's unlimited.
> — Kal Seinfeld

Steinmüllers Szenarien sind abwechslungsreich wie sein Lebenslauf. Seine wichtigste Qualifikation verdankt er dem Zufall. Nicht dem Physikstudium in Karl-Marx-Stadt, nicht dem Doktortitel in Philosophie, nicht seinem Job als Programmierer am Zentralinstitut für Kybernetik in Ost-Berlin, wo er Fünfjahrespläne für die Landwirtschaft des Arbeiter-und-Bauern-Staates erarbeitete und erbaute. Am meisten lernte er vom Mauerfall. Über Nacht war sein Leben zur Wildcard geworden. Erwartet hätte er diese Wendung in seinen kühnsten Prognosen nicht. Dabei war er doch der Mann fürs Morgen gewesen, einer der wenigen Science-Fiction-Autoren der DDR. Gemeinsam mit seiner Frau Angela hatte er fast unzählige Geschichten, Hörspiele und Romane geschrieben, in einer fernen Zukunft angesiedelt, nachdenklich und skurril zugleich, als hätte ein Superrechner die Texte von Stanislaw Lem und Walter Jens gekreuzt. Der Roman »Andymon« war binnen einer Woche ausverkauft, mit sagenhaften 50 000 Exemplaren. Unglaublich viel für die kleine DDR.

Die Helden der Steinmüllers unternahmen immer wieder interplanetare Ausreiseversuche, ob mit fliegenden Himmels-Skiern, Mondraketen oder Bohrmaschinen. Keine Technik schien zu absurd für diese mentalen Grenzverletzungen. Dass allerdings im November 1989 die deutsch-deutsche Grenze einfach so fallen würde durch die Schusseligkeit eines überforderten Politkaders, klingt fast zu unglaubwürdig für einen Roman.

Steinmüller wollte mehr erfahren über den irrwitzigen Überraschungsgenerator namens Realität und wurde Zukunftsforscher. Er begann, zwischen Berlin und Gelsenkirchen zu pendeln. In seiner ersten Studie untersuchte er die Frage: Kann die Zukunftsforschung von Science-Fiction lernen? Schließlich wurden die ersten Spekulationen über die Zukunft als Erzählungen präsentiert, angefangen von der biblischen Apokalypse über Thomas Morus und seine Trauminsel »Utopia«, die dem ganzen Genre seinen Namen gab, bis hin zu Jules Verne und William Gibron.

Vielleicht ist sogar jede Prognose eine Art Zukunftsroman, in welchem jeder einzelne Leser im Kopf die Rolle der Hauptperson durchspielt und sich zum Bestehen gefährlicher Abenteuer allerlei Zaubergegenstände wünscht, wie etwa Putzroboter oder sogar ein papierloses Büro. Zukunftsromane sind gewissermaßen Interaktiv-Literatur unplugged. Jeder Leser darf sich die Aspekte herauspicken, die ihn ansprechen, und an sie glauben, ein ständiger Tanz zwischen Fantasie und Skepsis. Das beschreibt erst einmal ihren Unterhaltungswert. Den Wahrheitsgehalt dagegen sieht Steinmüller bestenfalls als zufälliges Nebenprodukt: »Für eine gute Handlung opfern Science-Fiction-Autoren jeden Realismus«. Deshalb dürfe man Zukunftsromane nicht zu wörtlich nehmen.

Für das Schreiben seiner Szenarien verkriecht sich Steinmüller am liebsten mit seiner Frau im gemeinsamen Haus in Rauchfangswerder, einer Halbinsel am Südrand von Berlin. Da tauchen beide ein in ihre private Galaxis und tauschen schon zum Aufstehen interplanetarische Grußformeln aus, erzählt Steinmüller. Wie Pingpongbälle gehen die Ideen hin und her. Danach muss er »das Match nur noch protokollieren«, sagt er. Und zwar an einem fast steinzeitlich anmutenden 286er-Computer von 1988 mit einem Megabyte Arbeitsspeicher. »Wir schreiben arbeitsteilig«, sagt Angela Steinmüller. »Angela hat Mathe studiert und ist daher für die Logik zuständig«, sagt er und wirft seinen Kopf mit knabenhaftem Lachen zurück, »also darf ich völllig frei herumspinnen.« »Willkommen im Steinmüller-Universum«, begrüßen die beiden auf ihrer gemeinsamen Homepage Neugierige und präsentieren eine breite Palette an Texten, von einem kleinen Computerspiel, in dem es gilt, ein Raumschiff sicher durch Asteroidenschauer zu lenken, bis hin zu einer Studie über die DDR-Science-Fiction unter dem Titel »Vorgriff auf das Lichte Morgen.«

Am liebsten spinnt Steinmüller allerdings im *Über*morgen herum und entwirft Szenarien, die mehr als 20 Jahre in der Zukunft liegen. Also jenseits seriöser Prognosen. Das bedeutet wenig Science, viel Fiction. »Da kann ich alle Register ziehen«, schwärmt er. »In hundert Millionen Jahren zum Beispiel wird die Erde nicht mehr existieren. Er lacht. »Bis dahin will ich aber ausgewandert …«

> We know what we are,
> but not what we may be.
> — William Shakespeare

Die Tür springt auf. »Nu mach ma hinne«, berlinert Angela Steinmüller, seine Gattin und Mitschreiberin. Ein gemeinsamer Text muss fertig werden.

Ihr aktuellstes gemeinsames Werk trägt den Titel »Visionen – Eine Chronik der Zukunft« und gehört zum Besten, was zum Thema je erschienen ist. Das Buch ist eine illustrierte Zeitreise durch Voraussagen und Fehlprognosen, beginnend im Jahr 1900, als die Elektrizität die Welt veränderte, bis hin zum

Jahr 2100, wenn die ersten Menschen die Erde verlassen. Kurz, ein Stundenbuch der modernen Hightechmärchen. Voller Selbstironie beschreiben die beiden, warum der Zukunftsforschung hartnäckig der Ruf der Scharlatanerie anhängt. Lustvoll zitieren sie die Pleiten der Propheten rauf und runter. Der große H. G. Wells zum Beispiel, immerhin einer der Gründervater des Faches, sagte für die Jahrtausendwende voraus, dass Kapitalismus und Nationalstaaten durch grausame Kriege zusammenbrechen würden. Und 1967 protzte der amerikanische Futurologe Herman Kahn in seinem Buch »The Year 2000« mit absurder Technikeuphorie und sagte künstliche Monde voraus, die die Nachtseite des Planeten erleuchten sollten. Fazit: Egal, ob sie eintrifft oder nicht – jede Vorhersage ist nur so gut wie die Schlüsse, die wir aus ihr ziehen. Das war schon zu Zeiten des Königs Krösus so. Da sowieso niemand die Zukunft exakt beschreiben kann, besteht die Kunst darin, »zukunftsrobuste« Entscheidungen zu treffen: Entscheidungen also, die in jedem Falle richtig sind, egal, was tatsächlich passiert.

»Wer nur ein einziges Szenario entlang von einer einzigen Erfindung beschreibt, liegt sehr wahrscheinlich falsch«, kritisiert Steinmüller die gängigen Zukunftsmärchen, »aber die Aufmerksamkeit des Publikums reicht eben meist nicht für mehr.« Populäre Zukunftsmärchen sind eben immer nur so gut wie ihr Publikum. »Ich staune immer wieder, wie sehr diese holzschnittartigen Prognosen oft für bare Münze genommen werden«, sagt Steinmüller. »Selbst Riesenkonzerne fallen immer wieder drauf rein und zahlen zum Beispiel Unsummen für UMTS-Lizenzen.« Das Resultat der verqueren Prognosen seien dann weitere, noch wildere Hightechmärchen: »Einige Leute wollen uns tatsächlich weismachen, dass wir einmal Spielfilme auf dem Handy ansehen werden«, sagt Steinmüller, fassungslos gegenüber einer derartig unwahrscheinlichen Wildcard. »Das ist doch eine Entgleisung des Zukunftsdenkens.« Ein Kandidat für den Müllhaufen der Zukünfte von Vorgestern.

Aber trotzdem, nur aus Interesse sei also die Frage erlaubt: Wie werden wir leben im Jahr 2020?

»Ich glaube, uns stehen ein paar harte Jahre bevor«, sagt Angela Steinmüller. »Wir müssen die Reformen nachholen, die Holland, England und Schweden schon hinter sich haben. Aber mit der Ökologie sehe ich schwarz.«

Und welche Technik wird das Leben prägen?

»Wir werden in einer Welt leben, in der wir von sprechenden Maschinen umgeben sind«, sagt Karlheinz Steinmüller. »Beim Frühstück sagen wir zum Toaster: ›Röste zwei Scheiben, und lies mir dabei die Nachrichten vor!‹ Diese Geräte werden auch meine Emotionen verstehen können. Sie sprechen mich zum Beispiel zurückhaltender an, wenn ich schlecht gelaunt bin.«

Und kennen Sie einen Witz über die Zukunft, Herr Steinmüller?

»Ein Physiker und ein Zukunftsforscher stehen vor einem Elektroherd mit einem Topf Wasser. Der Physiker sagt: ›Ich kann die Zukunft voraussagen. Bei 100 Grad wird das Wasser kochen.‹ Entgegnet der Zukunftsforscher: ›Das ist nur eine von mehreren Zukünften. Wir wissen nämlich gar nicht, ob der Herd an ist.‹«

Stiftung Märchentest wegen Zukunftsschäden geschlossen

Zum Abwägen oder Entlarven von Zukunftsmärchen taugen die Zukunftsforscher leider wenig. Sie produzieren Prognosen im Dutzend – mit einer passenden Zukunft für jeden. Politiker zitieren zum Beispiel gerne aus der elitären Delphi-Studie. Ökologisch orientierte Bildungsbürger werden eher mit den Wildcards aus der fernen Steinmüller-Galaxis spielen. Topmanager würden sich im mentalen Fitnesstudio von Doktor Minx am besten umsorgt fühlen, während der Mittelstand womöglich auf die handfeste Rechenarbeit der Paderborner Rechenknechte setzt.

Vielleicht braucht man ja die Prognose-Profis vor allem darum, um wieder daran erinnert zu werden, was jedes Kind weiß: »Wo geht es lang?«, fragte Alice im Wunderland. Und die grinsende Cheshire-Katze antwortet: »Das hängt davon ab, wo du hinwillst.«

10 NACHRICHTEN AUS DEM MORGEN-LAND

Finale

Wie es weitergeht. Und warum. Hightechmärchen kommen und gehen. Doch richtig peinliche Storys, das ist bekannt, veralten nie.

Und sie lebten glücklich und zufrieden bis ans Ende ihrer Tage. So müsste es eigentlich heißen. Doch Märchen sind auch nicht mehr das, was sie noch nie waren. Klar, sie erzählen immer noch von Hindernissen, Zauberkräften, Verwandlung und Erlösung. Doch genau in dem Moment, wo sie greifbar werden, verwandeln sie sich in etwas Unerwartetes, Neues.

Früher war es so, dass die Königstochter den Frosch packte, schon wurde er zurückverwandelt in einen Prinzen. Auch Hightechmärchen verwandeln sich, doch unter umgekehrten Vorzeichen, denn ihr Erzählmodus ist vom Gestern ins Morgen gerutscht, ihr Held heißt Ich. Daher verhalten sich ihre Verheißungen oft wie invertierte Froschkönige: Bei Berührung mit der Realität schrumpfen sie zu Kröten.

Aus der Heilsgeschichte wird durch die zeitliche Umkehrung eine Enttäuschungsgeschichte. Der Menschheitstraum vom heldenhaften Ritt zum Mars wird umgebaut zum Freizeitvergnügen für grinsende Millionäre von der traurigen Gestalt wie Dennis Tito. Die grenzenlosen Weiten des Cyberspace schrumpfen auf die Größe einer elektronischen Fußfessel. Rechner und Raketen verschwinden aus dem öffentlichen Bewusstsein, siegreiche Opfer ihres eigenen Erfolgs. Die Modems, Kabel, Bildschirme schrumpfen und verschwinden schließlich fast völlig. Elektronenhirne, wie wir sie heute kennen, wandern als unsichtbare Winzlinge in Autos, Armbanduhren und Hörgeräte. Und andernfalls in Computermuseen, die seit den neunziger Jahren landauf, landab gegründet werden. Doch damit ist die Große Erzählung vom digitalen Kleinhirn nicht am Ende. Die Mythenmaschine läuft unbeirrt weiter.

Um als Märchentester fit zu bleiben, empfehlen sich regelmäßige Schutzimpfungen. Sind die Widerstandskräfte einmal da, wird auch das Utopiebuffet wieder schmackhaft, das alle Jahre wieder auf Messen wie Cebit, Systems, Comdex oder Biotechnica serviert wird. Allerdings sollte der bunte Brain Candy der besseren Bekömmlichkeit halber vorzugsweise kalt genossen werden: indem man die Zeitungsartikel und Interviews aufhebt und erst ein Jahr später konsumiert – dann lässt sich einfach vergleichen, was aus den Zukünften von gestern geworden ist.
Eben, als ich wieder einmal meine große gelbe Plastikkiste mit Infoschrott füttere, erreicht mich eine E-Mail aus dem Morgen-Land:

From: fff@futurefeedforward.com
To: hilmar@hightechmaerchen.de

Neue Firma sagt Zukunft voraus und verkauft sie.
New Haven. Futurefeedforward, ein Start-up aus New Haven, behauptet, dass sie über eine Computerverbindung in die Zukunft verfügt. Die ›Temporal Networking‹-Technologie der Firma ermöglicht es, direkt Informationen aus der Zukunft abzufragen, mit Hilfe von Servern, die sich im Morgen befinden und mit Geräten von heute vernetzt sind …

Die Forschungsergebnisse der Firma Futurefeedforward sind eine Prophylaxe gegen akuten Dünnsinn: Elektrobriefe aus der Zukunft an die Gegenwart. Dahinter steht ein angeblich virtuell börsennotiertes Unternehmen, das im September 2000 gegründet wurde, um nur ein Jahr später, wie sich das gehört, laut eigener Pressemitteilung gleich wieder 18 000 Stellen zu streichen. »The future is our product«, erläutert die Website das Geschäftsmodell von Futurefeedforward. »We sell tomorrow's information today.« Eine komplizierte Grafik erklärt die moderne Alchimie: wie heiße Luft sich in hartes Geld verwandelt.

From: fff@futurefeedforward
To: hilmar@hightechmaerchen.de

> 3. Oktober 2006: Neue Kamera platziert in Schnappschüssen Product-Placement
> Rochester. Die Firma Eastman Kodak hat heute eine Produktreihe kostenloser Digitalkameras angekündigt. (...) Die Umsätze der neuen Kamera, die unter dem Markennamen »Phreeto« vertrieben wird, sollen durch digitale Product-Placements erzielt werden, die auf der Double Click-Technologie beruhen. (...) »Meistens werden keine störenden Elemente in meine Fotos eingefügt«, berichtet eine Testperson. »Das Programm platziert einfach eine Pepsi-Dose irgendwo auf einem Tisch im Hintergrund oder veränderte mal einen Mantel in ein Kleidungsstück von Tommy Hilfiger ...«

Derzeit werden die Hightechmärchen automatisiert. Sie rutschen von Fachartikeln übers Feuilleton in die Maschinen selbst. Die kleinen Helfer werden immer kleiner, billiger, zuverlässiger. Der Realitätstest widerlegt dabei die Euphoriker, die ein Hightechparadies versprechen. Und gleichzeitig überzeugen die Annehmlichkeiten aus Genlabors, Satellitenschmieden und Internetdiensten irgendwann auch die apokalpytischen Kritiker, die noch vor kurzem auf allerlei Podien vor »Verlust der Realität« schwafeln durften. Realität ist, was man daraus macht, egal ob Videospiel, Handygespräch oder Gentest. »Jede fortgeschrittene Technologie«, schreibt der Science-Fiction-Autor Arthur C. Clarke, »ist ununterscheidbar von Magie.« Er muss es wissen. Schließlich formulierte er die Idee, einen Telekommunikationssatelliten zu bauen, lange bevor seine Idee erfolgreich umgesetzt wurde: aus Fiction wurde Science.

> Von Gestalten zu künden, die in neue Körper verwandelt werden, treibt mich der Geist.
>
> Ovid

In gewisser Weise bedingen sich Magie und Alltagstauglichkeit sogar. Denn je weniger Computernutzer in irgendwelchen obskuren Systemdateien herumstöbern müssen, je weniger sie über die Technik wissen müssen, je weniger sie mit ihren Schwiegereltern über Präimplantationsdiagnostik und pluripotente Stammzellen streiten müssen, desto mehr können sie sich auf das konzentrieren, was ihnen wichtig ist: ein Foto von der Taufe zu verschicken oder die Scheidungsunterlagen zum Notar zu mailen. Was der Cyberspace oder das globale Dorf dazu meinen, ist völlig egal, solange die Daten einfach dort ankommen, wo sie hingehören. Durch dieses Delegieren an Technik-Profis wächst der Bereich des wohligen Nichtwissens, Nichtwissenbrauchens, Nichtwissenwollens. Wer den Elektroherd anschaltet, hat kein Interesse an den Geheimnissen des internationalen Kraftwerkverbunds, der das Wunder der Elektrizität ermöglicht. Es reicht, dass der Strom aus der Steckdose kommt und dass vor allem die Ravioli nicht wieder anbrennen. Die Magie rutscht aus der Großen Erzählung in die unauffällige Technik.

Dadurch bekommen die Märchen vom Helden namens Ich eine eigene Realität. Je leichter verfügbar Virtual Reality, Weltalltourismus oder Gentests werden, desto nahtloser integrieren sie sich in den Alltag; sie werden zu »Erweiterungen des Menschen«, wie es Marshall McLuhan nannte, zur zweiten Natur. So selbstverständlich, wie es in vielen Ländern Unterwäsche, Zähneputzen oder Zentralheizung sind.

> Da hatten alle Sorgen ein Ende, und sie lebten in lauter Freude zusammen. Mein Märchen ist aus, dort läuft eine Maus, wer sie fängt, darf sich eine große Pelzkappe daraus machen.
>
> — Gebrüder Grimm, Hänsel und Gretel

Eines Tages fühlt man sich nackt, wenn man das Haus verlässt, ohne das Handy in der Hosentasche zu spüren. Man spürt eine innere Unruhe und Leere, wenn man in der Strandhütte in Thailand beim Morgenkaffee keine E-Mails beantworten kann, weil es keinen Internetanschluss gibt. Labors, Computernetzwerke und Telefonverbindungen sind Teil des eigenen Lebens geworden. Der Cyborg, der in den Achtzigern des letzten Jahrhunderts von Cyberpunk-Märchenerzählern wie William Gibson als halb mechanische Menschmaschine mit Hirnen aus Silizium und Sehnen aus Stahl beschrieben wurde, kommt in der Realität ganz banal daher. Er hängt tagsüber in einem Büro herum, beantwortet E-Mails an seinem GPRS-Telefon, trinkt »Café Latte Grande to Go« im Café Einstein und schaut uns morgens aus verquollenen Augen aus dem Spiegel an. Er ist ein alter Bekannter: Ich, der Märchenheld, Ich, der Froschkönig, Ich, der User von der traurigen Gestalt.

Während Hightechmärchen anfänglich die Funktion haben, den Schock zu verarbeiten, den neue Techniken auslösen, so entfalten sie ihre eigentliche Wirkung erst, wenn die Neuen Medien allmählich alt werden: als Grundmöblierung des Gefühlshaushaltes. Der Held namens Ich ist damit mit Umweg übers Märchen angekommen bei sich selbst. Und seinem eigenen »Lebensroman«, wie es der Essayist Michael Rutschky nennt. An diesem Punkt endet die Kompetenz der Stiftung Märchentest. Wir sind wieder allein mit dem unterschwellig verzauberten Alltag. Und warten sehnsüchtig auf neue Verzauberungen.

From: fff@futurefeedforward.com
To: hilmar@hightechmaerchen.de

13. Dezember 2013: Kostenloses Toilettenpapier mit Werbung.
Cincinnati. Der Konzern Procter&Gamble kündigte heute an, eine neue Version seines klassischen »Charmin«-Toilettenpapiers in amerikanischen Testsmärkten einzuführen (…) Das neue Charmin besteht aus einem ultradünnen, organischen Leuchtfilm, der chemisch auf beiden Seiten des herkömmlichen Toilettenpapiers aufgebracht ist. Jedes Abreißpapier funktioniert dabei als separater Bildschirm mit 256 Farben und 480 x 480 Pixeln …

Der ultimative Märchentest prüft nichts Geringeres als den Sinn des Lebens »Life, the Universe and Everything«, wie es der Science-Fiction-Autor Douglas Adams formulierte. Die

Testparameter lauten: Will ich das? Muss das sein? Muss man eigentlich jeden Cyberscheiß mitmachen? Oder geht mir das Bildschirm-Toilettenpapier am Alltagsbedürfnis vorbei? Und umgekehrt: Lohnt es sich wirklich, erst einmal jede Technik schlechtzureden, nur weil sie neu und irgendwie ungewohnt ist? Wann beflügelt ein Hightechmärchen meine Kreativität, und wann nervt es gewaltig?

Der Nachschub an narrativen Testgeräten dürfte so schnell nicht versiegen. Denn jede Gesellschaft erzählt sich die Märchen, die sie verdient. Die neuen Mythen sind so flexibel und anpassungsfähig, wie die Teilnehmer der Informationsgesellschaft. Stets modisch verkleidet auf der Höhe der Zeit, mal im Gewand der Raumfahrt, mal im Jargon des Cyblabla und Digidada, dann wieder in der Sprache der Doppelhelix, mit programmierbaren Menschen und ewigem Leben dank Klontechnik.

Noch steht die Rangfolge der Hightech-Hitparade von morgen nicht fest, aber es gibt aussichtsreiche Kandidaten.

Sicher, seit dem Crash der Hightechaktien mussten etliche Hightechmärchen aus dem Verkehr gezogen werden – oder zumindest umformuliert. Sterntaler macht auf Aschenputtel. Die New Economy wurde rasch in Real Economy umgedichtet. Und Leander und Malmsten, das Traumpaar, das die Milliarden der Boo.com-Investoren verjubelt hatte, vermarktet nun den eigenen Dotcom-Flop unter neuen Vorzeichen: Als Desillusionstheater. Doch für jedes Hightechmärchen, das ausrangiert wird, entstehen zwei neue.

Das schaurig-schöne Gruselmärchen von den teuflisch-genialen Virenschreibern zum Beispiel wird wohl noch Jahre lang ein dankbares Publikum finden. Noch erfolgreicher allerdings dürfte das gendeterministische Märchen von der programmierbaren Menschmaschine sein, in diversen neuen Ausprägungen. Genmanipuliertes Getreide stillt den Hunger der Welt, Designerbabys überlisten den Tod. Je ausdifferenzierter die arbeitsteilige Gesellschaft wird, desto mehr Verfahren und Geräte gibt es, die viele Menschen nicht mehr durchschauen und die daher nach märchenhafter Vereinfachung verlangen. Und diese tröstliche Selbstverzauberung wird natürlich in der gewünschten Dosis geliefert. »Jede ausreichend komplexe Technik«, schreibt der Sience-Fiction-Autor Arthur C. Clark, »ist ununterscheidbar von Magie.«

From: fff@futurefeedforward.com
To: hilmar@hightechmaerchen.de
3. Mai 2045: Celera startet Rückrufaktion für Diät-Gen
Rockville, Maryland. (...) »Prophage« zählt zu den beliebtesten frei erhältlichen Diät-Gentherapien und wird in 52 Ländern vertrieben. Durch eine Kombination aus viralen und nichtviralen Mechanismen korrigiert Prophage den Stoffwechsel des Körpers, um Fettgewebe abzubauen und den Muskelaufbau an kosmetisch ausgewählten Körperpartien zu unterstützen. Eine steigende Zahl von Anwendern berichtet von »Vornüberfall«-Unfällen, die mit Verschiebungen des Körperschwerpunkts durch Prophage in Zusammenhang gebracht werden. Einige User der Medikamentenmodelle der Jahre 2044 und 2045 beklagen sich darüber, dass ihr Körpergewicht nun »oberlastig« oder »schief« verteilt sei, was dazu führt, dass sie beim Joggen umkippen (...) »Ich hatte davon gehört, dass Prophage mein Gleichgewicht beeinflussen könnte«, sagt Hank Kiln, ein Anwender des Modells 2044. »Was wirklich passierte war, dass meine Schultern und mein Nacken immer kräftiger wurden, während ich auf Hüften und Oberschenkeln immer mehr abnahm.«

In Wirklichkeit steht hinter diesem Jux der Jurastudent David Rice aus New Haven, Connecticut. Die Firma Futurefeedforward existiert nur in seiner Fantasie. Obwohl nur ein Hirngespinst, ist ihre Wertschöpfung enorm: Statt zu nörgeln oder zu predigen, entlarvt Rice technische Utopien durch Überbietung. Und durch das Lachen, das den Lesern bisweilen im Halse stecken bleibt.

Sein aufklärerischer, magischer Unsinn hat immer die eine Pointe: Jedes Märchen hat seinen Preis. Solange eine neue Technikutopie fremdartig und neu ist, lässt sich der Preis auf Euro und Cent errechnen: Unsummen für UMTS, Jahresbudgets ganzer Kleinstaaten für Börsenspekulationen, astronomische Kosten für die bemannte Raumfahrt. Doch je dezenter Hightechmärchen in den Alltag eingebaut werden, desto privater werden auch die Kosten. Das narrative Volksvermögen wird privatisiert und mit ihm das unternehmerische Risiko. Und das ist gut so. Macht aber auch Arbeit. Fantasiearbeit.

David Rice zum Beispiel lässt sich seine Parzelle im Morgen-Land nicht von irgendwelchen kommerziellen Goliaths verhökern, sondern erobert sie mit seinen Guerilla-Mails Bit für Bit immer wieder aufs Neue zurück.

> From: fff@futurefeedforward.com
> To: hilmar@hightechmaerchen.de
> 1. Dezember 2151. Larry Ellison sinkt vor Neuseeland
>
> Der exzentrische Software-Billionär Larry Ellison ist heute in tiefen Gewässern vor der Küste Neuseelands gesunken (…) Innerhalb der Seglerszene war Ellison eine umstrittene Figur, seit er vor sechs Jahren als erstes Mischwesen aus Mensch und Yacht beim renommierten America's Cup antrat. (…) Seit sieben Jahren lebte Ellison als Yacht. Nachdem er sich Monate lang chirurgischen Eingriffen unterzogen hatte, erlebte er im Frühjahr 2143 vor der kalifornischen Küste seine Jungfernfahrt. Sein organischer Körper ist von Kunststoff umhüllt und schwimmt in einer sauerstoffreichen Nährlösung. Er ist mit einem Computernetz verbunden, durch das er das Schiff steuert. Auf eigenen Wunsch wurde er als Galionsfigur am Bug montiert. »Der Ausblick von hier ist unglaublich«, jubelte Ellison kurz nach dem Stapellauf. »Ich fühle mich eins mit dem Schiff, eins mit der See.«

Der Ausblick ist fantastisch wie eh und je. Die Erzählmaschinen drehen weiter auf vollen Touren. Wer das begreift, kann sich zurücklehnen und die Storys der Märchenonkels mit Gelassenheit genießen als das, was sie sind: als Ausweitung der Entertainment-Zone in die früher furchtbar langweilige Welt der Technik, als Showbiz im Laborkittel.

»Und wenn sie nicht gestorben sind«, so endeten Märchen früher, »dann leben sie noch heute«. Dem ist nichts hinzuzufügen. Egal ob Nils Holgersson oder der Ritt zum Mars, Zauberlehrling, Computerviren oder tausend geklonte Hitlers, all diese Märchen haben selbst das erreicht, was sie den staunenden Zuhörern an absoluter Selbstverwirklichung versprechen, aber immer nur in der Fantasie bieten können: Märchen sind wirklich unsterblich.

REGISTER